【2017】

中国教育人类学研究

Chinese Educational Anthropology Research 2017

冯增俊 主编

人民教育出版社
·北京·

图书在版编目（CIP）数据

中国教育人类学研究 . 2017 / 冯增俊主编 . —北京：人民教育出版社，2020. 6
ISBN 978-7-107-34717-7

Ⅰ . ①中… Ⅱ . ①冯… Ⅲ . ①教育人类学—研究—中国 Ⅳ . ① G40-056

中国版本图书馆 CIP 数据核字（2020）第 109065 号

中国教育人类学研究（2017）

出版发行 人民教育出版社
（北京市海淀区中关村南大街 17 号院 1 号楼　邮编：100081）
网　址 http://www.pep.com.cn
经　销 全国新华书店
印　刷 北京新华印刷有限公司
版　次 2020 年 6 月第 1 版
印　次 2020 年 7 月第 1 次印刷
开　本 787 毫米 ×1 092 毫米　1/16
印　张 16.5
字　数 262 千字
定　价 28.20 元

前　言

《中国教育人类学研究》年刊是在中国教育学会教育学分会和人民教育出版社的支持下于2016年创办的，系教育人类学学术委员会全体同仁通力协作的成果。

《中国教育人类学研究》重视学科建设、理论探讨、教育的人种志研究以及学科学会的发展，开设了以下几个专栏。

“学科发展”专栏：选刊中国教育人类学学科建设方面的代表性论文。

“理论范式”专栏：选录教育人类学理论发展流派或研究范式领域的代表性论文，以展示中国教育人类学研究成果、教育人类学理论及方法的独特运用，推动新理论探索。

“人种志研究”专栏：特别鼓励教育在地研究，或以实地参与考察和感悟的研究方式来阐述深奥的理论问题；或通过对教育进程经历的体察剖析，透视中国教育改革实践的理性参与，提供一种对教育变革的实体性近距离的映像和描述；或对某一主题或主体教育典型进行系统的深度探讨。

“学术活动”专栏：反映教育人类学学术委员会及相关机构开展的教育人类学活动，以记载中国教育人类学发展进程。

《中国教育人类学研究》为推动教育人类学研究探索及争鸣交流，为推动教育人类学学科发展和推进中国教育创新建立了重要平台。希望大家共同努力，把它办成一个沟通信息、研讨问题、展示成果和推动中国教育改革不断深入的重要阵地。

《中国教育人类学研究》编委会

2017年3月

目　录

学科基石："ethnography"译名的学科内涵探析

冯增俊

（中山大学　广东 广州　510275）

【摘要】ethnography 是成就人类学的核心方法，也是教育人类学学科的基础，引进中国后成为社会科学研究的重要方法。基于人类学引进中国的时代背景，这个方法被译为"民族志"。但二战后随着社会学科的迅速发展，学科分化加剧，ethnography 的应用也发生了显著的变化，"民族志"译名逐渐给中国社会科学发展带来各种尴尬和乱局。本文从教育人类学的角度进行多方探讨，建议改译为"人种志"，并认为修正译名对人类学、民族学和社会学的建立，实现整个社会学科的发展有重要的意义。

【关键词】教育人类学；教育人种志；民族志；中国教育学

【作者简介】冯增俊，教育学博士，广东外语外贸大学南国商学院教育学院院长，中山大学教育现代化研究中心主任、教授、博士生导师，中国教育学会教育学分会副理事长兼教育人类学学术委员会主任，广东教育学会副会长，主要从事教育人类学、比较教育学、教育现代化研究。

教育人类学研究文化中的人及其与教育发展的互动关系，以揭示特定文化中的人类成长和文化演进。19世纪后期，以电动机应用为特征的第二次工业革命兴起，促进了世界交流，推动了人类学的发展，也催生了以人类学为核心的社会科学的形成，教育人类学就是在这种历史背景下产生的。20世纪初教育人类学引入中国，中国教育人类学在产生之初就承负着三大特殊基因：悠久稳定的封建文化进程与西方人类学成长的时代经历，长期停滞的农耕社会与急剧变革的工业化社会，散漫的小农经济思维与严格规制下日新月异的科技创新。这里，我们试图通过分析学科的主要研究方法"ethnography"在中国社会学科尤其是中国教育人类学学科发展中的作用及其演化来把握学科的时代走向。具体地说，教育人类学研究要实现其学科使命，关键是借助"ethnography"的研究方法，全面准确地予以把握和理解，分析追寻这一最体现人类学学科特征的研究方法在中国的诠释及运用过程，从而推动中国教育人类学学科体系的形成和发展。

一、ethnography：译名与学科走向

教育人类学是一门在特定社会发展需要中兴起，在社会实践进程中得到发展的学科，这一特性自然赋予了中国教育人类学在服务中国特定教育实践中，并以其不同服务层次、参与角度和需求形式，作为形成和选定学科研究志趣和学术向度的依据。首先，强烈的需求使30多年来中国教育人类学发展迅速，在研究成果的量和涉及范围上都呈现井喷态势。其次，不同的研究志趣和学科诠释使中国教育人类学学科定义以及研究倾向差异较大，出现了多样化的研究取向，形成了许多不同的研究兴趣和研究范式。例如，对于开展田野工作（field work），一些研究者强调走出去，到各地区各学校进行调查考察；一些研究者却主张进入研究地进行若干年长时间的参与研究，特别是结合本地需要引进新方法推动当地教育发展，从中描述其间教育的变化和人的改变。如云南师范大学王凌教授与曹能秀教授在贫困山区民族学校所做的研究。一些学者重在记叙各地教育的所见所闻，而一些学者则重视把深入学校中的具体文化行为放在宏大长远的历史背景

中考察，如广西师范大学孙杰远教授那样探索教育改革、文化变迁与民族发展①。再次，研究传统和学科立场上差异较大。一些学者有兴致力于主流教育文化特征的人类学研究，一些则重视对民族教育中某些重要主题的文化分析，如西北师范大学万明钢教授等坚持对民族心理发展以及合作学习的研究等。正是这些分歧，使教育人类学很难有共认的研究范式，甚至还成立了多个不同的教育人类学的学术团体，这种现象在教育界显然是不多见的。凡此种种，让人感觉到中国教育人类学兴起时间虽不长，却显现出更加歧义繁复的状态。为此，分析中国教育人类学学科发展的独特传统和学科发展的未来是非常必要的。这里主要从教育人类学中具有关键性又颇具争议的研究方法“ethnography”的中文译名上进行溯源性分析，以求对中国教育人类学学科发展做一个较为深入的探究。目前，由于不同的学科诠释，有关 ethnography 的中文译名多且杂，与英文“ethnography”清晰明了的含义有截然不同的区别。如上所述，正是由于“ethnography”引进中国的时代和学科发展状态的影响，使其汉译产生了多名化现象，如“民族志”“人种志”“民俗志”“俗民志”“族志学”等等，甚至一些研究者为了免于纠缠民族志，还重新命名为“叙事研究”“质性研究”等等，这些译名体现出来的各种大相径庭的学科认知，代表了国人对教育人类学学科的诸多解释和立场，直接关系到中国教育人类学的学科体系建设。可以说，“ethnography”的汉译名已经成为触及未来社会科学以及人类学学科发展的敏感性关键词。

二、ethnography 译名：学科歧义及因源

实际上，英文“ethnography”的意义是非常清晰的，即人类学家积极倡导使用的一种核心的研究方法，这种研究要求研究者走出书斋，长时间深入参与到“田野”这一研究对象中，体会和接受被研究者的观念、立场和思维，以现场性的方式、记叙般地描述其中的文化行为，使之通过这种描述得以洞察这些活动的内在意义，达致对发展规律的把握和运用。

但是，“ethnography”20 世纪初登陆中国后，迅速开始流行，许多学

① 冯增俊主编：《中国教育人类学研究（2016）》，人民教育出版社 2016 年版，第 60—116 页。

者从多种译名中逐渐筛选出“民族志”为其译名，此后尽管中外人类学学科都有了很大的发展和变化，但“民族志”一词一直沿用至今，并且成为一个触及学科立场的敏感性关键词。对此，从学科发展的角度探究这一方法的内在意义以及译名的前因后果，显然是很有必要的。

著名人类学家，北京大学人类学社会学研究中心王铭铭教授，也许是因备受困扰而撰写了《民族志：一种广义人文关系学的界定》① 一文，直指由于译名“民族志”，结果不仅给 ethnography 的实际使用带来极大的麻烦，也为今日定义中国（教育）人类学的学科内涵造成巨大分歧。他从多方面诠释了这个外来词的特定原始内涵是“人种、民族＋文化行为记录”，但由于找不到一个与英文同等意义的中文译名，所以实际上已无法从中文字义上做同等理解了。他认为，正是把该词译为“民族志”后带来了 ethnography 的学科吊诡，“给我们带来的问题有过之而无不及”。不仅这个“民族”不能代表人类学研究对象本身，而且即使是“民族”本身也难以区分是代表如中华民族的国体民族（nations）还是表示中华国体下的相对于汉族而言的不同少数民族，甚至有时歧义极为严重乃至对立，因为无论在中文还是外文中这两者都是有严格区分的。

首先，“ethnography”在中国流行，是由其方法的独特性和引进中国时的学科状况所决定的。由于 19 世纪后期“ethnography”的应用使人类学成为一门科学并迅速兴起，从而使社会科学发展了起来。因此，作为学科基石的“ethnography”随着人类学引进中国后，自然也就成为开启中国社会科学发展史的重要基石，被中国社会科学特别是人类学、民族学、社会学三个学科作为核心方法。这一学术传统也导致整个社会科学在发展中方法运用上的困扰。

其次，“ethnography”在当时被译为“民族志”受三个因素的影响。研究表明，“ethnography”当时在中国之所以在诸多译名中被认可为“民族志”而不是“人种志”或其他的译名，大致有三个原因。第一，受早期人类学的学术落点所影响。20 世纪初，人类学研究还处于发展初期，主要注重对人类起源的研究，因而对原始部落、古民族、古村落等这些少数民族及文化遗产的研究特别感兴趣，希望从中探讨人类本身发展问题。这点也促使早期人类学注重民族研究的偏向。第二，受引进人类学时以民族学

① 王铭铭：《民族志：一种广义人文关系学的界定》，《学术月刊》2015 年第 3 期。

为重点的研究范式的影响。当20世纪初中国学者引进人类学时，正值国际人类学研究中心聚焦于批判法西斯宣传优良种族的遗传决定论，宣称要用优胜劣汰原则淘汰灭绝劣等民族的理论，“民族”这个关键词是当时人类学的核心概念。第三，受引进中国时特定国情所影响。中国20世纪初兴起的人类学研究，正值当时中国本来就很严重的民族问题出现了更加严重频繁的冲突，加上长期以来汉民族研究强势，少数民族研究偏弱，急需加强，少数民族问题研究自然就成为早期人类学的工作重点。甚至有学者还认为，早期出现的种族歧视的历史现象是致使当时人们对“人种”译名的一种忌讳的回避。诸如此类的因素，把“ethnography”译为“民族志”就成为当时的首选。

再次，“ethnography”在中国被广为认可也是中国传统研究缺陷所致。尤为值得一提的是，由于当时中国传统研究是训诂学，陷于“六经注我，我注六经”的怪圈，人类学倡导社会科学研究走向田野，为社会科学研究带来清新空气，成为学者们解决中国社会问题的重要手段，幵中国社会科学新篇。正是这些因素，致使“ethnography”被译为“民族志”并在中国流行，为社会科学各学科研究所采用。这种情况造成了两个重要的结果：一方面，中国社会科学都重视“ethnography”的使用，这既有力地促进了研究的科学化，培育了面对实际的学风，也是早期的学者如潘光旦、吴文藻、费孝通等学者几乎都身兼三科之原因，出现了中国式多种学科协同作用的效果；另一方面也导致了学科混同现象，尤其以人类学和民族学为最，以至于到现在依然不少人把这两个学科甚至连同社会学三个学科视为一体。现在中国许多高校常常把“民族学、人类学、社会学”相捆绑，设置相关院系，如在民族院校中的青海民族大学和中南民族大学等设立的是“民族学人类学学院”，中央民族大学设立的是“民族学社会学学院”（人类学只是其中一个分支学位授权点）等；而综合性大学中则更多地把“社会学与人类学”相捆绑，如中山大学社会学与人类学学院、厦门大学人类学与民族学系、北京大学社会学与人类学研究所等。可见，“ethnography”方法应用的共同性，带来了学科发展上的新问题。

由于“ethnography”译为“民族志”时间很长，逐步成为人类学、民族学、社会学乃至中国社会科学的研究传统和方法性惯习，甚至有人还认为使用别的名称就违背了学科常识。但随着二战后社会科学特别是人类学、民族学及社会学等学科的发展，许多人类学者日益深感不便，认为此译名有违中国语境下人类学的旨义，然传统惯力之大，使许多人望之却步，即使王铭铭在其长文中实际上否定了这种译法，却依然没有改变其译名，可见其不易。早在1986年，我们编译出版国内第一本《教育人类学》① （译文集）时，各位编译者都发现了这个译名问题。当时笔者就请教了自己的导师金一鸣教授，后来还特地征求了刘佛年教授的看法，进行了各种分析探讨，反复比对，认为各种译法都有一定的依据，如能重译新词应当较为合理，但也很难找到一个与英文等同含义且能被一致认同的译名。在现有的几个译名中，自然“人种志”的歧义会少很多，但是要改变一个已经使用了如此长时间的概念，连刘佛年教授都觉得并非易事。可见，在1988年出版的《教育人类学》这个译本可算是中国大陆首次对“ethnography”使用了“人种志”的译名，在后来编写国家级“十五”及“十一五”普通高校规划教材《教育人类学教程》中也继续沿用“人种志”这一译名，并做了必要说明。其实，“ethnography”的译法国内也出现了诸多译名。例如，白芸等译的《学校与课堂中的改革与抗拒——基础学校联合体的一项人种志考察》将其译为“人种志”，钟启泉、赵中建主编的《当代教育理论译丛》则将其译为“民俗志”②，陈向明称其为质性研究，丁钢则编著了以“叙事研究”为题的系列书刊，等等。其间我国港澳台也出现了对“ethnography”的讨论，台湾学者认为他们是最承继中国人文传统者，因为改用“人种志”的译名流行最早③，且开始有分别表述不同类型研究的取向，由此也可以感觉到改变其译名实为未来发展之必然。

三、从民族志到人种志：回归人类学学科轨道

从中国（教育）人类学学科发展看，把“ethnography”改译为“人种志”不仅较为合理，也是教育人类学学科发展的必然要求。主要基于以下几点原因。

---

① 冯增俊选编：《教育人类学》，海南人民出版社1988年版。

② ［美］P. F. Carspecken著，郑同僚审订：《教育研究的批判民俗志：理论与实务指南——当代教育理论译丛》，华东师范大学出版社2005年版。

③ 参见何育真：《小学音乐客人教师角色之探讨——一个人种志研究》，新竹师范学院硕士论文1997年；戴慈慧：《站在离岛教育的十字口：记小琉球之教育人种志研究报告》，南华大学教育研究所2000年；蔡敏玲：《小学一年级原住民学童在校及在家互动模式之诠释性研究》，载《台湾师大教育学门研究计划成果发表会》1994年；等等。

第一，学科发展的必然趋势。

首先，把"ethnography"译为"人种志"是社会科学从100年前的朦胧状态，走向今天日益分化形成不同独立学科群的发展需要。如前所述，虽然人类学是运用"ethnography"的主体，但由于早期人类学更迫切的学术旨趣在于探求人类生成和发展，而要找到属于这一要求的素材就只有在考古中，寻找那些生活于荒蛮山林的原始部落才能窥寻到一些人类起源发展的迹象，因而研究者很重视对原始部落及民族问题的研究。

随着百年社会科学迅速发展，早期模糊的学科界限日益成为各有独特内涵的新学科体，中国社会科学中三大学科逐渐发展并形成各自学科体系。早期人类学与民族学、社会学这三个学科有很多交叉重叠之处。在经过一个世纪的大发展后，这三个学科的学科分界已突显出来。这种情况同教育学中的课程论与教学论的情况很类似。特别是在中国这样的多民族国家，其间既有其原始人类生活形态的影子，也存在某些有助于解决早期研究中迫切需要验证人类发展问题的线索，因此，早期人类学以探讨民族问题为主，自然地就把人类学与民族学视为一体。由于目前独特的多民族国情背景致使国家特别重视民族学研究，民族学已经很明显地从早期人类学中分轨而行，尽管互动强劲，但独立学科特征非常鲜明。1996年，我国就把民族学作为一级学科，人类学仅仅是作为民族学这个一级学科下面的一个专业课程或分支学科。如中央民族大学设民族学与社会学学院，人类学只是其中的一个学位授权方向。而国家层面也如此，多年来社科基金项目指南中，有民族学专项指南而无人类学项目，这表明在学术研究中开始形成了新的学科划分。因此，如果不对"ethnography"进行新的阐释和名称重译，还是使用"民族志"来演绎，极易造成民族学与人类学混淆，甚至有民族学而无人类学，或者用民族学代替人类学，这些无论对人类学还是民族学的学科发展都会造成影响。可见，民族学与人类学作为两个虽有密切联系却又有区别的学科，在新的时代开始显现其各自特性，这些在外文中早就有明确的区分，各属不同的专有词汇。

第二，ethnography本义与"民族志"之悖。

在国际社会科学界，"ethnography"成就了人类学，也成为社会科学一个基本研究方法。这种早期认识实际上只看到后者，却把最根本的前者忘记了。更具讽刺意义的是，"ethnography"被译为"民族志"后，似乎成了民族学的专用。一些人甚至认为人类学使用"ethnography"，是因为人类学就是民族学或两者一体的缘故，大有人类学因此“沾光”了的感觉。这种专用感也使运用这一方法的许多学科使用者觉得尴尬，于是被命名为另外一些新名称，例如质性研究、实证研究、叙事研究、扎根理论，等等。其实，“ethnography”源自人类学研究，就具有人种与其他动物物种相区别的意义，是一种与动物志不同、专指对人类发展活动记录的研究方法。从王铭铭的《民族志：一种广义人文关系学的界定》的题目就可以看出，“广义人文关系学”究其本质就是人的文化的研究，这种表述与马克思在《关于费尔巴哈的提纲》中提出的，人的本质是社会关系的总和的说法可谓异曲同工。从王铭铭这篇长文中，可以看到他有感于“ethnography”译为“民族志”带来的各种吊诡，专门论证“ethnography”非民族志之字面意义，也非民族学之专有，还历数了使用这个译名带来的无数误会和纠结。他认为“ethnography”源自古希腊语的 ethno（s）与 graphy，其中 ethno 在古希腊代表有关人类、人群、种族、民族的相关文化，是一种“混杂”统称，各种含义兼而有之。因此，中国对英文 ethnography 或欧陆 ethnographie 的译名有“人种志”“民族志”“田野（文化）志”之称①。可见，在这点上，ethno 所代表的应当更多体现为早期那种较为初始的、原野的或原始人性意义上的人种和种族，与现代文明的民族有根本区别，因此把 ethno 称之民族志来理解和表征现代民族是不妥的；顺理，依据 ethno＋logy 合成，用 ethnology 表称今日的民族学也是不妥的。所以，“ethnography”中的“ethno”不能发展为“ethno＋logy”。如果因为 ethno 把这个 ethnology 民族学作为“ethnography”自然发展的基础，是因果关系，那么不仅使这“ethnography 民族志”与“ethnology 民族学”都失去了本意，也大大地扭曲了这两个概念的内涵。试想，如果只有这种“ethnography”的“民族志”下做出来的才是民族学，那么这样民族学会是怎样的呢？不说民族发展战略、民族政策以及民族历史等民族学研究难以从民族志中自然提升，单单是这种民族志研究方法也将会使民族研究被弱化，致使学科简单狭窄，与现代民族学所包含的广阔的研究范围和丰富多样的研究方法相比相去甚远。

同理，ethno 与 nation，ethnology 与 nation science 应当是不可以画等号的。正如王铭铭所说的，“ethnography”探究描述的是在其本真上的人、

① 王铭铭：《民族志：一种广义人文关系学的界定》，《学术月刊》2015 年第 3 期。

人类、人种、种群、种族、民族及其相关的广义关系的文化行为过程、状况和结果的记录。如果说人类学是社会科学中研究人及人类的最本质的、最高层面以统摄包括民族学、社会学等分学科的话，那么这种“记录”所重视描述人类的文化活动，也包括不同民族的教育活动的文化特征。可见，“ethnography”作为人类学研究的核心研究方法，是实现探讨人及人类发展问题而采用的。这种方法也为民族学的研究所采用，但民族学的使用是部分性，有其自身特定的侧重点，与人类学坚持的目标也不尽一致。民族学除了以探讨某种民族或国别为目标外，还会采用其他很多不同研究方法。人类学对人的研究既包括民族中的人，也指导民族中的人的研究，但两种研究方法对人的研究是有根本区别的。此外，“ethnography”也为社会学所倚重，注重实地调研工作，重视描述其实际的状况和分析其原因，且目标是研究社会发展问题。可见，由于早期中国社会科学发展的实际决定了“ethnography”这种方法为人类学、民族学、社会学所使用，而且都作为很具特色的学科研究方法，但三者是有内在区别的。随着社会发展和学科之间分工日益加大，这种方法使用上的区别逐渐显现了出来。因此，在今天中国人类学、民族学、社会学都已随着社会发展不断分化，三者使用上差异日益增大的情况下，“民族志”的译名显然带来许多不便。为了推动学科发展，重译“ethnography”中文名称，或者倡导在不同文化背景中选择更合适的译名，应当是一个较为紧迫的问题。

综上所述，我们可以看到，由于19世纪后期人类学兴起促使世界社会科学形成和发展，“ethnography”作为重要的社会科学研究方法于20世纪初引入中国，带动了中国社会科学的发展，被人类学、民族学、社会学以及其他社会科学研究采用，是这一时期的学科发展特点所决定的。随着一个世纪以来中国社会科学的发展，尤其是这三大学科逐渐发展并形成各自的学科体系，早期笼统地把“ethnography”译为“民族志”的做法已难以适应新时代社会学科发展的要求，容易产生很多误解，学理上也很难清晰表述，特别是在中国这样多民族国家下更易造成不必要的尴尬。

“ethnography”在社会学科中的研究功能

学科/应用	研究对象	研究内容	研究特性
人类学	人、个体、人类共同体	人性形成，人类行为的文化特征	主体性

续表

学科/应用	研究对象	研究内容	研究特性
民族学	民族及其中的民族的人	民族文化变迁，民族行为的文化特征	民族发展
社会学	社会的人	人与社会发展　社会问题	实证研究，调研

第三，促进中国社会科学更加繁荣发展

从上述分析可以看到，早期中国的社会背景决定了“ethnography”译为“民族志”，但随着二战后现代社会迅速发展，社会科学研究逐步深化，改变这一译名为“人种志”便成为一种必然选择，也将为各学科发展拓展新的研究空间。

首先，促进学科主题在新分化中不断获得新发展。近一个半世纪以来，人类学经历了学科从混沌走向分化的发展历程，即从寻求人类自身认同学科，到创建独立人类学科体系，再到创建人类共同体的学科发展道路。早期注重于考古及原始性部落民族考察，转向探求人类主体，再到模塑未来新人的学科主题，形成从包括人的形成、人类早期发展形态、民族部落以及主流人群的新人类学研究体系。这样，与注重少数民族研究为重点的“民族志”相比，注重人、个体、整个人类研究的人类学显然不在一个学科框架及研究视阈内，势必造成学科内在的紧张和矛盾。因此，“ethnography”译为与其他动物物种相比之下的“人种志”或“人志”，或归为“人道”研究，显然更为贴切，提供的学科空间会更宽阔。

那么，怎么看待中国社会各学科运用“ethnography”与各学科主体日益分化发展，并与之相区别呢？我们注意到，早期“ethnography”在中国除了重视民族研究外，还大力倡导实地调研的研究之风。这种调研式“民族志”对改变中国传统学术研究以书斋式训诂学的方法发挥了重要作用，让社会科学有“法”可依可用，首开面向实际的新研究风气。这一时期的潘光旦、吴文藻、费孝通等人都是使用这种方法的先驱及杰出代表，因而产生了重要的社会影响。但是，人类学、民族学及社会学尽管都倡导运用这种调研式的“ethnography”研究，都积极走向田野，考察研究对象发展情况，然而三者在层次和类型上存在许多重要差异。第一，人类学是研究人及族群或整体人的发展问题，即探讨人之为人的人类之学①，重在考察人在不同文化下的主要特征，回答人怎么发展，成为更好的人以及实现人类进步。第二，民族学研究民族发展问题，也重视运用“ethnography”研究特定民族文化特征及民族中人的行为文化意义，有一定“志”的味道，但即使民族研究运用了田野的方法，那也主要是田野式调研的方式，推动的是一种走向田野的“民族学”。更重要的是，民族学不等于人类学，民族学中还需要开展大量的诸如民族发展政策研究、发展战略研究以及产业研究等等，这些都不是仅运用“民族志”所能实现的。第三，社会学也重视“ethnography”研究方法，但更多表现为走向田野的社会调研，中国 20 世纪 80 年代后大倡调研之风，推助了社会学的发展。这种调研很重要，但是与人类学的“ethnography”强调学者深入参与，重视揭示（教育）整体文化变迁有根本差异。而且，人类学强调的是整体人的发展研究，不是其他物种的研究；民族学则重视某民族的研究，以及不同民族之间的比较研究。可见，把“ethnography”译为“人种志”是学科发展的内在需要。

其次，推动教育人类学更好地服务中国教育。从教育人类学的未来发展出发，把 ethnography 译为“人种志”，尽管还是很难等同英文的含义，而且一开始一些人会有一些不习惯，但对回归人类学原本学科轨道，消除发生学科性误会有重要意义。一是用“人种志”译名可以避免民族学在学科归属上的尴尬。二是改称“人种志”并非就是过去希特勒鼓吹的那种狭隘人种研究，而是要正面回到人类学本身就研究人与一般动物不同、不同种族发展秉性以及人性的发展的学科本义。三是使用“人种志”也意味着人类学的本质是研究人，作为整体的人和不同民族人种的人，也表征教育人类学应贯彻人类学和教育学研究人、发展人的共同目标，表征教育化人、使生物人通过教化成为现代意义的社会人的文化过程的研究特征。四是“人种志”译名有利于把运用“ethnography”开展的民族教育研究看作教育人类学研究，以区别于其他类型如注重田野调研或有关政策、战略等方面的民族研究，避免民族学研究受到“ethnography”方法的局限，有助于民族学等学科的发展。五是“人种志”译名也能较好地反映 100 多年来人类学的突出工作和学科领域所取得的重大进展，顺应学科中心从笼统模糊的种族、民族研究转向重视人自身及社会主流族群文化研究，如都市人类

① 简庆福：《人类学到底研究什么》，http：//url. cn/46NhB63。

学、网络人类学、体质人类学、科技人类学等，体现民族学和人类学从模糊混沌状况走向两种有联系又有区别的独立学术性学科的发展成果。六是使用“人种志”演绎人类学以及教育人类学的研究方法，也表征着新科技时代的社会更加突出人的研究，中国开始超越限于少数民族的民族学研究志趣和研究范畴，转向人类社会共同体的普遍性研究，关注个体或全人类视阈下的人类未来和社会福祉。所以，现在已经到了“ethnography”译名的表述应该用“人种志”（尽管不是研究“人种”）来代替“民族志”的时候了。

再次，修订重译是学科成长过程中的必修课。在中国教育人类学的发展过程中，特别是 20 世纪 80 年代后引进国外教育人类学成果，到至今中国教育人类学逐渐形成一个学术学科，形成多种流派，还出现了一些不同的争议。一方面是学科的发展是许许多多学者的共同贡献，另一方面出现的争议应当是中国教育人类学成长所必然面临的新机遇和新挑战。可以说，这些问题和争议是由于中国教育人类学刚刚兴起，尚在摸索阶段，学科有待成长，实践有待深入，还缺乏足够的理论和经验来解释及应答各种外来作用因素及发展上的问题，以及整合不同的意见和不同视角。从这点看来，任何一个学科发展都不可能单单靠移植照抄国外的学科成果就可以完成的，每个学科的成长都必然要经历吸收、融合乃至重建的过程。还需要在本国实践中学会继承，在继承中学习发展，在批判中吸收创新，从而解决问题，形成共识，建立新体系。

（本文系选自《中国教育科学》2017 年第 3 期《在探寻民族教育时代精神中成长——中国教育人类学科发展探微》中第三点的部分内容，并做了相应的修改。）

中国教育人类学的时代转型和路径创新

李子华

（青海民族大学　师范学院，青海　西宁　810007）

【摘要】中国教育人类学经过 30 多年的发展，取得了丰硕的研究成果。中华民族伟大复兴的“中国梦”和“一带一路”倡议的提出，对教育研究提出了更高更新的要求。中国教育人类学要在更高的历史水平上，以敏锐的时代洞察力和强烈的历史责任感，通过对学科立场、学科主题、研究范式、学科发展原则、学科发展重心、研究者身份等多维度的总结与反思，努力实现学科的时代转型和路径创新，使其真正成为中国教育发展的高端智库，为服务“中国梦”和“一带一路”倡议提供决策参考。

【关键词】教育人类学；学科发展；时代转型；路径创新

【作者简介】李子华，青海民族大学师范学院院长、教授。

中国教育人类学是中国教育现代化之所需，也是中华民族发展之所需。1986 年，冯增俊在《当代研究生》上发表《教育人类学刍议》一文，首次将教育人类学引介到中国大陆，其后，在冯增俊、庄孔韶、滕星等一大批学者努力之下，中国教育人类学研究发展迅速，取得了丰硕的研究成果。30 多年来，中国教育人类学直面中国教育的重大问题，积极参与各种重大问题研究，已开始成为教育学科中的后起之秀。当然，与其他成熟学科相比，中国教育人类学还显得很年轻，学科立场、研究主题、学科独立性、研究方法等方面还显得单薄，需要不断地发展。特别是近年来，中国经济社会包括教育发展取得了巨大成就，中华民族伟大复兴的“中国梦”和“一带一路”倡议的提出，对教育研究提出了更高更新的要求。新时期的中国教育人类学如何在更高的历史水平上，以更广阔的视野洞察人与教育的关系，实现学科的新发展，是时代赋予教育人类学的重要使命。本文旨在通过对30多年来中国教育人类学的学科主题、研究范式、学科发展取向、学科发展重心、研究者身份定位等方面的总结与反思，为中国教育人类学发展提供一些思考。

一、学科主题：从少数族群教育扩展到主流文化的普遍教育

每个学科都需要建立自身的学科立场，这首先要明确中国教育人类学的学科主题，因为这关系到正确定位学科发展，运用好方法，发挥教育人类学学科功能的大事。① 目前，我国的教育人类学研究存在着以少数民族教育为主要研究对象的问题，还没有将研究范围有效地扩大到运用人类学的理论和方法关注主体民族（汉族教育）的特点，甚至一些研究者将少数民族教育看作是教育人类学唯一的研究内容，把教育人类学称为民族教育研究或民族教育学。这种现象可以从历年来各种期刊上发表的教育人类学方面的论文和召开的历届教育人类学学术年会上大家所提交的论文明显看出。虽然有些学者试图突破民族教育的藩篱，站在我国教育改革和发展的宏观背景下，以人类学的方法，探讨我国不同历史时期的教育问题，或者不同地区、不同民族之间教育与文化、教育与社会之间的关系，但总体来看，少数民族教育研究仍是教育人类学研究的主流。

关注少数族群教育，是我国教育人类学迅速兴起与发展的重要原因，也是学科研究范畴囿于此的原因所在。② 尽管教育人类学在其发展过程中与民族教育学形成了密切的关系，如研究对象都侧重于探讨人、文化和教育三者的关系；研究方法都注重田野调查法，并进行大量的田野研究。但

① 冯增俊：《论中国教育人类学的学科主题》，《民族教育研究》2008年第1期。
② 吴晓蓉：《我国教育人类学学科发展问题审视》，《教育研究》2012年第5期。

两者的区别还是很明显的，教育人类学主要从人类学视角，用人类学方法考察教育，而民族教育主要从教育学的视角思考民族问题；民族教育学研究注重具体民族，强调经济生产方式与教育机制的关系，而教育人类学主张突破国家和民族等人类社会的基本框架，强调思考人、自然与文化的整体关系，追问教育在人性形成和文化变迁中的价值及实现路径。

中国教育人类学的学科主题应该着眼于中国教育实践中的关键问题，把究其本源，促进教育的现代转型作为当代中国教育现代化的根本任务。①随着中国经济生活水平的提高，人们的社会价值观念也发生了一系列变化，现代化的浪潮影响人们社会生活的各个方面，出现了诸如城乡二元分化，贫富分化拉大，各种利益纷争引发的冲突等重大问题。社会转型也给教育生态环境带来重大改变，出现了诸如农民工子女受教育问题、留守儿童教育问题、失地农民的再教育问题、校园欺凌问题、农村教师的职业倦怠问题、少数民族学生的学业水平问题、民族传统文化的传承和保护问题等各种复杂的教育问题的发生。教育人类学只有积极参与这些问题的解决，才能更好地体现出学科的重要价值。当下的教育人类学，在深入开展少数民族教育研究的同时，应积极拓展学科主题和领域，将社会转型时期各种教育问题纳入研究范畴，充分关注现代化进程中地域性、阶层性与族群性的教育问题。

二、研究范式：从人类学到教育人种志

研究范式是研究共同体进行科学研究时所遵循的模式与框架。研究范式主要是指包括研究方法论、研究对象的设定及研究程序、实验手段、仪器等组成的操作性规范，其首要功能就是为一个科学共同体或学派共同体的学者与新人提供一套研究的方法和研究规范。从教育学成为独立的研究领域开始，采用的范式就一直处在发展与变革之中。特别是实证主义思潮和人本主义思潮对教育研究范式的形成与发展产生了深远的影响，由此形成了“实证范式”和“理解范式”的对立和冲突。在这个背景下，教育学通过积极吸收其他学科的研究方法，实现了范式融合和范式转向。20 世纪 80 年代初期，我国一些学者在对少数民族教育的研究过程中引进了人类学

① 冯增俊：《论中国教育人类学的学科主题》，《民族教育研究》2008 年第 1 期。

研究范式，从而催发了中国教育人类学这一学科的产生，并迅速成为中国教育研究的重要方法之一。教育人类学研究范式特点有三：首先，人类学的文化视角帮助教育研究者看到当前中国教育核心问题的解决途径；其次，人类学研究坚持独特的田野考察法以启示教育研究要深入教育实践，尽力展示最真实而鲜活的教育现实；再次，人类学他者的眼光有利于对教育公平的研究与实践。由此可见，人类学研究范式因其对文化价值立场的坚守而为教育研究提供了新的审视角度，对于研究与解决今日中国教育的难题有着诸多的启示作用。反思 30 多年来的发展历程，中国教育人类学长期倚重于“人类学”这一处于强势地位的母体，其具有的教育学立场和方法论被忽略，教育人类学在一定程度上沦为“人类学的学科领地”，有可能丧失自己独有的学科立场和认知方式，而陷入“非学科性”的尴尬境地。可以说，这种只有人类学研究范式而缺少教育学研究范式的教育人类学是不完整的，而且很难称得上真正意义的“教育”人类学。因此，新时期中国教育人类学要真正摆脱目前学科发展的困境，获得自己的独立性，就必须实现研究范式的转型和创新。

1904 年，休伊特提出了建立教育人类学的主张，标志着西方教育人类学的初步形成。20 世纪 50 年代，美国的斯宾德勒和金博尔等人开展的教育人种志研究，标志着西方教育人类学走向科学发展道路。教育人种志是将人种志的方法运用到教育研究中，形成教育人类学特有的研究范式。教育人种志作为一种研究方法，可以拓宽对教育现象的观察视角、丰富研究内容，特别是对于挖掘隐藏在教育现象背后的许多不可见的和不可量化的因素有独特的贡献。目前，人种志是国际上公认的人类学特有的崇尚客观和描述的定性研究方法。将人种志研究方法引入教育研究，带来了教育研究范式的重大转变。20 世纪 60 年代开始的大规模教育人种志研究，促进了教育人类学学科的成熟与发展。许多学者正是由于采取了这种研究方法才逐渐成长起来，也使教育人种志成为训练未来教育人类学工作者的主要手段。从这个意义上说，教育人种志研究集中体现了教育人类学的学科特点，并成为衡量教育人类学家研究水平的标尺，也是教育人类学及教育人类学家专业成长的必由之路。

中国教育人类学必须强化教育人种志研究方法，促进研究者和学科的成长。20 世纪 90 年代以后，我国一些学者运用教育人种志的研究方法在教师专业发展和课堂教学等研究领域取得了一些重要的研究成果，但我们还要看到，教育人种志在我国尚处初步阶段，对其运用还不是很成熟，缺乏研究的深度与广度，研究队伍不稳定、力量薄弱，需要大力加强研究队伍的培养，这是我国教育人类学发展和研究者成长过程中亟待突破的瓶颈性问题。可以说，没有教育人种志研究方法的成熟和发展，也就不可能有中国教育人类学学科建设，也就不可能有中国教育人类学者的成长和发展。我们期待推进教育人种志方法的普及和应用，为中国教育人类学发展奠定方法论基础。

三、学科发展原则：从西方教育人类学到中国教育人类学

从总体上来说，教育人类学是“舶来品”，也是中国教育人类学发展的起点，中文“教育人类学”一词也是翻译介绍的。学术界一般认为，目前西方教育人类学的发展主要有两大流派：一个是英语国家的“文化教育人类学”，一个是欧洲大陆的“哲学教育人类学”。这两个流派都对中国教育人类学的形成和发展有着重要影响。30 多年的中国教育人类学发展历程证明，这种知识引介对我国教育人类学的发展具有重要的启蒙价值和学科奠基作用。但同时也要看到，由于过于注重国际理论的学习和借鉴，使中国教育人类学在一定程度上失却了对本土教育问题的关照，从而也失去了原创性的冲动和活力。所以，中国教育人类学的发展要确立这样一个学科发展原则，即要重视教育人类学理论的共性和国外教育人类学理论的先进性，同时也要重视中国教育人类学产生的民族文化逻辑和本土实践基础，积极建立“引进来，走出去”的学术交流机制，在全面、系统地吸收西方教育人类学理论方法和丰富营养的同时，积极构建本土化的“中国教育人类学”。

所谓“中国教育人类学”，至少有三个方面的特性。第一是“中国”的教育人类学，即与英语国家的“文化教育人类学”和欧洲大陆的“哲学教育人类学”相对应，强调教育人类学理论的中国背景以及中国效用，期待通过中国教育学家的自主创新来建构教育人类学学科体系。第二是“中国化”的教育人类学，西方教育人类学研究先于中国，中国应在研究西方教育人类学基础上进行借鉴、运用和改造，以实现“中国化”。第三是“中国性”的教育人类学，它是以“中国社会文化背景下的教育”为主要研究对

象的“中国研究”，学科主体研究者的文化身份是由“中国文化”所建立的，研究对象主要集中在“中国社会文化背景下的教育生活”。基于以上三个特点，这种根植于中国社会文化和中国教育实践沃土上的“中国教育人类学”一定会对中国教育发展产生重大的推动意义。当然，全面提升“中国教育人类学”学科品质，实现可持续发展，还需要我们立足于中国教育的实际，创新理论和方法，从国际学术视野审视自身的发展问题。只有这样，才能真正构建起具有中国特色、民族特性和时代特征的教育人类学话语体系，为中国教育创新发展做出贡献。

四、学科发展重心：从学术理念普及到参与教育决策

由于中国教育人类学是从西方引进的一门新兴学科，学科知识的推广和普及是其主要的发展任务之一。冯增俊、庄孔韶、滕星、万明钢等早期的中国教育人类学学者积极致力于教育人类学学术理念和学术知识的推介和普及，并在内容、方法、观念和理论上深入探求，在视界融合的基础上，观照中国的教育问题，构建中国教育人类学的学科理论体系。通过推介和普及，教育人类学的理念逐渐深入人心，一些学术机构相继建立，学术队伍不断发展壮大，一批标志性的研究成果不断涌现，为中国教育人类学的发展起到了很好的推动作用。学术机构方面，中国教育学会教育学分会教育人类学学术委员会和中国人类学民族学研究会教育人类学专业委员会等学术组织的建立，对教育人类学学科的普及和发展起到了至关重要的作用。学术成果方面，詹栋樑、庄孔韶、冯增俊等学者的著作在国外教育人类学的译介和学科知识的普及等方面起到了重要的启蒙和推广作用。滕星、张诗亚、万明钢、王鉴、孙杰远等学者有关教育人类学的研究论著及丛书等都是我国教育人类学研究中取得的重要成果。以上学者从不同角度将中国优秀的教育人类学研究成果集中展示给国内外读者，对于教育人类学的普及起到了重要的推动作用。

中国教育人类学发展虽然取得了可喜的成绩，但纵观其发展历程，无论是学术队伍的建设，还是学术成果、研究领域、学科体系、教材建设、研究范式、学科史等方面的研究，它与教育社会学、文化人类学等其他成熟学科相比，还处在“初步学术化”阶段，与学科的组织化和专业化还有

一定距离。由于教育人类学综合运用教育人种志等研究方法，研究着眼于现实的教育问题，实现了教育决策中理论与实践、政策与行动、领导与群众、专业人员与决策者之间的联系，使其具有重要的服务教育决策的功能。如何破解教育改革与发展中的诸多难题，促进中国教育在改革和发展的道路上顺利前行，办人民满意的教育，需要科学方法的指导。而教育人类学为我们增强战略思维能力，提高解决我国教育改革发展基本问题的本领提供了有益的启示。

中国教育人类学发展到今天已有30年的历史，随着新时期教育形势转变，教育人类学发展重心也应该适时转移。特别是在面向建设小康社会和实现“两个一百年”奋斗目标的关键期，教育人类学应进一步强化求真务实的田野精神，面对实践的实证研究以及服务国家的应用态度，做好基础性和普及性工作，推动学科发展重心由从学术理念的普及到服务教育决策的转移，这是学科发展的使命和发展方向。面对未来中国教育的发展战略和发展重心，教育人类学至少要在以下两个方面精准服务教育决策。一是精准服务民族教育发展。在一个多民族国家，民族教育不仅是一项教育议题，也是政治话题，它牵涉多民族国家的稳定和发展，以及民族关系的和谐发展。民族教育的发展需要制定科学的民族教育政策作保障。在民族教育政策制定方面，教育人类学理论可以对民族教育实践起到阐释和提升作用。同时，民族教育实践又可以进一步检验和拓展民族教育政策，① 通过提供教育政策咨询，在破解民族教育难点和热点问题的研究上发挥重要作用。二是精准服务国家“一带一路”倡议下的发展目标。“一带一路”不仅是一个经济倡议，同时也是一个文化战略和教育倡议，必须重视文化与教育领域的交流和合作。为此，教育人类学工作者应该积极主动地承担责任，携起手来，以分工协作的方式，建立一个教育人类学研究的协同创新机制，对“一带一路”沿线的六十多个国家以及国内“一带一路”沿线的相关区域的教育发展以及教育合作与交流等方面的内容进行精准服务。例如，每年提出相关国家的《教育发展报告》，出版教育发展与合作指南，使中国教育人类学学科成为精准服务“一带一路”倡议的人才高地和学术高地。

① 陈学金、滕星：《论中国教育人类学的几个根本问题》，《中南民族大学学报（人文社会科学版）》，2013年第3期。

五、研究者身份：从“教育学家”转变为“教育人类学家”

教育人类学发展需要学者的努力，通过开展教育人类学研究服务社会，更重要的是探讨本国教育实践汲取民族教育智慧，创建一种面向实践的新教育理论。这需要学者不断努力，实现学术转型，从“教育学家”转变为具有田野研究技能和素养的“教育人类学家”。长期以来，中国教育理论研究与教育实践之间还存在着一定的距离。具体表现有三：一是一些学院派研究者躲在书斋里，远离教育实践一线，就理论谈理论，其许多研究成果因脱离实践而对教育实践中需要解决的突出问题没有指导意义；二是我国的教育理论研究还存在着大量移植和照搬国外教育理论的现象，这些理论由于忽视中国国情和教情，缺乏本土化的实践检验，致使许多教育理论因水土不服而缺乏指导意义；三是个别研究还存在着“我注六经、六经注我”的注释性传统教育研究框架，以守旧不前的思维框定研究思路，使教育研究囿于传统视域始终难以走向实践，无法推进教育创新发展。①

那么，如何才能有效解决教育研究中理论和实践的脱离问题，促进教育理论与教育实践的有机结合，实现研究深入和人才成长的双向互动提升呢？首先，教育人类学的“学校田野工作”为教育理论与教育实践的有机结合找到了一条基本路径。面向实践的“学校田野工作”为推动教育理论研究面向实践，提供了新视角、新思维方式和新分析框架。以校长研究为例，传统的教育研究可能更多的是以理论分析和问卷调查的方式分析校长素质和能力现状，进而提出“校长专业化”的问题和促进其专业化的基本策略。而美国学者沃尔克特的《校长办公室里的那个人：一种人种志》则耗时两年进行“学校田野工作”，通过对“校长”（艾德）的长期观察和叙述，发现了那些表面上似乎与校长职业角色不太相关但实际上对校长的工作产生重要影响的各种因素。这种研究不仅能使研究者设身处地地体认实践者的实践逻辑，而且从具体的直观分享中真实地感受到理性提升，以及学校发展变革的新秩序、新常规和发展感。王华兰写的《城中村小学里的那

---

① 冯增俊、周红莉：《论中国教育人类学的学科意义》，《当代教育与文化》2011 年第 2 期。

个校长——校长道德领导的教育人种志研究》①，也让人从校长的一举一动中真切地感受到吴希福校长的人格魅力。这种研究是任何思辨和文字诠释所不能替代的。其次，教育人类学的“学校田野工作”不仅重在对生命状态的观察和描述，而且致力于如何转变人和完成人的探讨，聚焦于寻找最优化的教育形式，即促使完整的人及其生命发展得以实现的各种途径。教育人类学家通过长期的“学校田野工作”，能够真正实现在实践中形成、发展教育理论，并在教育理论的形成和发展过程中改造教育实践，实现教育理论与教育实践的双向滋养，从而有效解决长期以来教育研究中理论和实践相脱离的问题。再次，教育人类学强调教育干预，即通过深入的田野工作发现教育问题并提出干预教育问题的方案，在实行教育干预中推进和深化研究，从而通过小决策做出大干预。“学校田野工作”的指向是“学校和人的变革”，它以研究者和实践者共同经历的理论与实践的双向转化为基础，以双方的“双向变革”为基本目标和特征，从而成为推动学校变革研究与实践的内在力量，实现教育干预的独特功能。从这个意义上说，当代教育研究者有没有、能不能，以及在多大程度上做好学校田野工作，是衡量其教育研究基本素养和基本能力的标准之一，也是衡量其是否成为一名真正的教育人类学家的标准之一。

既然教育人类学对于教育研究有着重要和独特的价值，在教育研究者的队伍中需要“教育人类学家”，那么，一个“教育学家”转变为真正的“教育人类学家”应该具备哪些精神特质呢？具体要求有三。一是教育人类学家要有教育自觉。他懂得教育人类学研究之根本在于：在教育中、为了教育和改变教育。在广阔的教育田野上，面向生动真实的教育实践，把教育研究还原于真实的学校场景和师生互动过程之中，从而在真实的教育过程中寻找儿童成长的基本规律，在儿童体验文化信息中分析教育存在的具体问题，为我们认识时代教育，体验和认识人在教育中的发展和改变提供最好的案例。二是教育人类学家要有生命自觉。一个真正的“教育人类学家”应有这样的价值意识：学校田野实践的独特价值在于“生命价值”，田野实践的目的是观察人的生存方式，改变人的生存方式，提升人的生存质量。研究中要重视剖析教的过程和学的活动中的具体行为，关注儿童在教

① 王华兰：《城中村小学里的那个校长——校长道德领导的教育人种志研究》，载《中国教育人类学研究（2016）》，人民教育出版社2016年版，第117页。

育活动中的各种行为生成，审视教育生活在儿童成长和生命经历中的具体作用方式，从中展示儿童理解知识的方式和成效，把握儿童人性获得的过程和特点，并以此概括出教育基本规律，提出促进人的生成养成的教育原则。三是教育人类学家要有文化自觉。文化自觉，是对文化地位作用的深刻认识、对文化发展规律的正确把握、对发展文化历史责任的主动担当。这就要求研究者在个案研究和区域性文化比较的意义上，以学校田野为基地，具体研究师生的特质、师生的族群与语言、师生的气质与性格，以及师生的价值观念与教育观念，探究这些方面对于人的生命成长与发展的历史意义和现实意义，并由此参与到中国新文化的创生和理想新人的构成进程中来。这样的教育人类学家就是一个胸怀天下的人，就是一个对自己的文化和在此文化中成长和发展中的生命拥有使命感和责任感的人，也是一个对文化意义上的新生命的创生有所作为的人。

中国教育人类学研究的时代转型

白芸

（华东师范大学　教育学部　上海　200062）

【摘要】教育人类学并非仅仅关注民族教育，聚焦少数民族人群和区域，而是研究教育改革与发展的各个层面，包括研究社会现实问题和教育热点问题。互联网时代，教育人类学研究更加彰显了学科价值，尤其在教育政策制定和决策指导方面发挥着重要作用。教育人类学研究也体现了实证研究的价值追求，并以教育人种志方法为主获得了多元化发展，尤其是在线人种志、行动研究、课堂教学视频分析等方法和手段将会进一步得到运用。

【关键词】教育人类学研究；时代转型；实证研究；教育人种志

【作者简介】白芸，华东师范大学教育学部教学事务部主任，教育管理学系副教授，硕士研究生导师。主要研究领域为教育管理、质性研究、教育人类学及文化研究等。

教育人类学最初源于对不同民族和不同族群的教育行为模式与人的发展的分析研究，但并非意味着仅仅关注民族教育，聚焦少数民族人群和区域。要改变过去中国教育人类学研究将目光过多聚焦在或等同于少数民族教育的传统，避免“画地为牢”的认识误区，就得从当下互联网时代对人们生活方式的改变和中国教育改革与发展的需要进行思考，以促进教育人类学研究的时代转型与发展。

一、互联网时代彰显教育人类学的学科价值

随着互联网的普及，新媒介、人工智能技术、移动终端等手段的发展，人们的生活方式已经悄然发生了重大改变。社会生活中信息的互动、传播和交流更为迅捷、广泛和深远，不同人群之间的跨文化交流和融合更为普遍。多元化、多样化和跨界已成为学科发展的新趋势，社会生活中各个领域更为强调人与人之间的连接，借助于大数据和信息技术实现了长期积累和关注用户体验，注重人与技术之间的互动协作，注重学校组织中的文化重构，更注重教育对人的意义的思考。

教育越来越成为全社会密切关注和息息相关的重要主题，教育改革和发展中遇到的新问题、面临的新挑战，都变成了影响和改变着人们日常生活和生存状态的重大契机。教育研究迫切需要面对教育实际和教育实践开展全面、深入的研究，为政策制定、管理决策、学校改进、青少年发展等多方面提供有价值的研究依据，这正是教育人类学研究发挥其特有优势的大好时机。教育人类学是把教育放在自然、人文和社会背景中全面考察人类发展、文化传承与教育的相互影响，以更为广阔的视域理解和研究人的生活，从整体上把握人与技术、人与社会、人与文化、人与教育的关系。教育人类学研究会改变人们看待教育的视角和方式，构建更为促进人的发展的教育，实现文化的不断传承与创新。为此，教育研究者们应该更加明确教育人类学的学科特点与价值，聚焦研究主题，拓宽研究范畴，规范研究方法，促进我国教育人类学学科的本土化发展，为我国教育事业的发展助力。

（一）突出学科特点与价值

教育人类学已经发展成为教育学科中的一个独立学科，在促进我国教育现代化发展过程中发挥着独特作用。教育人类学与其他学科的紧密联系也体现了其学科特点，其中跨文化比较研究是教育人类学研究的最大特点，它不仅为教育人类学研究提供了广阔的研究视野，从不同的文化背景下多角度地审视和考察教育问题，而且能够超越自身文化的局限性，冲破思维的樊篱和学科的界限来思考教育问题。多元化、多样性、整体性和情境性也是教育人类学的特点，教育现象和问题是复杂和长期的，往往也是社会综合问题，仅凭逻辑推演或数据监测是难以真实完整地呈现其内在的本质

和规律，教育人类学研究注重长期深入的田野工作，设身处地的理解和分析，最为符合教育研究的需要。

（二）聚焦研究视域与主题

聚焦教育人类学的学科主题是关系到教育人类学学科发展的关键所在。运用人类学研究的方法，以人本化的核心精神来探讨教育现代化的本质和内在规律，是当今教育人类学研究的主要目标。我国教育人类学的研究主题应走出仅仅关注和聚焦少数民族教育的主题和研究对象，增强从其他视角对社会现实问题和教育实际问题的审视。

在社会发展过程中最普遍、最深刻和最显著的特征就是人的生活及社会结构、社会关系等的现代化。互联网的应运而生，促进了人的现代化和社会的现代化进程，从而也将方方面面连接在一起，为教育人类学确立特有的研究主题奠定了良好的基础，为进一步促进教育人类学的学科定位和主题建构提供了良好的学术氛围和社会支持。教育人类学在发展中要主动建构有助于社会发展的研究主题，内容不断丰富，主题日益鲜明，形成多元化与综合化共同发展的学科。

（三）拓展学科研究范畴和内容

互联网已经使世界更为紧密地联系在一起。教育人类学的研究对象已然发生变化，人与人之间的紧密连接是发展的必然趋势。因此，仅仅将目光盯住少数民族教育是狭隘的，要坚持用多元文化的视野来拓宽研究的维度。通过文化的多样性和独特的视野，可以开展教育人类学深层次的探讨，更深入地把握教育人类学在纷繁复杂社会中的发展方向，不断拓宽研究范畴，无论都市教育还是乡村教育，无论少数民族地区还是各民族教育现代化进程，无论线下教育还是线上教育，无论学前教育、基础教育、职业教育、高等教育还是成人教育，无论国内教育改革还是国际教育比较，都是教育人类学应进一步关注和研究的范畴与内容。尤其是当前引起教育研究者更多关注的热点问题，诸如，校园欺凌问题、青少年沉迷于手游引发的家庭教育及监护问题、原生家庭对人一生的影响及学校教育的作用问题、家长过度焦虑与青少年提早学习和过度学习问题、校外培训机构火爆与学校教育减负问题、教育的成层功能与阶层流动问题，等等，都需要教育人类学研究者运用多种研究方法开展深入研究，从而揭示互联网时代人们生活方式的变化，为教育理论研究、教育政策制定、社会公共治理等方面提供可靠的依据和解决问题的思路，而非简单、浅层地分析和论述具体事件。

（四）丰富研究方法与技术

教育人类学的关键研究方法是教育人种志。研究者通过开展田野工作、教育参与观察、深度访谈、实物分析以及口述史等具体方法搜集实地资料。教育人种志研究要长期深入实地调查的田野工作中，结合信息技术运用等多种研究方法，提高教育人类学研究方法的现代化、国际化和信息化，取长补短，尽可能多地从不同侧面收集完整的资料，而来自不同侧面的资料之间可以相互印证，以保证研究资料的真实性，研究的深入性。从研究伦理方面，教育人类学越来越强调尊重和包容他人的人本精神，这与我国教育改革与学校教育发展中弘扬全面育人精神的宗旨是相一致的，也是教育研究发展的必然要求。

二、教育人类学研究体现了实证研究的价值追求

在当下倡导教育研究走向实证研究、推动教育学的科学化发展的新时期，基于事实和证据开展教育研究，体现精神、规则、方法的有机统一，逐步成为多数教育研究者的共识。实证研究致力于以理性为基础的、以怀疑、独立、公益、变革为内涵的思想要求，从感性材料出发并剔除其中的主观成分，寻求价值中立，从而达到对教育事实的本质认识，这些与教育人类学特有的学科精神，即实事求是、求真务实、基于事实和证据开展研究的特点，非常一致和吻合，所以正是实证研究所追求的价值取向。

教育人类学研究是促进教育学科学化的重要路径之一，也是提升教育决策和管理科学水平的有力支撑。教育人类学研究应进一步发挥服务社会和服务教育改革的功能，在教育管理和政策制定等领域进一步发挥作用，以解决实际问题为研究导向，需要更多地参与式教育决策来呈现、分析和解决教育改革与发展中的各种实际问题。尤其是新高考政策的制定和实施，教育评价机制的改革等重大问题，以及学校文化建设、家校关系、小升初等热点和现实问题，是关系到千家万户切身利益的教育实际问题。要避免武断、片面、毫无根据的判断、情绪化的意见宣泄甚至是单一立场或利益的考虑所导致的主观决策，教育人类学及一切倡导实证研究的取向都应参与到研究论证中来。生活史、访谈、观察、实物分析、问卷、文献、录音录像和定量数据都是开展教育人类学研究中具体使用的搜集资料的有效方法，都是体现教育实证研究的重要手段。

所以，教育人类学研究视野从聚焦微观到关注宏观问题，可以通过宏观人种志研究方法来进行教育人类学研究，例如，研究整个国家或某个地区的教育改革和学校制度。教育人类学把教育的概念扩大为文化的传播和传承，研究不同文化中教育的差异性和多样性以及教育与人、社会和文化的关系，对反思教育公平的界定及评价标准有重要意义。同时，应加强学校和课堂人种志研究，从中观和微观层面深入研究学校发展中的实际问题，尤其是对开展分层走班、社团活动、社会实践等过程的整体把握非常需要教育人类学的视角。

为此，教育人类学研究者需增强文化洞察力，能敏锐地把握异域文化、其他群体的文化、其他场域的文化等，去除自身的成见和固有认识，以实证研究的精神及理解宽容的态度开展研究。

三、教育人类学研究方法的多样化创新

教育人种志方法一直以来是教育人类学的关键性和标志性研究方法，随着教育人类学学科发展和研究水平的提高，教育人种志方法也须进一步发挥其优势。人们越来越意识到，教育人种志方法是推动教育研究者求真务实的重要手段，也是促进教师专业发展和研究水平提升的路径之一，更是教育理论工作者踏实地着眼于实际教育问题研究、提高教育研究质量的重要方式。

（一）在线教育人种志方法的发展

互联网和新媒介移动终端在教育领域的逐步普及对于人的社会化和学习方式产生了深远的影响，在线教育迅猛发展起来，慕课、在线一对一教学、翻转课堂等教育形式多样化，教师培训、学生学习、学校管理、家校沟通及学校文化传播等也越来越依靠移动互联网技术，各类教育 APP 作为辅助教学、测试和做作业的工具逐步被很多师生所使用，这一切都使得人们的线上与线下生活有了更为密切的联系和交融，体现了教育时空的拓展和延续。这正是教育人类学研究的视域和方法手段得以拓展的时机。

近年来，一些研究者纷纷认识到，在线人种志（也被称为虚拟人种志）逐步在互联网时代成为教育人类学研究方法的发展方向，它将教育人类学研究者的田野工作场所由原先的实体空间场域拓展到了基于计算机和互联网沟通途径的虚拟空间，并将关注点逐步转向了在线教育及相关教育热点

问题的社会互动关系及亚文化等方面的研究，以及全球化、信息化、跨文化背景下的教育现象和问题的研究，尤其是有利于“多点人种志”研究的方便实施。互联网时代，借助于新媒介的在线社会互动和大数据的收集分析优势，教育人类学研究者可以参与到在线论坛或聊天群落里，通过参与式观察、文本和话语分析、视频分析、个别或团体在线访谈等，甚至结合线下研究，开展更为全面、深入、真实的教育人类学研究，发挥出研究投入的经济、便捷、数据丰富及时、便于长期追踪等优点来。

（二）教育人类学研究走向行动研究

教育人类学在研究中梳理不同人群、不同文化的问题，走进更多的田野，线上和线下，现实生活和网络生活，更多走向主流教育改革和实践的研究，需要具体运用多种研究方法开展综合研究。大量的行动研究将作为教育人类学研究的实践表现形式进一步得到运用，并在学校人种志、课堂人种志研究中加以深化，以呈现和发现问题为契机，以解决问题为目标，以研究者与学校教师的合作为路径，以不断反思与完善的开放性研究过程为特点。

（三）课堂视频分析法的使用

国际上已逐步运用课堂视频分析方法开展课堂教育教学研究，以有效地分析课堂教学现状。在我国的课程与教学改革中，课堂教学是如何进行的以及改革举措和各种实践探索是否有效，也是我们要关注的重要课题。在教育人种志的微观研究中，课堂视频分析无疑提供了新的选择，并随着互联网和新媒介技术的发展而使研究更加便捷。当然，一定的实地研究仍旧是不可被取代的，因为实地研究和田野调查更加注重研究者参与到实际生活中的体验，由此引发对原有文化的冲击整合，获得相类似的文化思维和立场，这是看视频进行分析研究所达不到的效果。人种志就是需要教育人类学研究者有一段较长的时间与被研究对象共同生活（共同学习或工作），进入他者的文化系统里，在参与其相关活动中细致深入的观察、了解其日常生活，获得对研究对象的真切认识和真实资料，做出相对客观、公正、完整的描述。

论教育人类学的教育学立场

金志远

（内蒙古师范大学　教育科学学院　呼和浩特　邮编 010022）

【摘要】自从教育人类学诞生以后，就出现了人类学、民族学以及教育学三种立场的不同发展路径。本文以教育人类学和教育学共有的“人”为切入点，通过对人的消极性与积极性、群体性与个体性、现存性与可能性、活动性与静态性、空间性与时间性、过去性与未来性分别地描述，探讨教育人类学中教育学的立场，指出其具有坚持人的积极性、个体性、可能性、活动性及未来性等特征。

【关键词】教育人类学；人类学立场；教育学立场；民族教育学

【作者简介】金志远　内蒙古师范大学教育科学学院教授，博士后，主要从事课程与教学论、教育人类学及民族教育研究。

本文主要是探讨教育人类学如何贴近教育学，持有教育学立场的问题。这或许会使人觉得匪夷所思，教育人类学不贴近教育那贴近什么？教育人类学本来就有教育立场，为什么还要予以强调？诸如这些能是问题吗？本人认为，问题恰恰出在这一点上。目前，作为教育学和人类学交叉学科的教育人类学存在重“人类学”而轻“教育学”的问题和困境，教育人类学的发展中存在重“人类学立场”而忽视“教育学立场”的问题。有研究者指出，茨达齐尔和中国学者冯增俊的教育人类学分析框架倾向于“教育学立场”，更具有“教育”特色，它不是纯粹的谈人的本质或生命的本质，而是转化为“教育文化中人的生成”这一与教育目的相关的问题，以教育的方式实现了人类学向教育人类学的转化。它具有突出的“学校”特色，从学校人类学的单章论述，到课堂、班级生活和教师文化等属于学校内部具体问题的研究，深入到“学校”内部进行人类学思考。① 尽管如此，目前教育人类学研究还存在诸多不如意。在很多教育人类学研究中，教育学立场意识不够清晰，缺失教育学感觉和教育学想象。在某种意义上说，对于一个教育人类学学者来说，找到了学科立场，坚持了教育学立场，才会有安身立命之本，才会有学术生命的学科之本。否则，在现代学科知识分工图景中，是很难找到自己位置的。因此，确立基于“教育学立场”的教育人类学显得格外迫切和重要。本文在茨达齐尔、冯增俊、滕星、李政涛等学者相关研究的基础上来讨论教育人类学从“无教育学”向“有教育学”的转变问题。

一、人类学和教育学的发展轨迹及教育学立场的意义

立场就是立足点，是关涉立在何处的问题。立在何处，必然有一个朝向和视野的存在。这就是以什么样的姿态看待问题、处理问题。学科立场着重回答这一学科的学科意识和学科视角。在基于“人类学立场”的教育人类学中，教育学的研究视角、研究问题、研究主题，尤其是研究方法被遮蔽，因此，教育人类学真正突显自身的学科立场、学科意识，超越基于“人类学立场”的教育人类学，走向基于“教育学立场”的教育人类学具有重要的意义。

自从17世纪，即现代教育科学兴起的初期，尤其是18、19世纪以来，人类学和教育便紧密地结合起来。虽然人类学作为一个明确的概念出现在16世纪，但是它的思想渊源却在很早便和教育发生了联系。② 教育人类学的思想最早可以追溯到古希腊时期，柏拉图的相关著作中就有了教育人类学思想的萌芽，后来的奥古斯丁、阿奎那进一步促进了人类学与教育的结

① 李政涛著：《教育人类学引论》，上海教育出版社2009年版，第38页。

② ［德］克里斯托夫·武尔夫著，张志坤译：《教育人类学》，教育科学出版社2009年版，第172页。

合。17 世纪的夸美纽斯、18 世纪的卢梭和裴斯泰洛齐，以及后来的康德、洪堡、施莱尔马赫，他们对教育人类学的形成和发展都做出了重要的贡献。自教育人类学学科建立以来，走过了沿用人类学的分析框架再到“人类学＋教育学”的分析框架，再到教育人类学的理论分析框架。

历史上教育人类学研究出现了三种取向：哲学取向、人类学取向和教育学取向。对此茨达齐尔也认为存在两种教育人类学：一个是以人类学为目的的教育学，以博尔诺夫为代表；另一个是以教育学为目的的人类学。后者并不是对人的一般学说的理论，而是要在教育科学范围内使用人类学观察方法以有效地说明教育学问题，以罗特为代表。其中教育学取向的核心是基于“教育学立场”而非“人类学立场”，立足于“教育学研究方法论”，而不是“人类学研究方法论”。① 在教育人类学的形成和发展中，“教育学立场”始终是环绕教育人类学的灵魂。

可见，教育人类学学科建设经过人类学、“人类学＋教育学”、最后再到教育人类学的发展阶段。在教育人类学中理应体现教育学的视角和方法，教育人类学是人类学在教育研究领域中的特殊应用，教育人类学作为人类学的一个分支，人们常常以人类学的视角要求教育人类学。因而，它的基本理论、基本方法也主要源于人类学的理论和方法，这样不免出现基于人类学的教育人类学。因此明确教育人类学的教育学立场，对人、人类的研究应从教育学的视域出发，与教育人类学的人类学立场划界，确立对于人类行为的教育学理解方式，亦即以教育学的视角和思维方式去观察、思考、解释及行动。这对于弄清楚教育人类学能干什么，弄清教育人类学与其他相关学科的边界，以及深刻认识教育人类学的本质方面具有重要的意义。

二、人的积极性存在与消极性存在

教育学和人类学都是研究人的学科，教育人类学也是如此，它是研究人的一门学科。教育人类学的教育学立场应以“人”为中心，只有这样才能贯通教育学和人类学内在的逻辑关系，找到二者的契合点。如果离开“人”为中心来讨论教育人类学的教育学立场，则使教育学和人类学成为相互分隔的两张皮。因此，我们通过人的各种形态为切入点可以找寻到人类

① 李政涛著：《教育人类学引论》，上海教育出版社 2009 年版，第 42 页。

学立场和教育学立场的迥异。

（一）立场的分野：人的存在性

人的积极性存在与消极性存在是教育人类学中“人类学立场”和“教育学立场”的分野。人类学中，特别是早期的人类学中，对人的假设就是原始、野蛮、未开化、边缘、弱势等，这些消极的看法就是人类学这一学科的学科基因。即便是教育人类学，倘若站在人类学的立场，它所研究的对象就是原始部落教育、野蛮人的教育、边缘群体的教育等。如果换一个立场，教育人类学中的教育学立场中，人变得比较积极，它彰显着人的积极力量。从教育学立场看待人，它总是激励人、鼓励人、引导人向善，弥漫着积极的氛围和向上的力量。

（二）视野的分野：人的正反性

强调人的消极性而忽视人的积极性是教育人类学中有人类学无教育学的表现。不同学者对人的存在特性的关注倾向，可以导致不同的学科研究方向。作为一门边缘学科的教育人类学，整合了人类学和教育学两大学科的基本立场和研究思维。如果只重视方法而忽视人的主动性，就可能使人类学成为其学科边界，教育人类学成为人类学的概念、命题、视角和思维方式下的一个研究领域，这就导致在研究视角上，基于“人类学立场”的教育人类学极易忽视教育学视角思考，导致教育人类学研究中偏重人类学、民族学方法而缺失教育学对人的积极性作用的研究，教育只作为辅助内容或者根本没有教育，教育人类学变成忽视甚至缺少教育的人类学。这样一来，教育人类学看不到整体人的文化成长，忽视了不同人在教育中的主动文化创造，而始终关注所谓的落后群体教育、民族地区教育、弱势群体教育、边疆教育等。对此有研究者对近几十年来的教育人类学的研究主题进行了归纳分析，认为教育人类学采取少数民族教育研究模式，注重研究少数民族和原始部落人群的教育问题，除此之外还研究不利人群的教育问题，注重研究一些处境不利或贫困家庭子女的教育问题等。如出生在城市里的少数民族子女、进城农民工或贫困家庭子女的教育问题等。

（三）教育学立场前提：人的积极性存在与消极性存在的平衡

由上分析，教育人类学中的人是积极性与消极性存在的统一，而由于其人类学立场的凸显，过于强调人的消极性而忽视人的积极性，从而导致教育学立场的缺失。而人的积极性存在与消极性存在的平衡是在教育人类学中确立教育学立场的前提。因此，要彰显教育学立场，应从人的消极性向积极性转变。

首先，教育人类学的研究对象定位既要研究“异文化”教育，也要研究本土文化教育。这是反思传统的人类学立场的教育人类学，以“异文化”教育为研究对象的局限性的突破，也是区分基于教育学立场的教育人类学研究方式与基于人类学立场的教育研究方式，这是能够认识到教育学立场的教育人类学研究方式的独特和价值的根本点。

其次，研究对象既要研究“简单社会”的文化与教育，又要研究“复杂的文明社会”的教育。传统的人类学研究的对象放在简单的、无社会分化、无文字、无国家部落层面上，这种传统也影响到教育人类学，使得教育人类学无意有意地把研究焦点倾向于这些所谓的简单社会的教育上面，这是教育人类学中人类学立场的典型表现。因此如果要确立教育学立场，必须除了关心所谓的简单生活的教育之外，还要关注现代文明社会的教育，不能把二者对立起来。这才是基于教育学的立场审视教育人类学研究，是从教育学立场出发从事教育人类学研究的表现，也是以教育学立场认识教育人类学研究中的“人”和“事”。

三、人的群体性存在与个体性存在

由于教育人类学坚持人的个体性存在的立场，因此只有克服其人类学立场中人的群体性存在，回到人的个体性存在的教育学立场，才能坚守教育人类学的立场。

（一）立场的分野：人的群体性存在与个体性存在

人的群体性存在与个体性存在是教育人类学中“人类学立场”和“教育学立场”的分野。由于人的发展具有两种释义：“一种是把它与物种发展史联系起来，将它看成是人类在地球上出现及其进化的过程，即人类的发展或进化；另一种更为通常的解释是，把它与个体发展联系起来，将它看成是人类个体的成长变化过程。”① 因此，教育人类学中的人既是群体的人，也是个体的人。但由于教育人类学是教育学和人类学的交叉，所以侧重哪个学科，其立足点是不同的。因此，在教育人类学中，对人的关注，从教育学立场出发和人类学立场的出发点是不一样的，两者有不同的考察

① 王道俊、郭文安主编：《教育学》，人民教育出版社 2009 年版，第 28 页。

方式。在教育人类学中，人类学立场中的人是“群体”的人，而教育学立场中的人是“个体”的人。有研究者指出：“改变教育学中‘抽象人’的观念，用‘具体个人’作为教育学中人学的支点，去重新认识教育和构建新时代的教育学。”① 又有研究者指出：“教育者面对的不是一般的人，而是特殊的人，是一个活生生的、有差异的但却是整体的个人。”② 这是由学科特性所决定的。人类学是研究文化的一门学科，或者说得具体一些就是文化中的人，而文化是群体的，文化中的人肯定是群体的人。“文化虽然体现在个人的行为、信仰、价值和心理等方面，但却总是独立于民族的个体之外。文化超越于个人而独立地存在，它是一种‘自成一类的存在’。他的‘集体意识’概念最重要的特征就是超越个人的存在。因为文化存在于社会的群体之中，而不能存在于人的生理遗传结构之中。即使一种很简单的文化，也要靠群体性的传授，绝不会由人生而俱来。”③ 因此不管人类学研究文化的他者还是自我，在人类学中的人肯定是指群体的人。教育学立场中的人，是与个体发展相联系的，是人类个体的成长过程。当然，教育学立场中的人，既指从出生到成人的变化过程的人，既指儿童，也指个人从胚胎到死亡的变化过程，即持续于人的一生。

（二）学科分野：强调人的群体性而忽视人的个体性

强调人的群体性而忽视人的个体性是教育人类学中有人类学无教育学的表现。教育人类学就是以人类学为背景和基础建立起来的，以教育的视角探究人的一门学科。应该说，教育人类学的兴起，不仅有力地强化了人在教育及教育学中的重要地位，而且极大地拓展和深化了教育学视域中对人的认识。然而，也许是教育学自身的发展还太稚嫩，也许是人类学的研究太宽泛，与哲学和心理学相比，教育人类学最终还只是作为教育学开垦的一片领地，一直欠缺更多的耕耘和收获，所以，也难能担当起教育学所特有的视角对人的认识。④它把人往往理解为群体的人，文化人，而忽视具体的、个体的人。教育人类学将教育形态看作一种文化表达的方式，注重研究教育与文化背景之间的关系，这恰恰是忽视具体人的具体表现，由此导致在研究主题上，过于关注人类学的研究主题而忽视教育学的主题。研

①④ 王北生主编：《当代教育基本理论论纲》，人民教育出版社 2012 年版，第 246、240 页。

② 励雪琴著：《教育学是什么》，北京大学出版社 2006 年版，第 165 页。

③ 童萍著：《文化民族性问题研究》，人民出版社 2011 年版，第 45—47 页。

究的问题和内容是人类学的问题和内容，缺少教育学的问题和内容，或者淡化、虚化教育学的问题和内容。比如，我们目前的研究尽管在研究过程中关注到教育问题，但我们还是把重点放在了人类学层面上。博尔诺夫认为，教育人类学是一门运用人类学理论研究探讨教育现象的学科，是尝试着将人类学问题卓有成效地应用于教育学方面。教育人类学不再是教育学的某种辅助科学，也不是教育学的补充性分支学科，而是想从（现在是从哲学上理解的）人类学角度出发重新说明整个教育学的一种尝试。为了避免误解，我宁可不称教育人类学，而称教育学的人类学观察方式或者简称为人类学的教育学。① 他的这种传统根深蒂固，使每一代教育人类学从业者都会奉之为金科玉律而笃守不怠。

（三）立场主因：人的群体性存在与个体性存在的平衡

人的群体性存在与个体性存在的平衡是在教育人类学中确立教育学立场的主体因素。由上分析，教育人类学的人是群体性与个体性存在的统一，而由于其人类学立场的凸显，过于强调人的群体性而忽视人的个体性，从而导致教育学立场的缺失。因此，要彰显教育学立场，应从人的群体性向个体性转变。为此，教育人类学中重新确立人性的假设，应从群体人到个体人的转变。在人类学看来，人是一种群体的人，它强调：人类的教育特有性，人类是教育的产物和创造，社会群体的教育共有性，人是教育的人化的结果。而教育学立场的人是个体的人，是一个具体的有感性的现实的人。为此在教育人类学中，研究教育对具体的、个体的人的影响的规律及其特点。在教育人类学研究中不但要关注教育与人的发展的关系问题，更加关注教育与个体的关系问题，把一定社会中的文化规范及社会价值体系内化于社会个体成员中。在教育人类学中，即便是将教育形态看作一种文化表达的方式，注重研究教育与文化背景之间的关系，则也要研究每一种教育活动与文化单元、教育现象与社会背景之间的关系，将关注具体的、个体人的教育内涵和本质特征揭示出来。

四、人的可能性存在与现成性存在

在教育人类学中，人类学立场注重人的现成性存在，而教育学立场则

① ［德］博尔诺夫著，李其龙译：《教育人类学》，华东师范大学出版社 1999 年版，第 33 页。

注重人的可能性、生成性存在，二者的有机统一才能坚持完整的教育人类学立场。

（一）存在性立场：人的可能性存在与现成性存在

人的可能性存在与现成性存在是教育人类学中“人类学立场”和“教育学立场”的分野。在教育人类学中，人既是一种现成性存在，也是一种可能性存在。有研究者指出：“从总体上看，人的发展十分复杂，是一个生活与生长并进的过程，是一个‘给定’与‘自我选择’‘自我建构’相互作用、相互转化的过程，是发展的各种因素相互制衡、相互协调的过程，它体现为个体内部的生理、心理、社会文化与外显行为方式的连续又较稳定的发展变化。”① 在这里，明确指出了发展的现成性和可能性，不管是个体发展还是群体发展都是现成性和可能性的统一。这也是教育人类学始终关注和强调人的发展的未完成性和能动性的原因所在。不过，人类学和教育学立场所关注的侧重点有所不同。

在教育人类学中，人类学立场关注人的现成性存在，在人类学看来，人是一种现成性、结果性的存在。人类学立场的人是一个现成性存在的人，这是由于人类学是研究人类文化的学科，而文化的存在是一种现成性存在，文化的本质就是事实性和现成性。如果从现成的文化去观察人、理解人，人的本真的可能性存在的方式就可能被遮蔽。而教育学立场关注的是人的可能性存在。这是因为，人是一种可能性的存在，是一种未完成的存在，人总是生活在可能性的空间里，人的过程、本质也在可能性的境域里完成。教育学对“人”的理解意味着，“人是一种存在的可能性，其他物种都具有‘前定本质’的特点，而人不存在一个前定的给予的现成本质，人的本质是在人自身的活动中生成的，是一种‘自我规定’。人具有自主性和创造性。人只是一种存在的可能性，这种可能性最终转化为什么则依赖人自身的自主性和创造性，是人把自己创造为人的。人具有发展的本质，即人是自我创造和实现的。人具有历史性和现实性。人的自我本质的生成和发展要受到一定历史和现实条件的制约，是在不断发展的历史和现实生活中逐渐生成的。人具有多样性和差异性。这与人的生成本质有关。”② 对此有研究者指出：“基于教育学对社会和人是否有用，对社会教育实践需要满足到何种

① 王道俊、郭文安主编：《教育学》，人民教育出版社 2009 年版，第 29 页。

② 李剑萍等著：《教育学导论》，人民出版社 2015 年版，第 45—46 页。

程度，从人的个体而言，生命性的培育无疑是教育的首要任务和使命；从社会而言，回归教育的社会生活本质，倡导‘教育即生活’，重塑教育的生活世界；从社会教育实践而言，不断在教育实践变化中琢磨教育现象，解决教育问题，化解教育危机的动态生成的观念。教育学立场理应具备三重立场：生命立场、生活立场和生成立场。教育学生命立场的确立分为理论和实践两个维度。即一种‘生命在场’的视野去关照教育对象和去设计、运行和评价教育活动；教育学的生活立场包括个体和公共生活立场两个维度。另外，教育学的生活立场还有对生活本身的反思和批判的方面。教育学的生成立场就是指在教育学研究和实践中要以形成性、发展性、动态性和全面性的眼光去观察、审视、理解教育活动中的各种要素及其相互作用，从而建立起一个开放的、富有活力的、生生不息的活的教育系统。”① 其中，生命立场、生活立场和生成立场都预示着教育学立场中的人是一个生成中的人。

（二）重视性立场：强调人的现成性而忽视人的可能性

强调人的现成性而忽视人的可能性是教育人类学中有人类学无教育学的表现。人类学是描述的、记述的，而教育学是改变的、建构的、生成的。教育学与其他学科看待同一现象的区别在于它秉持的是“教育学立场”。教育学立场就是教育学看待问题的方式。教育学看待问题的方式是一种致力于人的发展的教育立场。人是可以塑造的，这是教育学立场的支点。“教育学立场”就是关怀生命、促进生命发展的立场。成全生命是教育学的独特视角，其根本原因在于教育是培育人的，是成全个体生命的。然而，当下的教育人类学似乎背离了这一学科传统和特性。在教育人类学中，教育学立场中的教育的目的与作用在于培养人、引导人与促进人的素质的全面发展与提高，尽可能使每个人都成为有用之才；而人类学立场的目的与作用在于合理地利用人、培养人与激发人的潜能，人类学立场中基本技能与方法的培训，主要是指自然性，忽视教育的主动干预。教育学立场教育的侧重点，主要在于如何形成社会与组织所需要的基本素质、基本技能与基本知识；而人类学立场的侧重点，主要在于如何从现有的基本素质与基础知识中开发与培训出社会与组织所需要的特定素质、特定技能与特定知识。

① 王举、朱美霞：《从“教育在场”到“教育学立场”——另一种视野看教育学立场问题》，《湖南师范大学教育科学学报》2016 年第 21 期。

教育学立场的教育活动目标是促进儿童的身心状态发生合理的变化，而人类学立场的目标则是认识或解决某一个教育活动碰到的问题。教育学立场的教育活动的过程主要是在教师组织引导下，儿童积极活动和获得发展的过程，而人类学立场的活动则主要是教育者对活动中的各种因素的观察操作过程和对活动内容的思考认识的过程。

（三）平衡性立场：人的现成性存在与可能性存在的平衡

人的现成性存在与可能性存在的平衡是在教育人类学中确立教育学立场的重要条件。

由上分析，教育人类学的人是现成性与可能性存在的统一，而由于其人类学立场的凸显，过于强调人的现成性而忽视人的可能性，从而导致教育学立场的缺失。因此，要彰显教育学立场，应从人的现成性向可能性转变。

首先，教育人类学的目的应以培养人为立足点和出发点。这是由教育学立场中人的可能性所决定的。人的存在的可能性实际上就等同于人的发展性、生成性和建构性。有研究者指出："教育的根本问题是人的发展问题。有目的地培养人，是教育这一社会现象与其他社会现象的根本区别，是教育的本质特点。教育之所以成为教育，全赖乎于此。培养人是教育的立足点，是教育价值的根本所在，是教育的本体功能。任何教育，只有通过培养人才能服务于社会。如果否定了教育的育人价值，也就否定了教育的社会价值，离开了对人的培养，教育对社会便无所作为。"①

其次，教育人类学中教育的视角和立场应从实然、自然到生成、应然、建构。何谓教育的视角和立场，有研究者对教育活动的性质做了如下归纳：教育活动是人为的社会实践活动。教育活动以人为直接对象，以影响人的发展为直接目的。教育活动具有双边性、共时性和要素关系的复合性等特点。教育活动具有预测性与活动过程中的动态生成性。教育活动的本质是在特殊的交往活动中有目的地使社会对学习者的发展要求向学习者的现实发展转化，使学生的多种潜在发展可能性向现实发展转化。可见，在教育人类学中确立改变的、建构的、生成的立场，就是确立教育学立场的体现。

总之，目前的教育人类学发展中，有人类学无教育学，出现了无教育学的教育人类学，因此要回到教育人类学的本真上来，构建有教育学的教

① 王道俊、郭文安主编：《教育学》，人民教育出版社 2009 年版，第 16 页。

育人类学。教育人类学家的定位，首先是“教育学家”。学科的核心和落脚点紧密围绕在“教育”上。研究的重点应当对教育本身、对教育体系作尽可能逼近客观的分析。研究教育，分析某种教育形态的特征规律，阐明教育现象与系统（环境、经济、政治、社会结构和文化形态）之间的关系。

海姆斯教育人类学研究与实践*

甘永涛　张　芬

（汕头大学　法学院高教所，广东　汕头　515063）

【摘要】 美国著名人类学家戴尔·海姆斯为教育人类学的发展做出了卓越贡献，他个人的光辉足迹散布在人类学、教育学、语言学、语言人类学、美国语言人类学史和社会语言学、民俗学以及人种志诗学等方方面面，可谓是教育人类学界的鼻祖。本文致力于对海姆斯教育人类学理论与实践进行整理分析，在查阅国内外相关文献资料的基础上，将从交际人种志、人种志监测、人种志诗学、语言政策人种志、语境理论五个方面介绍海姆斯对教育人类学的贡献。

【关键词】 海姆斯教育人类学；交际人种志；人种志监测；人种志诗学；语言政策人种志

【作者简介】 甘永涛，汕头大学法学院高等教育研究所副教授，主要从事比较教育研究及教育人类学研究；张芬，中南民族大学教育学院研究生，主要从事比较教育学研究。

戴尔·海姆斯（Dell Hymes）1927 年 6 月出生在美国俄勒冈州的波特兰市，2009 年 11 月于弗吉尼亚州夏洛茨维尔市与世长辞。他是美国当代

＊ 本文为 2016 年度国家社科基金重点项目“边疆民族地区双语教育政策绩效研究”（项目编号：16AMZ011）阶段性成果。

著名的人类学家、语言学家、语言人类学家、社会语言学家和民俗家，是语言与文化研究领域的杰出代表，其语言研究为比较人种志语境奠定了坚实的基础。1950 年海姆斯获文学和人类学学士学位；1953 年在印第安纳大学获人类学硕士学位，之后留校继续深造，转修语言学，同时辅修人类学和民俗学；1955 年获博士学位，博士毕业后离开印第安纳大学，先后在哈佛大学、加利福尼亚大学（伯克利）从事教学与学术工作；1965 年起在宾夕法尼亚大学继续他的人类学研究，历时五年；1970 年担任佩恩民俗和民间艺术系的职务；1975 年担任宾夕法尼亚大学研究生教育学院院长，并在第一次佩恩教育学院研究生论坛中宣称重点发展两门学术——教育语言学与教育人种志，在此 12 年的教育科研生涯中硕果累累；1977 年当选为美国人类学与教育研究会主席；1982 年担任美国语言学会会长；1983 年担任美国人类学协会会长，之后又担任美国民俗学会会长，他还是美国社会科学研究委员会董事会成员。晚年加入弗吉尼亚大学人类学部和英语部，并尊享弗吉尼亚大学语言人类学荣誉教授称号。2000 年他名誉退休，研究依然继续，2001 年荣获语言学最高奖项“语言学金奖”，为其事业奋斗终生，直至 2009 年辞世。

海姆斯的学术生涯主要分为两个时期，在早期他把布拉格学派功能主义应用于美国语言人类学，建构语言与社会情境的关系研究。与之合作的研究者还有约翰·甘柏兹（John Gumperz）、欧文·戈夫曼（Erving Goffman）、威廉·拉波夫（William Labov），共同促成了社会语言的广泛化、多元化研究与实践。海姆斯的晚期成就主要集中于人种志诗学，尤其是美国本族语的诗性组织。他和丹尼斯·德洛克（Dennis Tedlock）对人种志诗学的研究如同语言人类学的田野调查研究一般。海姆斯的社会语境理论、人种志监测、语言政策人种志等，为本民族语言学习及第二语言的习得与实践研究产生了深远影响。此外，他深具历史性与文化性的理论观点与写作风格给予众多学者以启发，另一方面虽然他的某些观点略带含糊或不被众人所认可，但是他的著作及研究范式已成为当代人类学、民俗学、语言学、社会语言学的标杆。

一、交际人种志及其实践

（一）交际人种志的内涵

“ethnography”即“人种志”（亦译“民族志、民俗志等”），是指对一群人或者一个种族生活的记录或描述，既是人类学领域的一门学科，又是一种基于田野的研究方法，还是一种综合性的方法论。对于“ethnography of speaking”，不同学者对其译名也显歧义，如“言语人种志”“话语人种志”“交流人种志”等。关于“交际人种志”，海姆斯很早就专注于探索语言与交际的关系，并在深刻批评、理解与反思语言学与人类学的基础上提出了“交际人种志”的新观点。1962 年，海姆斯写了他的“立论之作”——《交谈人种志》，奠定了交谈人种志发展的理论之基。1964 年，海姆斯发表了 *The Ethnography of Speaking*，在这篇文章中他首次提出这一学术方向，他认为：“交际人种志包括两大特征，其一，我们需要新鲜的第一手资料，需要直接考察语言在情境中的使用，以此揭示适于语言活动的模式，这些模式在单独的对语法、对人格、对宗教、对亲属关系及其他类似的研究中是无法获得的；其二，必须把一个社区作为语境，把交际习惯作为整体进行考察，这样，任何特定的交际手段和语码的使用都会作为社区成员所依赖的共享资源的一部分而发挥作用。”①同时他还指出交际人种志的目标，是旨在揭示言语中实际存在的而非理论中的抽象的“语言—文化”关系。海姆斯认为交际能力是指一个人对潜在的语言知识和能力的运用，主要包含“语言能力”和“语言运用”两个方面。②

关于交际能力，他提出了四个重要参数，即语法性、适合性、得体性和实际操作性。他还进一步对交际能力的四个参数作详细的解释：第一，语法性，就是能辨别，组织符合语法的句子；第二，适合性，是在适当的语言环境中使用适当的语言；第三，得体性，即能判断语言形式的可接受性；第四，实际操作性，在现实具体情境下的语言使用。交际能力，交际

① Nancy H. Hornberger. Dell H. Hymes: His Scholarship and Legacy in Anthropology and Education. *Anthropology and Education Quarterly*, 2011 (42): 317.

② Courtney B. Cazden. Dell Hymes's Construct of “Communicative Competence” [J]. *Anthropology & Education Quarterly*, 2011 (42): 364.

人种志，常常被教育者和教育研究者作为语言发展、互动和社会实践的“理论”的标签，其最早对美国西海岸的印第安人进行实践与观察。随后，国内外专家学者也开始交际人种志的研究，并形成了一种明确而且相对完整的学术思想。与海姆斯志同道合、共同探索交际人种志的还有美国学者甘柏兹，他的研究聚焦于跨文化交际误读方面。海姆斯与甘柏兹共事的杰作《社会语言学的研究方向：交际人种志》一书于 1972 年问世。总之，交际人种志强调语境与语言运用，考察讲述的模式与功能需要的细致的田野作业，虽然实现语言社会化的物质条件极其匮乏，阻碍了个人的单语与双语学习，但海姆斯相信人类有通过语言创造社会语境的能力，进而可以实现语言的社会化。

（二）交际人种志在加勒比课堂的再现

海姆斯强调语境的重要性，在以学校为中心的个案研究中需要考虑邻里社区、家庭、父母、教师等因素，从中获取相关信息。通过激活家长、教师、儿童的话语，促使其参与项目研究，从真实的社会环境中了解儿童最真实的学习实践。这将促成教育教学新理论的形成，并为儿童在教育资源匮乏、教育教学制度不完备的条件下，如何学习以及如何取得学业成功做准备。

加勒比原为英国的殖民地，由于长期处于英国的殖民统治下，标准英语是其官方语言，被应用于国家所有事务行为中，例如教育、医务、军事、公共场所等。但是大多数民众说巴巴多斯克里奥尔语（巴巴多斯方言），儿童在家也主要以方言为主。由于语言政策的一统化，巴巴多斯的克里奥尔语正走向非克里奥尔语，标准英语、嘻哈英语、牙买加克里奥尔语逐渐占据语言文化主流。虽然学校的官方语言为英语，但是真实的课堂仍以巴巴多斯语为主。由于英语资源有限，教师在课堂上很难实现标准英语的重新建构，对于如何确定教学主题也存在一定困难。再者，教师和学生并非都能获得所有的资源，也不是每一个人对于语言资源有同样的需求，标准英语就是其中一个典型。在圣约瑟小学的田野实践中，班主任提到了一个 11 岁学生的例子，他跟姑妈在英国生活了数年，并习得了伦敦腔。尽管这个孩子比其他孩子接触的英语资源多得多，但是在巴巴多斯背景下因无法理解语境而被同龄孩子所嘲笑和歧视。在活动的第二天特伦顿（Trenton）的故事分享中，由于长期生活在英国的大环境下，他对英国的事件以及英语资源了解颇多，然而对巴巴多斯事件以及加勒比地区的历史、文化知之甚少，他讲述的英语语言相当标准，但是从他的话语中无法领略到他对祖国独立的兴奋与自豪以及对和平生活的向往与珍惜。

交际人种志立足文化，探索语言—文化的关系，解释语言深处发生等问题，使人们意识到语言在社会情境中的重要性，将语言机制置于必要的情境下去谈论、书写、表达，实现语言的真正平等。交际人种志的必备条件就是提供政体背后的声音，“使这些声音被听到”是社会变革项目的一部分，通过人种志监测、假设、实践、报道分析。其中一些被压制的声音岌岌可危，很可能引发一些伦理问题，例如个人隐私、关于难民身份的记录、性别问题等。但是这种长期性交流与合作，有助于增强参与者的自信心与其获取解放的动力，因而能够通过聆听获取最可靠的信息，立足实情，谋策略，促改革。

二、人种志监测

（一）人种志监测的提出与内容

海姆斯最早在《人种志监测》（1980）一文中提出人种志监测的概念，他强调教育人种志是一个历时久、持续性的教育活动，教育人种志要密切联系学校，关注学校的发展动态并与之合作交流。人种志监测要致力于从教育最真实的声音中获取可见的知识，为此，海姆斯提出人种志监测要在微观、中观、宏观三个层面上进行：在微观层面上积累，即对学校教师、家长及儿童课堂的活动及相关分析做记录；在中观层面合作，即人种志研究者与各组织部门及其工作人员合作共事；在宏观层面上比较，即在跨文化背景下对各语言表述现象进行比较分析。换句话说，以上三个层面正是人种志监测的核心“积累、合作、比较”，其中合作居于中心地位。关于人种志监测的具体实施，海姆斯将其分为三步。第一步，询问学校校长、教师最关注的问题，旨在表明人种志者把学校或来自学校的声音作为问题的源泉；同时也表明人种志学者所研究的学校必然存在一定的问题，尤其是语言教学方面的困惑。第二步，田野调查，即在一系列的具体情境中，在教室内外，在学生活动的不同场所，在学生的具体教育教学实践活动中观察学生的行为；他的多学科观点更多地体现在“行为”中，重视学生行为的积极作用，他强调不同的场景（学校、运动场、教室、家等）为儿童的语言发展提供了众多语境，对儿童社会语言学的研究必有成效。第三步，合作、交流与反思，具体表现在研究者与学校教师、校长、家长分享研究结果，为学校教育教学工作的改进与学生学习能力的提高献言献策。此外，人种志监测坚持“人类学的逻辑”“民主性知识”“密切性关系”“持续性合作”，高度重视错综复杂的关系网络与知识共享的重要性。

（二）海姆斯在圣约瑟小学的人种志监测实践

海姆斯人种志监测最早实践于加勒比巴巴多斯岛的圣约瑟小学，起初参与学校少，规模小，历时短，可视为一个“微型监测”。巴巴多斯位于加勒比海东部的小岛上，原为英国殖民地，1966 年 11 月 30 日独立，为庆祝独立，每年的 11 月将举办历时一个月的庆祝活动。人种志研究者于 2005 年 11 月深入学校，潜入课堂，研究全校师生、家长齐聚一堂庆祝巴巴多斯独立日这一事件。在加勒比的课堂人种志监测中，人种志者遵循人种志监测三原则：在微观方面，通过历时性的文本、音频、视频记录，积累学生的言语行为；在中观方面，通过跨空间的交流，与家庭、学校、社区合作；在宏观方面，比较分析同等学校的差异及其学生能力的差别。在具体实践中，人种志者立足加勒比圣约瑟小学，通过访谈的形式，与学校领导、教师沟通交流，了解学校的发展状况以及最棘手的问题，尤其是学生语言习得方面的困惑；其次通过开展活动，记录学生的行为及其需求，主要以学生讲述某一具体主题的故事或者对过去发生的事件做一段阐述的形式再现。最后通过座谈会的方式，与学校领导、教师、部分家长代表分享调研结果，提出为促进学生的语言学习需提供的必要硬件资源，如书本、音响视频等建议，以实现学生语言学习的平等，进而实现种族和谐与发展。

通过访谈可知，学校最棘手的问题主要表现在发言权、叙事、语言意识与教材，其中教师更多关注的是多元文化背景下语言的使用问题。儿童的活动参与以讲述为主，儿童在故事讲述前会借助相关材料写下自己要讲述的内容，并对其话题深刻思考。在活动的第一天下午，一个十岁女孩萧娜讲述关于巴巴多斯独立事件的故事，其表述凸显诗意和互动性。以下是萧娜的叙述：

教师：萧娜你能告诉我一些关于“独立”的事件吗？

萧娜：嗯，01“独立”对我意味着什么？

02“独立”呢？

教师：大声一点，过来……

萧娜：03“独立”意味着不依靠；

04 被人或无所控制；

05 它意味着你不被允许做某件事；

06 或逃离；

07 我们被英国控制；

08 我们？逃离，因为对我们不公平（it wasn't fair for us）

助教：等下，萧娜，是对我们（it was to us）

萧娜（看起来被扰乱的样子）：09 自从我们逃脱（Since we have broke away）；

10 我们现在有自己国家的象征；

11 我们自己的首相；

12 我们……自己的总督；

13 我们自己的权利。①

在接下来的叙述中，萧娜又继续谈论了巴巴多斯国徽、国旗以及英统治下的国家教育制度。萧娜的老师对其评述中认为，萧娜的句式结构不规范，语法及字词搭配不正确。在“对我们不公平”一句中，不能用“for”，而应该是“to”；“We have broke away”一句中“broke”应改为“broken”。起初旨在调整学生的身体姿态和声音的响度，但是对其句式的否定并没有考虑儿童实际，以至于萧娜在以后的陈述中颇多停顿，不能够自然发挥。正是由于师生接触标准英语资源的不平等，这样的情况在课堂上很难避免。无论是对儿童的评述还是对其教师的评价，基于一定的语境必然会收获异样的结果。通过对萧娜故事的评述，不仅再现了特定情境下语言的特定功能，而且表明巴巴多斯儿童接触的语言教材之匮乏，硬件设施不完备。

在最后一个分享与交流环节中，人种志学者将记录与学校的领导、教师、家长分享并对此做出一定评价。在谈及语法规范性的时候，萧娜的老师做出了解释，“小错误可以酿成大错误”，她还举了一个求职的案例，再一次证明了语法在语言表达中的重要性，她强调保证儿童使用标准英语是

① Jef Van der Aa，Jan Blommaert，‘Ethnographic Monitoring：Hymes'Unfinished Business in Educational Research’ *Anthropology and Education Quarterly*，2011（42）：329.

教师的职责，这将对他们未来的求职、生活有益。此外，助教也讲述了标准英语与克里奥尔语的关联性，并指出不平等的资源获取会对教师和学生的元语用意识和社会语言学行为产生重要影响。

立足田野实践，儿童、教师、家长内心深处的话语得到了关注，人种志者聆听到了最真切的声音。通过座谈讨论，家长对学校的教育教学以及儿童的行为表现有了一定了解，教师对学生的实情及个人的教学行为有了更深刻的认识，学校领导更加明确了学校的办学导向，人种志者的田野研究将得到进一步深化。基于学生知识匮乏，理解能力有限的现实，通过教师的提问（虽存在一定干扰），一方面为儿童提供了回答问题的机会，另一方面鼓励儿童养成询问的习惯。在师生的问答中，学生对其问题有了更深刻的了解。人种志监测构建了儿童家庭与学校的桥梁，通过故事讲述，一方面儿童可以与教师和同学们分享学校以外的见闻，一定程度上锻炼了儿童的口头表达能力，为识字学习奠基；另一方面通过儿童的表述，教师可以对其词汇掌握、熟练程度、学习技能做相应评价。

三、人种志诗学

“人种志诗学”是20世纪美国民俗学重要的理论流派之一。作为语言人类学家和交际人种志的创始人，海姆斯利用人种志的研究方法，在西北海岸的印第安部落进行了田野调查，创作了一种新的学科——人种志诗学。丹尼斯·特德洛克和杰诺姆·卢森伯格联手创办的《黄金时代：人种志诗学》，是人种志诗学学派崛起的重要标志。诗学作为文学领域的一部分，他关注的文学特征是土著诗歌结构的多向性要素，如诗行、诗句、诗节、动作、场景、音步等。1974年，海姆斯在担任美国民俗协会主席的演讲中，他倡导把口头传承视为表演的一种新理念，更新了文本呈现在表演中的作用。为了形象地表述其主张，他重新翻译以前搜集的一个北美印第安人切奴克族文本，将其转换为一种新的呈现形式，并亲自表演，以期具体化地演示出其原始特性。

关于人种志诗学的研究，他号召诗人学者们关注问题本身，通过记录、描述、阐释的形式保留传统特色，在交流的过程中探寻自然形成的终极目的。海姆斯潜心于口头表演的诗学特质，如口语的范式、平行式、修辞结构等。他的著作《“我想告诉你却徒劳”：美洲土著人种志诗学文集》，集中论述了人种志诗学的新特质，将研究向前推进了一大步。他在《突破表演》一文中强调了表演中各种异文的系统研究，他注意到，对美洲土著印第安传统和表演者个体行为所进行的文本分析与实践研究极为匮乏。特德洛克对人种志诗学也有一定研究，他们俩的观点虽然存在一定差异，但都认同“口头叙事不是段落的组合”。在口头程式理论和讲述人种志的影响下，文学领域呈现出为推动口头艺术文本改革的新实验。在美国，一些对人类学、语言学、社会学颇感兴趣的诗人与一些对诗歌颇有研究的人类学家和语言学家之间产生了共识，倡导将讲述、经颂、歌唱的声音还原给谚语、谜语、挽歌、赞美诗、寓言、公开演说和叙事等口头表达文化。人种志诗学必须将观察描述的方法论与文化描述的方法论统一为一体，形成新的呈现方式。

人种志诗学隶属文学领域，亦属艺术领域，可以说是艺术的人类学。在人种志诗学的研究中，海姆斯用以确定的诗歌分行标准，关注为什么在一定的间歇内会产生停顿，通过这些停顿文本会形成什么样的结构，他致力于寻找口头诗歌中的内在规律性，即诗歌的韵律。梅丽莎·舒曼·泰勒唤起了孩子们在贫穷与压迫下的交际才华，通过她的获奖诗歌，捕捉到了在北费城与波多黎学生们的难忘经历。梅丽莎·舒曼·泰勒揭示了人种志诗歌的中心地位而非边缘学科。在海姆斯的深远影响下，她深入地思考了这一问题。她回忆起 1999 年的作品“Driving Through North Philly”（“开车通过北费城”），在费城双语学校的实践使她更好地捕捉到了人种志的本质。① 在之后与海姆斯的交往中，他们共同实践人种志诗歌，不断增强对诗歌的鉴赏力，学习实践人种志诗歌艺术，促使人种志诗歌成为一项工艺。她的作品，如其他学者一样，成为全面理解其深刻内涵的典范。海姆斯的人种志诗学影响深远，不仅激起了人们对民族性的拥护，而且创作了现代诗歌新形式。

四、海姆斯语境理论及其影响

（一）海姆斯语境理论简述

美国社会语言学家海姆斯于 1974 年提出言语民俗学的理论建设与实践

① Nancy H. Hornberger. Dell H. Hymes: His Scholarship and Legacy in Anthropology and Education [J]. *Anthropology & Education Quarterly*, 2011 (42): 314-315.

研究。他认为言语事件或言语行为，后又称“语境理论”（Speaking Theory），其构成要素包括言语事件中的八个要素，以缩略词 SPEAKING 等字母概括其基本构成要素，具体如下。

S 是 Setting 和 Scene 的首字母，意为背景和场合。前者指时间、地点等沟通活动发生的具体物质环境；后者指抽象的、心理的环境，也可以说是社会和文化赋予背景的特定含义；P（Participants）代表沟通的参与者。参与者的特点，如年龄、性别、种族、职业、社会地位、出生背景等都会影响交流沟通；E（Ends）意为沟通的目的，包括按照社会文化约定所期待的结果和参与者的个人目的；A（Act sequence）表示沟通的行为顺序，具体包括信息的内容（话题）与内容的表达方式或形式；K（Key）代表沟通的基调，包括说话的语气、语调、表情、姿态等；I（instrument）意为沟通的媒介和渠道，主要是指信息传递使用的是哪种语言，或语言变体（如方言、语域）；N（Norms）主要指人们沟通时言语行为所必须遵循的各种规约；G（Genres）即题材，指沟通活动中话语的类型。

海姆斯语境理论是一种重建文本的过程，即将平台提供的语言材料转化为学生自己的，能用于理解、表达与沟通的语言材料。这种转化不同于纯粹的句型操作，而是材料的理解、重组和语言运用，并强调语言学习者的创造性及沟通运用的一种社会情境习得历程。海姆斯语境理论所形成的特定沟通活动的语境构架，为参与者双方在进行某一类型的言语活动提供了规范与参照。

（二）海姆斯语境理论八成分的影响

海姆斯语境理论八成分既丰富了语境的概念内涵，又为口语、视听教学实践提供了具体操作的方向。

海姆斯丰富发展了语境的定义，具体表现为语境合成于多个因数，每个因数可视为一个变量，当某个变量于某特定的语境架构中被重新赋值后，就会产生另一个具体的语境。① 1974 年海姆斯明确指出人们进行社会沟通时，既要有形成正确话语的能力，又要配合一定的时间、地点、场合说出恰当的语言，即所谓的沟通能力。1986 年他再次强调语言功能比结构重要，言语环境又比说话重要，懂得使用语言社会环境是人们掌握社会语言

① 简伶洁. Hymes 语境理论融入移民口语教学之行动研究——以《来去华语 100 句》为例 [D]. 台湾文藻外语大学语文教学研究所，2013：13—16。

程度的重要标志。此外，海姆斯对语境的定义又深刻地影响着以后的语境研究者。继海姆斯之后，里昂（Lyons）在论及沟通能力时，将语境作为一个知识体系来加以论述，即双方在进行言语活动时必须知道彼此的角色和地位、言语活动的时间与空间、沟通媒介、沟通主体的话语、沟通活动的主题及情境的正式程度。而克拉母契（Kramsch）结合了海姆斯情境理论的八个要素，进一步将语境分为五个不同的层面，即语言的、情境的、文化的、交互的、互文的。① 此后，维索尔伦（Vershueren）、甘柏兹（Gumperz）等人也阐述了个人对语境理论的看法。

海姆斯提出的情境语境理论为口语教学、听力教学语境化提供了理论与实践基础，其中海姆斯情境语境理论在我国台湾“新移民数位华语课程”的实践取得了显著成效。各地教育者重视语言使用的社会规则，从语言与语境互动层面进行教学设计，制定口语课程教学目标，规范口语教材，完善教学设计。根据该教材内容设计口语教学活动，保障教学实施，让学习者在不同的情境中接触同样的语言表达形式。立足课堂实情，注重唤起学生相关的语境知识，同时带领学生共同建构话题的背景知识，让学生领悟整体的概念后，再分组进行语篇的建构，提高学生学习兴趣，使学生更积极投入课堂活动，使语言与语境知识有机结合，强化对语言结构的记忆。该理论丰富了语言学习的情境语境和会话语境，为语言学习者，尤其是第二语言学习者的学习提供了便捷之路。

五、语言政策人种志

（一）海姆斯语言政策人种志

正如语言隶属人类学传统而不能脱离其社会文化背景一样，在大的社会政治文化背景下，人类学的研究方法在国家语言政策的制定方面同样适用。语言人类学是有意识地强化语言与文化的研究，并将其视为人类学的主要分支学科。海姆斯在 1963 年发表的《语言人类学的研究对象和概念》一文中，把语言人类学界定为“人类学背景下的语言和言语研究”，其用于

① 简伶洁. Hymes 语境理论融入移民口语教学之行动研究——以《来去华语 100 句》为例 [D]. 台湾文藻外语大学语文教学研究所，2013：13—16。

政策方面也是可以理解的。①

言语政策领域的研究最早出现在20世纪60年代，即非殖民化后二战时期。在新自由主义全球化的当代，由于受到大规模迁徙，公共部门私有化，大多数社会领域受市场逻辑支配的影响，语言和政策不断呈现多样化的趋势，目的在于寻求如何处理这种差异的政策。对于语言政策，海姆斯认为最重要的问题在于不同的语言学习方法和口语交际如何构成学校或社会中的相关人类问题。视角的选择以及产生的结果是语言政策研究分析的出发点。通过人种志监测这一研究方法进行语言政策研究，它不是作为一种文本形式对政策进行常规分析，而是从认识论理论和价值论立场分析语言政策。

美国联邦教育政策主要涉及种族以及族群权利剥夺等主题，尤其体现在《初等和中等教育法》（1965，4）中"对低收入家庭特殊教育需要的认识"。《初等和中等教育法》宣称：美国政策致力于为剥夺受教育权的儿童提供财政资助。②在该教育背景下，海姆斯教育语言学生根发芽。他认为在看似中立的语言环境下，学校的潜在功能在于帮助一定比例的地位低下者。语言政策的制定工作在教育人类学的发展领域找到了与之相关的思想基础。海姆斯在1996年的报告中指出："教育系统的潜在功能在于逐步消除语言的不平等，语言的歧视，引导儿童拥有整合的语言成分，实现语言的公平、公开与平等。"③海姆斯语言政策研究以动态的人种志研究方法为主，认为语言规划要从国家联邦政府的角度，立足具体文化背景，辅之与各团体的合作，聆听最真切的声音，获取一手资料。

美国是一个民族大熔炉的国家，多民族的国家必然拥有多种混杂的语言，由于时间、地点、方式方法的不同构成了语言学的多样性。在一个语言混杂的大国，如何制定一部有效、合理且惠及广大民众的语言政策的确是一个大挑战。美国学者曾以人种志的方法为核心，对美国的语言新政策进行了系统研究，深入考察一个地区，一个国家的语言环境，制定出符合

---

①② Teresa L. McCarty，James Collins，Rodney K. Hopson. Dell Hymes and the New Language Policy Studies：Update from an Underdeveloped Country [J]. *Anthropology & Education Quarterly*，2011 (42)：337-338.

③ Dell Hymes. Report from an Underdeveloped Country：Toward Linguistic Competence in the United States. In *Ethnography*，*Linguistics*，*Narrative Inequality*：*Toward an Understanding of Voice*. London：Taylor and Francis，1996：84.

民意的语言新政策，在一定意义上有助于改变语言的不平等现象。随着社会政治、经济、文化的发展，复杂的实践活动、思想、态度以及正式与非正式的机制等，都会对人们的语言选择产生广泛影响。1968 年的《双语教育法》、1972 年的《过渡性双语教育法》、1974 年的《教育机会平等法》、1975 年的《印第安自决和教育援助法》、1978 年的《双语教育法修正》、21 世纪初的《不让一个孩子掉队法》等，都是社会文化发展的产物。

（二）语言政策人种志的发展与课堂实践

语言政策研究既是一个学术研究又是一项社会事件。海姆斯在促进语言的概念化、语言政策的价值定位以及制定一个公正民主的语言政策方面具有先见之明。他在宾夕法尼亚大学执教期间，深入田野，走进课堂，观察儿童的互动与语言使用，发现问题，为制定与土著民社会文化相符合的印第安双语政策做出了重大贡献等。

在历时 12 年的宾夕法尼亚大学工作与学术研究中，海姆斯与同行挚友共事，回顾分析早期的人种志与教育，将教育人类学的概念作为一种文化过程，将学校作为一种文化机构，投身于不同的互动背景下，引导孩子经历校园内的种种活动，从中发现儿童的某些不公平待遇与缺陷。基于海姆斯的教育语言学，把关键的政策问题焦点以学校与社会的环境资源为背景，建构多样的儿童语言学习与听说方法，详细到具体的时间、地点、途径与方法、视角、效果。在他的报告中，他专注什么是语言，什么是合适的语言，什么是语言问题，什么是对语言政策的贡献等。

以下是海姆斯基于微观层面，从教室课堂这一视角，研究美国西部土著印第安语言政策。课堂层面的语言政策，特别是“教师从儿童本身获得的关于语言使用的态度和价值观”①，将其视为语言及合适的语言应用。该研究使用人种志的研究方法，坚持“具体、积累、比较、批判”的原则作为研究语言政策的实际框架，将其设想为一种社会实践，而非一个空洞的官方声明。在语言政策研究中，注重语言— 政策过程深处的东西，将日常意识形态浸透于语言调节机制。在研究中，海姆斯与人种志者及社区联合共进，通过对部分学生家长、教师、社区服务人员、个别学生进行访谈，采用直接观察与间接观察相结合的方式，记录学生的行为表现，分析学校

① Dell Hymes. Report from an Underdeveloped Country: Toward Linguistic Competence in the United States. In *Ethnography, Linguistics, Narrative Inequality: Toward an Understanding of Voice*. London: Taylor and Francis, 1996: 74.

的相关文本与学生日常成绩单，以此获得潜在的结果，发现导致教育差距以及语言文化的偏见问题的原因。实践结果表明，母语与本民族知识被象征性地边缘化，儿童的语言与识字学习相关背景、内容、意义脱离，他们的学习缺乏必要的高质量文本。教师的课堂教学安排并没有从儿童的实际出发，在现实生活中，儿童很难融入，在一定程度上导致儿童的语言学习毫无意义。根据以上现象，探索解决策略，制定相关政策与法律法规，为儿童的语言学习奠定法律基础。

通过语言政策人种志对美国土著印第安教育的实地考察与分析研讨，发展印第安教育，恢复、发扬与传承印第安语言提上了议事日程。1968 年的《双语教育法》把印第安双语教育纳入了政府资助的范围，规定印第安学生同样有权享受该法案所设立的教育项目基金的资助，这使得印第安双语教育呈现一片生机。随着《双语教育法》的实施，一批由印第安部落社区自行掌管的印第安学校相继成立，政府出资帮助这些学校实施双语教育，进行课程改革。学生可以在这些学校接受以印第安语为主的双语教育，印第安人享有此类学校的充分管理权和发言权。到 1979 年，获得政府资助的州的数量增加到 16 个，学校增加到 55 所，受益的印第安语增加到 30 种。① 相关法律的颁布与实施保障了印第安儿童学习本族语言的权利，印第安部落和印第安语专家可以编写系统的印第安语教材，制定相关的语言教育教学体系，民间机构与学术团体队伍不断扩大，增强了对本民族语、本民族文化的认同与发扬，印第安语得到了一定程度上的复兴。

自研究语言政策 50 年来，来自不同研究领域的国外专家和学者，以人种志的研究方法为核心，结合其他不同的研究方法，在研究美国语言教育政策过程中对语言习得和双语教育理论的基础性研究及验证性研究取得了丰硕成果。这些成果为促进国家安全、经济发展、社会稳定和文化多元做出重要贡献。上述研究成果对各国多民族、多语言文字的母语教育及外语教育政策研究，具有重要借鉴价值。

---

① Teresa L. McCarty, James Collins, Rodney K. Hopson. Dell Hymes and the New Language Policy Studies: Update from an Underdeveloped Country [J]. *Anthropology & Education Quarterly*, 2011 (42): 337-338.

结语

纵观海姆斯的一生，其研究硕果累累，既有人类学方面的创作又有教育学、语言学、民俗学方面的探索。他不是单纯立足教育谈教育，而是基于人类学的视角，探索教育问题，尤其是对少数族裔地区社会语言问题与解决途径的探索。他曾这样评价自己："我似乎有一种机制总是允许我从任何中心移至边缘地带。"① 这足以表明海姆斯的专业参与广泛。他基于一定的社会情境，创造自己的工作，他的创作主题新颖独特，反对精英主义与狭隘偏见，其创作主题具体包括口头表述、语言使用、诗学、人类学历史、语言学、土著美国人、神学等，他对于什么是语言，什么是语言问题，什么是适当的语言应用以及对语言的政策贡献等给予了详细客观的解释。对于人类学研究者，他号召每一个人类学者勇于改造族谱，强调人类学作为一门学科要讲究回应性、批判性意识、伦理性关怀以及要做的工作与人类利益之间的关系等。他提出的"人种志"研究方法，同样适用于人类学、教育学、教育人类学等领域的研究。他在交际人种志、人种志监测、人种志诗学、语言政策人种志、语境理论五个方面的理论研究与实践探索进一步丰富了教育人类学方面的创作，给予了众多学者研究人类学、教育人类学方面的指导。海姆斯通过将独特的人种志与比较性想象融入于与其他学科的合作中，预测人类学的生存，建立了开放的网络交流系统，并呼吁以后从事该领域的研究者继续钻研他个人复杂的人文观念的分支，他毕生的成就必将为人类社会创造巨大的价值。

① Dell Hymes. A Pattern of Verbal Irony in Chinookan [J]. *International Journal of theSociology of Language*, 1987 (65): 102-106.

走向数码时代的教育人类学研究

谢　非　吴晓蓉

（1. 云南民族大学教育学院，云南　昆明　650500；

2. 西南大学教育学部，重庆　北碚　400715）

【摘要】 数码是人类的生存环境和生活方式。基于教育人类学探讨教育与人的本质、社会和文化的性质，很多研究主题亟待关注。教育人类学在数码时代的研究应积极拓宽研究视野，对数码空间的教育和社群给予积极关注，消除教育人类学人文性与社会发展的技术性之间本不该存在的隔膜，将视野从过去、少数和边缘，拓宽至当下、未来和主流，在数据社会中进一步理解人与教育，促进教育的发展和人的完善。

【关键词】 教育人类学；数码人类学；数码空间；网络生存

【作者简介】 谢非，女，云南腾冲人，云南民族大学讲师；西南大学教育学部博士研究生，主要研究方向为教育人类学、教育信息化。吴晓蓉，女，四川苍溪人，西南大学教授，博士生导师，教育部人文社会科学重点研究基地西南大学西南民族教育与心理研究中心研究员，主要研究方向为教育人类学。

教育人类学是一门综合性边缘学科，从早期人类学关注人类起源从而也关注原始部落及少数民族的研究传统，到如今教育人类学关注主流教育及现代教育文明等。特别是随着科学技术日新月异的迅猛发展，数码科技已成为人类生活的基本方式，因此关注人类数字化生存（Digital Life）①中的教育问题，回应深度技术化社会对教育提出的新的时代要求，就成为当代教育人类学研究中的重要分支——数码时代教育人类学（Digital Educational Anthropology）② 的重要主题。例如，一些教育人类学研究者在尝试将教育人类学的研究扩展到数码空间，出现了数字学习、智慧学习的人类学习的革新与新方向。本文仅就新时代的发展，探讨数码时代的教育人类学学科演变和发展问题。

一、数码时代的生活与学习

随着新科技时代来临，人们以数码时代、信息时代、网络时代、数据时代、媒体时代、技术时代，以及网络空间、虚拟空间，甚至于大数据时代、互联网+时代等概念来表述这个时代的生存特征，以及陈述数字信息科技的日新月异，推陈出新的时代状况。本文以“数码”（digit）统称，缘由有二。第一，无论是信息技术、网络技术还是数字媒体技术，均以信息的数字化（digitization）为基础才得以实现，均是以数字化为基础的技术发展，并依据不同的数字取向产生了不同的具体样态或特征。数码不止虚拟，也不止网络，其含义更广阔。“数码”在一定程度上更本质地表达了这个技术时代的特点。第二，教育领域对数字化学习（E-Learning）一直持续高度关注，且深度介入。随着技术的不断发展，出现了网络学习、移动学习、虚拟学习、智能学习、深度学习等崭新概念，但数字化依旧是其基本特征和基本样态。数码时代教育人类学已处于呼之即来的新态势。

数码关涉计算机网络（internet）、虚拟现实（Virtual Reality，简称VR）、智能手机、大数据（Big Data）、人工智能（Artificial Intelligence，简称 AI）、3D 技术、全息影像、人脸识别、物联网、互联网+等一系列技术，它们使人们生活方式、人际互动、社会结构、思维方式等发生深刻变革。数码空间是人们的生存环境和生存方式，人们置身其中，获取生存的

---

① 参见［美］尼古拉·尼葛洛庞蒂（Nicholas Negroponte）著，胡泳、范海燕译：《数字化生存》，海南出版社 1997 年版。

② ［英］丹尼尔·米勒、［澳］希瑟·霍斯特编著，王心远译：《数码人类学》，人民出版社 2014 年版，第 3—4 页。与之相关的概念是赛博人类学（Cyber Anthropology）、网络人类学、科技人类学、技术人类学等。

各种便利，但也带来新的生存危机。

走向未来，人类数字化生存将成为一种时代现实，而且必将日益深化，不仅数字化生存能力是当代人必备的基本素养①，2010 年教育部就发布《教育信息化十年发展规划》，认为信息技术对教育发展具有革命性影响，强调技术应与教育教学“深度融合”。许多学者认为，由于信息技术与当代教育融合表现出全面、深刻的创新变革，教育模式、教学方式、教学工具、教学内容创新、学习环境等方面如何重新定义教育发展以及对人的作用②，是教育人类学应积极关注和回应的重大问题。

二、数码时代人的发展：哲学教育人类学的反思

冯增俊最早将教育人类学划分为哲学教育人类学和文化教育人类学两个流派。这里依据两个流派对数码时代的教育人类学做一些探讨。其中哲学教育人类学多以德语系国家为主，以哲学思维探讨人的全面性、完整性，发掘人的善性，用教育力量来造就完整的人；把教育看作是人存在的可靠事实，认识教育学关于人的规定性；以哲学思辨为主要研究方法。③

首先，哲学教育人类学必须面对数码时代教育如何作为人的存在，如何发掘和探讨人的全面性、完善性的问题。数码空间是人的生存环境，数码是人的生存方式。互联网的兴起使人类生存进入网络中的虚拟世界。对个体来说，人需要重新体验物理世界和虚拟世界的真实性，更要体验在物联网不断发展下，人如何实现虚拟世界和物理世界既互相割裂又紧密交融的情况，以及对人性的重新定位。教育作为人存在的事实，而教育如何与人同时存在于虚拟和现实两个世界中，这种教育如何定位？有种看法认为，技术仅仅是人类的手段和工具；人类牢牢掌握着主动性、创造性和独特性，技术只是人类发明的以执行人类意志、便利人类活动的产物。然而，近年来人工智能取得突破性进展，机器能够替代人类做的事情已从重复劳动转

---

① 张丽霞、袁丽：《数字化生存能力的内涵与结构解析》，《中国电化教育》2012 年第 1 期。

② 杨宗凯、杨浩、吴砥：《论信息技术与当代教育的深度融合》，《教育研究》2014 年第 3 期。

③ 冯增俊：《哲学教育人类学概况及西方教育人类学对我们的启迪》，《世界教育文摘》1988 年第 4 期。

向复杂脑力劳动，人工智能在学习能力上远超普通人类①，在如围棋、绘画、作曲、金融等需要受较多教育或具有创造性的领域，人工智能甚至比大部分人做得更好②。在这里，哲学教育人类学能够为我们提供哪些新的思考，如人工智能时代人的独特性何在？在哲学教育人类学看来，数码时代教育如何造就完整的人？教育又应如何促进人工智能时代的新人性？这些问题是关系数码时代教育存在和教育目标的大事，哲学教育人类学应予以回答。

其次，哲学教育人类学者必须洞察数码时代数字原住民（Digital Natives，指网络时代出生和成长的儿童）③ 的生存境遇和教育成长。一是需要回答什么才是这一代人的完整性、和谐性，怎样的教育才能促进他们的完善，并在此过程中成长为新人。二是“数字原住民”生活在被电脑、视频游戏、数字音乐播放器、摄影机、手机等数码科技包围的时代，时刻应用信息技术，习惯于屏幕阅读，通过信息技术和屏幕进行人际交互，这些对人的发展会有什么影响④。三是数码时代从事教育工作和教育研究的很多人，却是“数字移民”（Digital Immigrants），他们年龄较大，不适应数码时代的新学习，影响着新教育的推广。⑤四是由于我国数码技术的发展和信息化普及不平衡，因此造成不同层次的学习者。在数码空间和物理空间的相互扩展和互相挤压中，学习者追求怎样的人生？我们这个时代应培养什么样的人？在这个日新月异的世界中，如何面对危机？如何建立应变的教育系统？如不能及时对这些问题进行思索和解答，极易造成教育的迷失和危机。

① 参见：OpanAI公布Dota AI比赛细节，自我对局让它超越人类［N］. http://tech.ifeng.com/a/20170818/44665020_0.shtml.

② 参见：神经网络不仅学会了像大师那样绘画，还能创作复杂的音乐作品［N］. http://business.sohu.com/20170107/n478069021.shtml；Alpha go.

③ 人工智能进入华尔街，交易员会消失吗［N］. http://news.ifeng.com/a/20170324/50828475_0.shtml. 2017.3.17检索.

④ Prensky，M. Digital Natives，Digital Immigrants. *On The Horizon*，2001，9（5）：pp 1-6.

⑤ 曹培杰、余胜泉：《数字原住民的提出、研究现状及未来发展》，《电化教育研究》2012年第4期。

三、数码时代的社会与文化：文化教育人类学的探讨

以英美为主要阵营的文化教育人类学，认为教育人类学将人类学的成果应用于研究教育领域的现象和问题①，关注学校教育与社会—文化之间的关系②，其研究方法须包含田野工作、民族志撰写和文化理论建构三者。③ 文化教育人类学主要是将教育放到社会与文化的背景中，利用人类学的方法和成果来研究教育领域的问题。

首先，应把数码技术文化积极引入教育人类学的研究视野中，成为重要的研究对象。技术文化是当今社会最重要的文化。自海德格尔（Martin Heidegger）、马尔库塞（Herbert Marcuse）之后，技术文化已被诸多研究反复讨论。随着社会的进一步深度技术化，数码技术文化应站到舞台的中央，受到应有的重视。有很多主题值得教育人类学大力关注，仔细研究。例如，数字原住民在“富媒体”“富网络”的文化中完成社会化，这个过程有何特征？社交软件如何构成他们的成长环境和社会网络？平板电脑、智能手机和电子竞技这些数码玩具如何伴随着他们的成长？这是新的田野调查领域。又比如，在人们热衷于教育与技术深度融合，积极地尝试大数据、虚拟现实、人工智能运用于教育的同时，在教育领域考察技术文化的研究还做得较少、较浅。MOOCs 是虚拟的学习空间，数码世界与物理世界交叉共同作用于学习者。MOOCs 学习中的文化、亚文化是什么？成人学习者是在线学习的主要人群，数码空间作为他们的生活、娱乐和学习区域，有什么样的社会特征？同时，技术文化可视为多元文化的范畴，以多元文化的视角对技术文化的产生、传承和传播进行深入探讨，也是非常值得教育人类学探索的主题。

其次，技术对文化教育人类学研究方法产生了影响。第一，教育人类学主要采用人类学的研究方法。人类学的基本研究方法是田野调查法，强

---

① 邵燕楠：《教育的人类学视角》，《北京邮电大学学报（社会科学版）》2002 年第 2 期。

② 袁同凯编著：《教育人类学简论》，南开大学出版社 2013 年版，第 20 页。

③ 巴战龙、滕星：《人类学、田野工作、教育研究》，《中南民族大学学报》2004 年第 2 期；吴晓蓉：《中国教育人类学研究述评》，《民族研究》2010 年第 2 期。

调研究者在异文化中观察和理解他人的行为和想法。然而，研究者浸润于数码文化之中，从而对数码文化有深刻的感同身受，但又减少了“他者的眼光”之他者的意味。第二，典型的教育人类学方法是人文性质的。而科学技术一般被认为是和人文社科相对的另一极。然而人文社科研究方法和自然科学研究方法正在彼此“渗透”。自然科学在用人文社科研究方法去体察世界，人文社科也在使用传统上的自然科学方法，使用数据去表达现象与思想。例如，基于大数据进行人文研究。大数据技术一般指以全纳、密集的海量数据抓取为基础，通过复杂的数据挖掘和信息分析，从而寻求研究对象的内在规律。有研究发现，大数据对极其复杂的人类行为研究有重大作用：海量数据所描述的人类行为信息既丰富又可靠，避免了研究者的认知偏见和感知误差。① 也就是说，人类学家除了可以通过自己，还可以通过大数据来观察和理解异文化中的他人。通过复杂的数据挖掘，人的感官及思维被一定程度上替代了。正如联合国教科文组织 2015 年报告中指出，随着新技术特别是数字技术的飞速发展，重申人文主义教育方法这一点变得更加重要。② 而人文主义教育方法更需要人文主义的研究去观察、理解、研究和推动。

综上所述，人类生存于数码时代。教育人类学应积极地将此纳入研究视野，针对数码时代众多人的问题尤其是教育问题展开大胆的探究，并探索多重方法的结合。教育人类学将目光从少数、边缘、过去，拓展至更广阔的现代社会，关注当下、关注未来、关注主流，消除教育人类学人文性与社会发展的技术性之间本不该存在的隔膜，在数据社会中进一步理解人与教育，促进教育发展和人的完善。

① Watts，D. J.，A Twenty-First Century Science [J]，*Nature*，2007. 1：p. 489.

② UNESCO. Rethinking Education：Towards a global common good [DB/OL]. http://unesdoc.unesco.org/images/0023/002325/232555e.pdf.2017. 3. 19检索.

建制人种志与教育研究

谢 妮 王东芳 王增勇

（1. 贵州师范大学 教育科学学院 贵州，贵阳 550025；

2. 天津师范大学 教育科学学院，天津 300387；

3. 台湾政治大学社会工作研究所 台湾，台北 11605）

【摘要】加拿大社会学家多萝西·史密斯于20世纪80年代创建的建制人种志在质性研究范式中独树一帜，对西方社会科学产生了广泛影响，尤其是在公共政策领域发挥了重要作用。它将日常生活问题化，以“画地图”的方式将形塑在地人“工作”的越地社会机制勾勒出来，达到一种赋权或明了行动方案的社会效果。本文在简要概述建制人种志的核心思想、提供一个原理性总览的基础上，以部分案例的方式介绍其在教育研究领域的实践应用，展示其新的方法论启示。这对于我们深入教育实践领域，探索身陷社会结构困境而难自知的个体命运问题，为解决教育公平、促进社会和谐提供参考。

【关键词】教育人类学；教育研究；建制人种志；日常生活世界

【作者简介】谢妮，贵州师范大学教育科学学学院教授，贵州师范大学多元文化教育研究中心负责人，主要研究方向为大学组织及运行机制、教师教育、质性研究。王东芳，天津师范大学教育科学学院副教授，主要研究方向为国际与比较高等教育及质性研究。王增勇，台湾政治大学社会工作研究所教授，主要研究方向为原住民社会工作、老人照护、质性研究。

建制人种志（Institutional Ethnography）① 由享有国际盛誉的加拿大女性主义社会学家多萝西·史密斯（Dorothy E. Smith）于20世纪80年代初创。20世纪70年代北美的女权运动中，史密斯通过反思自己作为一名家庭主妇和大学学者的双重生活，提出一种作为社会学的建制人种志，从日常生活中发现社会问题并重新发现对身处其中的人来说不是完全可见的社会关系的组织形式。在对“主流”社会学反思的基础上，史密斯教授对统治社会学的实证主义认识论提出了自己的看法，认为任何调查项目都有一个预设性的概念框架，正是这些概念框架支配了研究的进展、事实材料的选择及最终的解释，而忽视了在地情境中的真实情形。她从马克思的唯物主义、加芬克尔的常人方法论、米德和巴赫金对语言的见解中获得了支持，结合她自身参加的20世纪70年代的女权主义运动，史密斯构建了着眼于知识发现的“服务于人民的社会学”（sociology for people）认知体系。与实证主义摒弃个人经验截然不同的是，建制人种志重视个人的人文经验，并考察这些个人经验是如何被社会关系操纵而成的。

建制人种志是一种批判人类学，它使研究人员能够揭示出不同组织中的边缘人员的“工作”（a generous concept of work，一个富饶的工作概念）② 是如何在制度环境中被共同构建的。建制人种志从制度化的角度重新定义情境，这种制度化的情境利用文本来调节、组织和赋予不同社会实践以价值，并以此来了解个体。可以说，工作场所和实践能够在比较宽泛的范围内再生产出形构社会的影响、声望和价值。因此，建制人种志探寻工作流程和制度话语之间的（通常是隐秘的及/或已删除的）联系，揭示出工作如何被跨越时空地组织出来。更明显的是，这种方法揭示了事情是怎样发生及运作的——制度话语如何强迫、形塑实践，以及实践规范怎样对个体的日常生活产生影响。建制人种志让我们有机会更多地置身于社会脉络中，透彻地理解我们的工作场景、与我们密切合作的人们、制度文本及话语的生产力及我们参与工作的方式，展示了统治社会世界的制度的物质

① 建制人种志，由我国台湾学者王增勇博士引入中国学术界，先译为建制民族志。具体译名辨析请参阅：冯增俊：《在探寻民族教育时代精神中成长——中国教育人类学学科发展探微》，《中国教育科学》2017年第3期。

② 谢妮在2009年发表于《贵州社会科学》的《建制民族志——一种新的方法视角》一文中将 generous concept of work 译为“丰富的工作概念”，此处改译“富饶的工作概念”，或更符合其要表达的延展性和生产性。

性面相。①

作为史密斯的学生，坎贝尔（Campbell）对拓展和传播建制人种志做出了重要贡献，其1984年完成的博士论文Information System and Management of Hospital Nursing：A Study in the social organization of knowledge堪称采用建制人种志进行的研究范例。② 在一系列实证研究的基础上，坎贝尔对这一研究方法进行了系统论述，③并于2004年和Gregor一起完成了一本适于大学教学使用的建制人种志的著作。④ 时至今日，建制人种志不仅在护理、社会学等学科领域被广泛使用，教育学也开始纳入其思想并产生了不少有价值的研究。因此，本文在介绍建制人种志核心思想的基础上，探讨在教育领域应用建制人种志研究的成果和启示，以及未来可能的发展路向。

一、建制人种志的核心思想

国内关于建制人种志的介绍可参见谢妮（2009）⑤ 及王东芳（2014）⑥的文章。这里可以从卡尼（Kearney，G. P.）等学者与多萝西·史密斯（2018）的对话中，⑦ 领会史密斯教授所阐述的她的社会学发现之旅。在对话中卡尼等把建制人种志概括为一种“发现社会学”（a sociology of discovery)，即从日常生活世界中发现知识的社会权力关系真相。建制人种志把主流社会学中的静态社会事实情境化，强调社会情境的社会建构性和主体

① Michelle LaFrance，Institutional Ethnography（2018），*Handbook of Research Methods in Health Social Sciences*，Springer Nature Singapore Pte Ltd，pp. 1-14.

② Campbell，Marie. 1984. *Information Systems and Management of Hospital Nursing*：*A study in the social organization of knowledge*. Ph. D. Thesis，University of Toronto.

③ Marie，Campbell.（1998a）. Institutional ethnography and experience as data. *Qualitative Sociology*. 21 (1). pp. 55-73.

④ Marie，Campbell，Frances Gregor（2004）. *Mapping social relations*：*a primer in doing institutional ethnography* [M]. Lanham：AltaMira Press.

⑤ 谢妮：《建制民族志——一种新的方法视角》，《贵州社会科学》2009年第7期。

⑥ 王东芳：《探索教育研究的生活世界——建制民族志的技术路线与哲学依据》，《教育学术月刊》2014年第1期。

⑦ Kearney，G. P.，Corman，M. K.，Gormley，G. J. et al（2018），Institutional ethnography：a sociology of discovery—in conversation with Dorothy Smith，*Social Theory & Health*，August 2018，Volume 16，Issue3，pp. 292-306.

经验的资源特征，研究者是在向在地人士学习，了解他们对自身工作的描述和意义解释，不把他们当成分析数据。

1. 机构或社会组织由文本建构而成

社会情境中的个体不是孤立地，他们往往处于各种机构或社会组织中，而这些机构或社会组织则由各种文本或文件主动建构而成，文本由此成为机构或社会组织运行的中介或媒介，是一种可以在多种不同情况下被再生产的物质对象，因此也会进入人们生活在其中的组织之中。对于社会大众来说，这些包含支配关系的文本，看似离他们的生活很远，实际上却操纵了他们的生活，成为外在于他们的客观存在。这正是使人类学有可能探索客体化的大规模制度关系等领域的关键，也就是我们社会的特征。

2. 关注语言的社会性

语言承载着社会组织的内在意蕴，建制人种志提供了一个观察语言的视角。语言在经过初期的对特定对象的命名后，会脱离具体的物理对象，而成为一种标准化的符号系统。在社会组织关系中，同样可以看到类似情形，语言以一种独立于特定说话者的方式，标志着我们如何看待事物而不仅仅是关注物理对象。考察人们的话语是如何被组织的，有助于揭示人们的社会关系。在社会情境中，话语作为一种关系场域，既是支配阶级的权力运作媒介，也是被支配阶级无意识卷入支配关系的通道。建制人种志对语言社会性质的分析有助于人们获得质询的工具。

3. 建制人种志的独特之处

与人类学关注异文化、描述跟研究者不一样的“他者”是如何生活的不同之处在于，建制人种志把研究对象看作研究的主人（主体），而不是分析数据（客体）。建制人种志接受人们对其日常生活经验的诉说性描述，并重视其经验的资源性价值。建制人种志首先跟研究对象学习，然后再将研究对象对日常生活世界的叙述与其所处的超越经验范围的关系联结起来。另外，布迪厄关于“惯习”的社会内涵，解决了个人经验社会性质的问题，与建制人种志的观点是一致的。建制人种志超越了视静态社会为研究对象的传统实证主义，通过致力于日常生活问题化的本体论探索，回答社会情境中的人们“所从事的工作是如何做的”这一问题，实现了一种赋能的社会关怀。

4. 方法论

建制人种志被称为“服务于人民的社会学”和“发现社会学”，以理论上的“本体论转变”为指导，始终强调将研究主题保持在日常生活中的重要性，促进了实践理想，使得我们能够理解一般意义上的工作是如何在社会意义上被组织的。具体而言，建制人种志将关注点聚焦于人们在生活世界中所从事的各种“工作”，即“如何做”，而不是简单地回答“是什么”，探究这些“工作”背后、以文本为中介的社会机制，揭示出不为人知的支配关系，为追求平等社会发展的人们提供知识资源。正是这个“富饶的工作”概念将建制人种志深切的社会关怀融入社会生活的各个方面，成为维护社会正义的思想工具。

建制人种志作为一种颇具实践功能的方法论和研究视角，对西方社会科学产生了广泛的影响，尤其在公共政策方面。当然，建制人种志作为一种发展中的学术观点，同样也要面对各种挑战。凯文·沃尔比（Kevin Walby，2007）在肯定建制人种志对女权主义、马克思主义和知识社会学贡献的基础上，从研究的社会关系角度提出了质疑。他认为建制人种志在揭示社会情境中的社会关系时，对我们自身作为研究者的社会关系却视而不见，处于一种解放与规训的二元对立关系中，较少关注客体化中不可避免的同谋，提出建制人种志应继续成为一种可能性的社会学，在矛盾中保持开放，不断地对自身进行反思性干预。①

二、建制人种志在教育研究中的应用

作为社会结构中的重要组成部分及日常生活的重要内容，教育自然也是建制人种志的关注领域。国内外研究者以建制人种志为方法指导，在教育政策、教育组织、课堂、教学以及弱势群体的研究方面产生了不少有价值的成果。

（一）教育政策研究

在澳大利亚建立首个全国性课程之时，杰西卡·杰勒德和莱斯莉·法雷尔（Jessica Gerrard & Lesley Farrell，2013）在《教育政策期刊》上发

① Kevin Walby (2007), On the Social Relations of Research: A Critical Assessment of Institutional Ethnography, *Qualitative Inquiry*, Vol. 13, No. 7, pp. 1008-1030.

表了一篇将建制人种志应用于课程政策研究的文章。这篇文章在建制人种志和布迪厄的场域理论基础上，建立了方法论框架，试图诠释为重大教育改革提供支持和话语准备的社会过程和制度过程。杰茜卡·杰勒德和莱斯莉·法雷尔在研究中通过对各个阶段政策文本的生产、再生产和后续制定，甚至在它们正式颁发供学校使用之前的文本来追踪教育治理。教育政策有密集的文件，这些文件本身并不构成教育政策。只有了解正式的教育政策与地方及教育行政实践之间相联系的时间、方式和条件，这种方法才可以将文本视为没有特权的“政策即实践”及监管权的一部分。综合使用建制人种志的“行动中的文本”（active text）、“互文性等级制”（intertextual hierarchy）① 和布迪厄的场域、资本、惯习等分析技术，可以注意到政策生产的日常实践中的模糊性和复杂性，同时还能聚焦那些被宽泛的社会权力关系协调和形构的方式方法。尤为不同的是，建制人种志在批判性的文本选择和通过文本分析、访谈及密切关注互文性的等级制发展出对制度权力的理解等方面表现出了一种生产性效果。② 林昱瑄（2018）对我国台湾受新管理主义和新公共治理理论主导下的“追求教学卓越计划”政策如何对高等院校产生影响进行了建制人种志研究。她发现“追求教学卓越计划”作为一种支配性文本，因其所倡导的价值结果与行政资助资源紧密相连，对受少子化影响的高等院校有着不可替代的致命诱惑。高等院校的经营者为了让学校得以继续存活，不得不以支配性文本为标准形塑自己的内部运行体系、重构实践场域内行动者的行为规范，将处于场域内的不同行动者纳入文本建构的复杂关系体中。这个复杂关系体受学校少数高层行政主官的控制，处于最末端、恰恰又是关键行动者的师生往往被迫放弃自己的专业性，而顺应由越地文本操纵的各种考核指标。在这个过程中，为了“生产”出能通过审查、获得政府资助的各类附属性文本，种种异化行为被合理化：如公然的造假、违心的顺从、将组织压力内化为自我管控的伦理

---

① 官僚体系中的文本亦具有层级性，较高层面的文本规范和调节较低层面的文本，类似中央政府法规规范和标准化地方法规的运行和操作，从而塑造在地者的日常经验，使之与越地支配关系联结到一起。

② Jessica Gerrard & Lesley Farrell (2013), “Peopling” Curriculum Policy Production: Researching Educational Governance through Institutional Ethnography and Bourdieuian Field Analysis, *Journal of Education Policy*, Volume 28, Number 1, pp. 1-20.

等。① 建制人种志以一种抽丝剥茧的方式，让人们看到制度性文本主导下的芸芸众生，以及占支配地位的权力关系和扭曲的，被合理化的日常经验。

（二）教育组织研究

谢妮（2010）以教师对小学生的身体控制为切入点，通对过相关制度文本的分析，揭出学校是一个身体规训的场所。学校生活的三大要素——活动、时间和空间从不同角度、全过程地参与了对身体的控制与规训：教师是其中最重要的规训力量，各种制度化的文本给教师的规训行为提供了合法性支持，学校制度则是意识形态在学校组织中的具体化，学校日常生活的层级管理与互动复制和再生产了社会支配关系，教师对学生的身体规训行为把学校日常生活与宏观社会结构联结起来，实现了社会控制在代际中的更替和绵延。② 刘录护（2013）通过对广州市某中学进行的建制人种志研究发现，所谓学校对学生的偏好，不是一个抽象的概念，存在着因人而异的差别，这种差别受组织内部等级制与岗位分工的支配。高层管理人员偏好特殊主义，基层管理人员偏好平等主义，专职教师偏好精英主义。中学教师作为一个整体处于中等偏下的地位，他们较偏向下层阶级的学生。各个亚群体的偏好不是源自阶层文化的影响，而是制度驱使的结果。③ 以上研究对于理解学校作为组织的规训功能和组织偏好的复杂性和可变性提供了理论资源。

（三）边缘人群研究

性别和少数族裔是西方学者关注的重要对象，相关学术成果在社会科学研究中占到了相当比重。在史密斯（2006）的第一个建制人种志的案例——探讨单亲母亲是如何管理孩子学业的研究中，不仅展示了不平等的问题是如何产生，还注意到了外界的变迁和学校组织，而不是仅仅聚焦在单亲母亲身上，这实际上为政策制定者提供了一幅单亲母亲在处理子女学业问题这一生活世界的“地图”。④ 迪娜·贝纳吉（Dina Banerjee）等

① 林昱瑄：《追求教学卓越？台湾高教的表现管理建制研究》，《台湾社会学》2018 年第 35 期。

② 谢妮：《教育与身体——学校日常生活中的身体》，贵州人民出版社 2010 年版，第 1 页。

③ 刘录护：《城市中学对于学生的偏好——功能主义视野下的一个制度民族志研究》，《华东师范大学学报（教育科学版）》2013 年第 1 期。

④ Marjprie L. Devault (2006). Introduction: what is institutional ethnography? [J]. *Social Problems*, 53 (3): pp.294-298.

（2010）就大学工程学领域中女性和少数族裔代表性不足的问题用建制人种志进行了探究。她们选择了与女性学术工作者密切相关的两个政策——父母育婴假政策（PL）和聘期内晋升及终身教职政策（P＆T），在学院和大学两个层面上分别对工程、科学、技术和数学学科的教职员工进行了深度访谈。关注晋升和终身教职的话语分析结果是：P＆T 政策的结构和内容之间存在诸多矛盾，使得其可获得性和可理解性大打折扣。可获得性矛盾不仅存在于不同部门之间，也存在于教职员工之间。工程科学学院/系部无论是线上还是线下都没有提供方便获取的渠道，想要晋升的教职员工不得不花更多的力气去获得这些事关晋升的指南和时间节点，同时，他们还要协调自己的教学、个人的和家庭的责任。相比那些白人男性“理想工作者”，这些协调无疑给女性和少数族裔学术工作者带来更多挑战。文本的可理解性矛盾在于制定教职员工的晋升政策，对学院/系部来说，是一件严肃而严谨的事情，但事实上，P＆T 政策除了结构和内容上的冲突，从上到下还缺乏标准化，可能会成为教职工晋升时准备材料的障碍。制度要求和理解这些要求之间的不一致会加大教职工晋升的成本。这些问题的存在会给女性和少数族裔学术工作者带来更大压力。因此，研究者认为工程学科的结构性改变须回应性别、种族，以及与种族相关的社会文化，要改变那种所谓“价值无涉”的晋升制度，其有可能导致工程学科领域教职员之间的性别、种族等问题，注意制度文本的统一性和标准化。① 这项研究以关注工程科学领域中的女性和少数族裔代表性不足的问题为切入点，从制度层面对学院/系部等组织机构进行了剖析，揭示出女性和少数族裔学术工作者所面临的不友善的制度环境，为组织的制度建设提供了独到见解。这样的研究对于转型期的中国如何协调个体与组织之间的关系、如何为组织内的边缘人群建构友善的制度环境同样具有借鉴价值。

（四）课堂情境研究

2009 年以来，澳大利亚所有的州都要求年轻人“要么挣钱，要么上学”，直到 17 岁。中学和专业院校现在要招收的学生是以前传统学术途径没有考虑过的，学生来源和预期发展极其多元和复杂。2009 年的政策变化

---

① Dina Banerjee，Alice，Pawley（2010），Institutional Ethnography：A Research Method to Investigate the Work-life Experiences of Women Faculty Members in Stem Disciplines，American Society for Engineering Education，Proceedings of the American Society for Engineering Education National Conference and Exposition，Louisville KY，June，pp. 20-23.

要同时把朝两个方向分流（学术型和职业型）的学生留在正式教育场景中。凯瑟琳·多尔蒂（2015）正是在义务教育被扩展的背景下，通过课堂人类学的研究来探索这些学校组织中的道德秩序，以支持教师和学生在一起时能够有效地工作。凯瑟琳·多尔蒂对两所高中、两所技术和继续教育院校（Technical and Further Education，简称 TAFE）、一所混合学校（TAFE 开设有项目）中 16—17 岁学生进行了三到四周的非学术途径的课堂观察，半结构式地访谈了每所学校中的教师，和学生进行了个别访谈，共观察了八个班级（包括七名教师）。这些学校非常忙碌，教师休息室既拥挤又吵闹，课间休息时间既短又过度使用。研究发现，中学和 TAFE 缺勤率和迟到率高，混合学校较少这种情况。这种表征与教师的课堂行为、学生对课堂及自身的认知与行为密切相关。情境中的参与者对他们自己在支配关系中的优势和弱点一目了然，在关系脆弱的地方，教师和学生用自己的方式制造麻烦，他们要对此负责任。而教室中的麻烦恰恰是因政府强制延展义务教育年限导致的。① 这项研究较为直观地呈现了政策变革带来的连锁效应，微观生态的变化往往是宏观结构变化的直接产物，建制人种志是揭示这种隐秘关联的利器。

（五）教学研究

早在 1988 年，马尼库姆（Manicom）的博士论文对基础教育阶段教师的教学经验进行了研究。研究发现，在低收入学区，教师将大量课堂时间用于教授学生如何翻书和阅读、如何使用铅笔和彩笔。但是这些技能学生可以很娴熟地掌握和处理，而教师认为中产阶级街区的孩子们理所当然要掌握的能力，教师却不要求学生去掌握。该研究强调的是，在基础教育阶段的课堂如何进行教学以及应该教什么样的内容。② 德布拉·塔尔博特（Debra Talbot，2016）就“澳大利亚国家评估项目——识字与数学”（简称 NAPLAN）测试中未达到未来学校教育和就业成功所要求的最低标准的学生被标签为“处于危机中”的现象进行了研究。NAPLAN 测试包括与计算有关的项目，也包括数学方面的内容和技能。数学教育领域的研究考

① Catherine Doherty（2015），Making Trouble：Ethnographic Designs on Ruling Relations for Students and Teachers and Teachers in Non-academic Pathways，*Australia Education Research*，42：pp. 353-370.

② Manicom，Ann（1988）. *Constituting Class Relations*：*The social organization of teachers' work*. Ph. D. Thesis，University of Toronto.

察了为提高学生 NAPLAN 成绩所采取的教学干预措施及其他国际措施，发现这些措施不仅受标准化考试制度的影响，而且在学校环境内得到有效解决。德布拉·塔尔博特以建制人种志为工具，批判地检测了受到资助的与识字和数学教育相关的研究、“社会”转向、研究与 NAPLAN 中数学结果持续扩大的鸿沟之间的断裂。通过从被标签为“处于危机中”的学生个体的“所作所为”入手，德布拉·塔尔博特剖析了“处于危机中”这一话语是如何被生产出来的。被标签为识字和数学“处于危机”中的学生，包括难民、学生和那些来自底层社会经济阶层的人，揭示学生的社会脉络和社会关系，能够看到其学业和生活范围可能包括学生的行动、教师行动、家长行动及各种程序和统治文本之间的互动，其清晰地勾勒出个体经验的实质性，使我们有可能观察到经过时间沉淀的个体模式、组织模式及从一个机构到另一机构的模式。视学生为知情者的观点有助于我们更好地理解那些建构“处于危机中”的个体的因素，以及“处于危机中”是怎样被生产和延续的。①

（六）其他研究

应用建制人种志进行的教育研究还包括教育社会学、语言教育、国际比较教育、知识社会学等。如王东芳（2017）的研究试图采用建制人种志搭建学科文化与博士生教育的桥梁，即不同学科的教师是如何培养博士生的。该研究基于在美国一所大学的田野调查，并结合美国相关研究生教育政策和制度，构建不同学科教师如何培养博士生这一“工作”的相关知识，进而比较学科差异及其背后的知识社会学归因。② 这为国际与比较教育领域如何采用建制人种志探索他国教育经验提供了范例。在质性研究领域，建制人种志的贡献在于：关注日常生活，将问题置于日常生活的场景中，以在地人士为知情者，关注制度性文本和话语实践，充分挖掘他们对自身“工作”的描述和理解，将他们的经验“地图化”，找寻形构他们经验的制度文本，识别在地经验与越地制度之间的关联，真正贯彻了“知识来源于实践”的认识论和方法上的本体论。

① Debra Talbot, “To be numerate is to be someone…”: Tracing the doings of students labelled “at risk”, *The Australian Educational Researcher*, September 2016, Volume 43, Issue 4, pp. 419-436.

② 王东芳著：《学科文化视角下的博士生培养》，中国社会科学出版社 2017 年版，第 3 页。

三、建制人种志对中国教育研究的启示

中国教育研究正处于一种转向更加注重实证的进程中①，相比传统的宏大叙事式的规范研究，无疑是跨出了巨大的一步。但在实证转向的潮流中，我们需要警惕实证概念的窄化，即以另一种传统的实证路径来宣称实证的霸权，这种传统路径以演绎的方式展开，以一个预设的目的决定研究的推进、证据的选择，试图通过纯粹的数理结构和模型推算，获得一种远离社会真实的宏大理论。这种方式在社会科学的早期发展中做出了历史性贡献，其着眼于社会事实，摆脱了规范研究的局限，促使社会研究走向科学化。这种对宏大理论的追求，遭到了米尔斯的质疑。米尔斯认为在信息多得超过个体吸收能力的、焦虑和漠然并存的时代，人们需要的是一种心智能力，可以帮助他们利用信息增进理性，能够看清发生在他们之间的世事的清晰全貌，从而把握生活机遇和自身命运。②

具体来说，建制人种志对中国教育研究的启示如下。第一，建制人种志重视研究对象的生活世界和经验，尤为看重文本在研究中的价值，并提出了“以文本为媒介的社会组织”的分析路径，这对于教育政策的研究尤其有价值。教育政策研究在研究政策制定、实施以及评价等相关问题时，除了关注“政策文本”本身，还应将文本自身复制的动态机制与实践相联结，以勾画出有关教育政策运作路径的完整地图。第二，对于比较教育研究而言，单纯地通过文本进行国际教育经验的获取，在全球化的今天已经不具有优势了，如何通过田野调查并结合政策制度文本构建他国教育实践正是建制人种志所擅长的。第三，教育人类学的研究重视研究者进入田野，但是对相关文本的关照不够，仅仅关注研究对象的经验容易造成偏重于主观的决断，因此，纳入建制人种志可以帮助相关研究更有力地认清教育机制和社会事实。因为概念、信念、理论和价值观这些存在于人类大脑之中

① 戚务念：《论中国教育研究的实证转向》，《四川师范大学学报（社会科学版）》2017年第4期。

② ［美］米尔斯著，陈强、张永强译：《社会学想象力》，生活·读书·新知三联书店2016年版，第3—4页。

的想法跟社会组织和关系是一个整体。① 第四，形成“向下看”的教育研究，关注教育组织中弱势群体的生活世界，比如建构关于女性教师、少数民族、贫困学生、留守儿童、流动儿童、构成地方高校主体生源的低阶层学生、“双一流”政策背景中高等院校学术劳动力等群体的真实世界以及相关政策的意义和成效。建制人种志正是着眼于帮助困境中的个体获得一种对自身处境的洞察，有助于我们深入教育实践领域，探索身陷社会结构困境而不自知的个体命运问题，让研究和研究者更有“温度”和“人情味”，为解决教育公平、促进社会和谐提供理论支持。

① Smith, Dorothy (2002). Institutional Ethnography. In Tim May eds. *Qualitative Research in Action*. London: Saga. pp. 18-52.

人力资源生长自组织性的教育人类学考察与反思

孙杰远

（广西师范大学，广西　桂林　541004）

【摘要】 教育在影响人力资源生成和发展过程中的决定性作用，使得教育的发展成为支撑和推动人力资源发展的根本途径。关于人力资源的研究，目前学者们普遍关注的是人力资源的现状、人力资源的开发以及管理等问题，而对人力资源的生成机制，即人力资源是如何生成的和受到哪些因素的影响等研究却相对薄弱。本研究通过田野考察，深入西南地区调查当地教育和人力资源的发展现状，了解其中存在的问题，挖掘典型案例，探索作为自组织的个人成长和作为他组织的教育如何促成人力资源的生成和发展等问题。

【关键词】 教育人类学；人力资源生长自组织；民族教育发展

【作者简介】 孙杰远，广西师范大学教授、副校长。主要研究领域为教育人类学、教育学原理、课程与教学论。

一、自组织的力量：人力资源生长的人类学考察

哈肯将自组织界定为：如果系统在获得空间的、时间的或功能的结构过程中，没有外界的特定干涉，我们便说该体系是自组织的。① 也就是说，自组织反映系统自主、自发、能动地选择适应的过程与能力。人力资源生长指的是劳动人口的从事经济及社会活动并能创造价值的能力的激发、培育与发展的过程，其实质就是对人生命的整体发展和解放，同时也是个体与周围环境相互影响、相互调适的双向顺应过程。这个过程，是一个有着自组织能力的复杂系统与外界环境的互动过程，是一个有着生命能动性的个体的、自发的、根据特定的情境而做相应的适应性调整与选择的过程。为探讨人力资源生长过程中个体自组织与个体生存的自然的、社会的与教育的环境之间的相互关系，我们对西南地区的康定、金秀两地的人力资源生长状况进行了考察。

（一）人力资源生长案例

在这里通过对如下两个人力资源生长过程的描述，谕示的是人自身发展的复杂性和动态性，个体自组织性与非线性以及生命的灵动、旺盛与超越，展现的是人力资源生长与其所生活于其中的自然环境、文化场域、经济形态与教育系统之间的复杂关系，印证了人就是由三重生命（自然生命、精神生命、社会生命）构成的具体而完整的生命存在②。

1. 走向自立的康巴汉子

> 我们的车行驶在川藏线上，川藏公路迂回于高山巨壑和湖泽谷地之间，穿过莽莽原始森林和许多险峻山峰。司机是个康巴汉子，显然，他对于这条天路驾轻就熟，如同藏歌里唱的雪花从天上飞，世界在我手中。窗外的天空是高原地区才有的湛蓝纯净，到了居民区，眼见走过的藏民一手捻着佛珠，一手接听手机；举家迁往县城的藏胞把载满家当的车开开停停，将随身带的祭纸撒向天空，乞求平安；出租车在立着经幡的建筑间自如穿行；如此移动切换的场景使我们深切地感受

① ［德］哈肯著，郭治安译：《信息与组织：复杂系统的宏观方法》，四川教育出版社1988年版，第2页。

② 冯建军著：《生命与教育》，教育科学出版社2004年版，第209页。

到此行一只脚走在久远的民族信仰里，而另一只脚踏在迅速多变的现代文明中。

康定城并不大，却是川藏线上一个重要的交通枢纽。自古以来是各族文化、经济交汇的所在地，是茶马古道的要塞，在康城有十几个民族居住，其中以藏、汉和回族为主，族间交流广泛，民族通婚盛行，很多家庭以汉藏、汉回、藏回的形式结合。过去，自然环境带来藏胞生活、身份的差异——牧民或农民，随着经济、文化的发展，藏胞多了一种谋生手段——经商。当我们把视线聚焦在具体的人，这些社会、文化、经济现象及人力资源生长的脉络便凸显了出来。

今年 29 岁的次称出生于康定县新都桥镇瓦尊乡哇爸村一个传统的藏族家庭，是家中五个孩子中的老大。家庭贫困，童年便与父辈一起放牧，没有进入学校接受正规教育，也因此与当兵服役擦肩而过。在后来的社会生活中学会了听说汉语，但不能读写汉文。20 岁时，娶了汉族媳妇，媳妇姓何，年长自己整整 8 岁，因为是上门女婿，对方要求加何姓。但次称说他后来又改了过来，去掉了何姓，身份证上自己的名字仍为次称，而且孩子的名字也是藏名。

婚姻仅仅意味着定居康定，而岳父家以务农为生，除了领次称进入一个与现代文明更接近的社群以外，什么也不能给他。要在县城生存，娶妻只是第一步，重要的还是立业。对于此，没有进过学校、没有读过书的次称走过了一条并不顺畅的探索路。

他的第一次谋生尝试是开出租车。由于康城地处交通要塞，又是文化旅游名城，聚集了不少南来北往的旅人或过客，交通需求较大。初出茅庐的次称很早就明白了靠山吃山的道理，决定自己学开车载客，他很快学会了驾驶汽车，开始了在康城的第一份营生。但由于对出租业行情不熟悉，加上缺乏修车技能，一天 40—50 元的养车费让次称不堪重负，此外三班倒的开车生活更使得刚进入新环境的他疲惫不堪，于是他只好放弃开车，另谋生计。经过考虑，次称打算做些小本生意。经历就是一种教育，现实给他上了第一堂课。

从第一次经历出发，次称的第二次谋生尝试选择了摆地摊。主要经营藏族特产，如药材和藏族用品等。由于产品的成本较低，加之民族文化特色明显，他的商品在南来北往的旅客中很有市场，次称的地摊生意总算是做起来了，而且渐渐红火起来。与众不同的是，他所卖的天然药材有很多是他亲自上山采集的。康定地区盛产各种药材，自小跟随爷爷在山上劳作的次称积累了识别药材的经验，熟知一些治疗常见病的药方，能够满足寻常游客对藏药的一般要求。早期的生活经验、家庭熏陶以及对当地自然资源与文化环境的了解和潜在的意识，影响和帮助了次称现在的生计。借助过往的积累，第二次对现实的设计有了回报。

第三次人生设计是生存问题解决之后，次称开始图谋新的发展。他在县里租了一间7—8平方米的店面，仍是做民族特色产品。由于康城的物价水平高，这样大的门面月租1 800元，加上税收及其他，这间店铺固定开支在2 100元左右（不含商品成本）。为了以铺养铺，次称在朋友的建议下，把店铺划出一小部分，辟做IP电话超市（信息时代，通信服务行业很有市场）。次称和他的朋友们也许并没有从理性的分析中做出这个决定，但对市场的敏感性使他们做出了选择。店铺开支大，次称请不起雇工，店里的活无论巨细都由自己一手操办。当问起每月有多少盈利，他无法表述，他缺乏会计知识，相比曾经开出租车、摆地摊的经历，次称觉得现在的自己是幸运的、快乐的。对于未来，他只希望能在现有基础上，店铺里的商品种类更多一些，能再把店铺扩大些。

次称是一个成功者。而像次称这样的个体并未在学校系统地接受过教育却能够具有良好的职业定位能力与社会交往能力，能积极地适应社会，并取得成功。这样的生存能力不是在学校中获得的，而是在其生活历程中自觉或不自觉形成的。在这里，可以看到本土文化、生态环境、外来的信息技术、个体禀承的族内价值观念相互融合，动态地形成了一个教育人的隐性学校，这个过程实际上就是一个个体自组织的过程。这个自组织过程是个体在与特定的资源环境与文化环境的互动之中展开的。区域的资源环境差异和民族的社会文化差异，不仅使不同民族经济活动的内容各不相同，而且使其经济活动的方式和道路选择也表现出重大的差异。在一定的民族文化和区域环境（包括技术、资源和劳动等等）之间，存在着一种动态的、富有创造力的关系：一定民族的经济类型，在很大的程度上依赖于可用的技术和资源的状况。而这种经济类型，随之也会对其社会制度（大到整个社会活动所设置的强制性框架，小至居住法则、血统、村社规模与位置等等）产生变革性影响。可见，在经济活动中，环境的关键是资源，人们通过文化认识资源，并借助于为历史所衍生的技术获取资源。因此，一定社会经济的发展，不仅仅是一种物质资源的变动关系，而且必然受到民族现存的和不断演变着的特定文化价值标准的制约。①

次称的生活，既窄如手掌，也宽若大地：窄的是他只是一个平凡的很少人知道的次称；宽的是，生活在特定文化和时代环境里的人，大多数按照他这样的生活轨迹生活着。

2. 自觉智慧的女瑶医

瑶族是一个生活在山谷和沿溪的民族，也有为数不多的在接近山顶和山腰，靠近悬崖峭壁为寨者（如花蓝瑶）。大村五六十户，小寨十多户不等。瑶族人多选择高山开阳处建寨，依山傍水，不仅可防止外族入侵，也可避免猛兽对人畜的袭击。大山与森林是瑶族人民赖以生存的物质基础，但也是把他们与现代文明隔开的天然屏障。从一定意义上来讲，居住在这种环境中的民族是封闭滞后的，鲜有与外界的交流，生活贫困，适龄儿童入学率低，早婚早育。这里的自然因素指引着族民的生活方向，自然环境主导着生活。

瑶族人长年居住在山高谷深、峰峦叠嶂、环境恶劣的大瑶山里，在长期的生活实践中积累了丰富的中草药知识。瑶医有其独特的理论体系，认为人体五脏六腑，气血与疾病的发生和发展有着密切的关系，这些因素的相互传导、相互演变，在感受疾病的程度、抗病能力方面都有着重要的内在联系。瑶医用药品种繁多，临床配方独特，有 1 700 多种常用植物药，在识药、用药方面也总结出一套经验。各种识药、用药的谚语在民间广为流传，如叶茂有毛能止血、枝叶有刺皆消肿、以寒治热、以热治寒、以香治痛、以毒攻毒等。正是在这浓郁的医药文化的熏陶中，培育了一代代的瑶族医生。他们的成长历程，诠释了特定文化境遇中人力资源生长与外界环境的互动。

我们的访谈对象是一位五十多岁、在县城开办自家门诊的女瑶医。在她的诊所里，我观察到：笑脸迎人的她，认真地询问病人的需求，熟练地从密密排列的药柜里取药，详细地告诉病人服用方法，俨然一

---

① 陈庆德著：《发展人类学引论》，云南大学出版社 2001 年版，第 211 页。

个经过医学院专门训练的医师。你根本不会想到：她，从未进入任何学校学习；30 多年前，她从未接触过医药，一直在家务农。

为什么学医呢？她重复着我的问题，思考着。

结婚以后，丈夫一直在县城上班，我则在家做农活，带孩子。有一天深夜，孩子突然发烧，很严重，丈夫在外边上班没有回来。附近的所有村子都没有能看病的，孩子就在那烧着，迷迷糊糊地喊着：（妈妈），我好难受，一声声的呻吟撕扯着我的心。当时家里没有电话，离县城又远，而且没有修路，只有人来人往踏出来的山路。怎么办呢？如果丈夫在就好了，他是医生，记得以前孩子头痛发热时他三下五除二就治好了，可是现在他人在县城，远水救不了近火。如果我懂医术就好了，这样就可以为孩子解除痛苦了。要知道，大瑶山里什么都缺，就是不缺药，只可惜自己不识药，不懂用药。面对发烧的孩子无能为力，恼羞的我暗下决心一定要学医。

没有办法，为了救孩子，我只好背起孩子，点上火把，爬山到县城，她无奈地摇头说。那时候，不知道为什么，天比现在黑得多，而且路难走又漫长，也顾不得什么毒蛇野兽，就想着尽快为孩子治病。说也奇怪，平时得走四个多小时的山路，那天竟然用了三个多小时就到了医院。孩子送进了急诊室，这时我才有空看看自己，发现腿上都是血，可能被山上的树枝划的。反正吧，那样子挺可怕的，她说。

那时起，她开始学医。对其他人来说，学医也许不是件很困难的事情。但是对于她，一个没有进过学校读过书的文盲，则是难上加难。于是她拜自己的丈夫为师，认真地学起医学。为了能够分清药材，她跟随自己的大女儿一起认字。但是毕竟年纪大了，写字是不可能的了，只要这个字出现在面前我能认得就行了，她笑得有点自豪。要从专业角度理解，辨药材、开处方、配药相对容易，最难的还是把脉。瑶医从属中医，讲究望、闻、问、切，前三者属于表面工作，容易掌握要领，只有这切，切脉，讲求的是感悟，不容易把握。也曾动过不学的念头，但是丈夫说，一个人做事应该有始有终，你该为孩子树立个好榜样。就这样，我坚持了下来，走到了今天。她比较开心地赞美她的丈夫：他人很好，又随和，心细，经常在我需要的时候出现，有了他的支持，孩子的理解，我有了今天的成绩。

在对瑶医的理解越来越深刻的时候，她想到了开办自己的诊所。

当时，很多人持怀疑的态度，不相信一个文盲也能给人看病。只有丈夫支持她，把家里所有的积蓄拿了出来，在县城租了门面，购置齐备所需药品及设备，自己的诊所开业了。开始的时候，很少有人到这里就诊的，怕她误诊耽误病情。经过不懈努力，终于赢得了县城居民的信任。看病的人陆续多了起来，很多病者宁愿到她这里看病，一来她的医术不错；二来她用药便宜。而她则心地善良，经常布医施药，为当地人所尊敬。除此之外，还常到外地与一些同行切磋，增进医术。如今，在县城防疫站工作的女儿也继承父母的事业，从事瑶医工作。她毫不讳言地承认，自己的事业成就还是比较大的，而且对目前的生活非常满意。

看着她满脸幸福的样子，很难想象她所走过的艰辛困苦。正如格奥尔格·齐美尔所说，每一种社会境遇都是一个巨大的灾难，角色混乱、信号错杂、因剧本的失败脱离了原先的计划而使每一个人都变得焦虑不安、困窘万分或干脆不再行动。

但她从她的社会境遇中自主选择了行动的方式与路径，她的自觉与自强建立在她对族群文化（瑶族医学知识与技能）的价值判断和智慧获得上，其自我的生活挑战与环境信息汲取使她最终意识到文化的本质与功能，即文化是知识和工具的聚集体，我们以这些知识和工具适应于自然环境。

（二）人力资源生长过程分析

生物学家理查德·道金斯以一只被抛向天空的小鸟为例，描述了有生命的系统能够克服外界的力量而选择自己的特定目标的行为特点。他说，如果你拣起一块石头，把它抛向空中，它会呈一条漂亮的抛物线落下；但是如果你把一只小鸟抛向天空，它的行为决不会像石头一样，它会飞向树丛的某处。① 人力资源的生长过程就是个体生命能动性的展现过程，莫兰曾将生命体能动性的本质概括为如下公式：自我的—通过环境的—反复进行的—组织活动。②

实际上，人力资源的生长过程同样体现的是一种个体自组织的适应性演化过程，它立足于一个具有整体性、关联性和有机性的系统自身，在特

① ［美］沃尔德罗普著，陈玲译：《复杂：诞生于秩序与混沌边缘的科学》，生活·读书·新知三联书店 1997 年版，第 325 页。

② ［法］莫兰著，陈一壮译：《复杂思想：自觉的科学》，北京大学出版社 2001 年版，第 214 页。

定的外在环境中通过自协调、自组织以维护自身相对稳定状态或者生发出新的功能性结构。从以上案例可以看出，无论生存的环境优越与恶劣，无论接受教育程度的高低，个体总是能够走出一条适应当时当地环境条件的发展道路。女瑶医通过自身对恶劣生存环境的应对，激发起学医的渴望，主动吸收外界有价值信息而成为一个受人尊敬的瑶人自己的医生。在康定城成功经营着自家商店的藏胞次称的成长经历同样深刻地揭示了个体自组织演化在人力资源生长过程中所发挥的自协调、自选择机理。由此归纳，个体成为某一领域的专业人才，或具备某种生计技能，往往要经历这样一个过程：

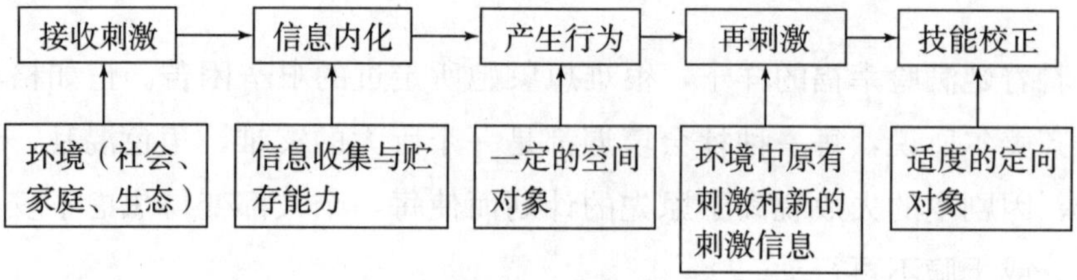

个体自组织成长示意图

可以看出，环境提供的刺激有些是客观的，如地理生态环境，有些是主观的，甚至是有目的、有计划施加的，如在市场经济信息、科技推广与渗透的影响下，个体学会了驾驶汽车、使用网络等技能。这些刺激与个体原有的生活体验、智慧相互作用形成信息内化并尝试作用于一定的对象获得经验，经过作用结果的反馈与鉴别以及对新的刺激信息的比照最终形成职业技能。这一过程中，关键的是环境及个体对环境的自觉，正如麦克尔在《我们为什么有文化：阐释人类学和社会多样性》一书中所指出的：在人类学家眼里，自然选择很恰当地被表达为作用于人群的力量的总和，所有这些力量的总和不是别的，而是环境，人群的每一个有机体在这个环境只能感到得以发展或者未能发展。当然在多数情况下，环境被认为是存在于群体之外的，由其他物种如土壤、水、气候等等构成。但是在涉及社会动物的情况下，还有另一种日益重要的因素：社会环境本身。因为这样的社会群体之内的有机体，其同类和它们的社会组织形式都包括了这个环境的一个有活力的部分。① 而个体自身内在的潜能决定这一自组织过程的可

① ［英］麦克尔著，陈丰译：《我们为什么有文化：阐释人类学和社会多样性》，辽宁教育出版社 1998 年版，第 44 页。

靠性与有效性。

（三）人力资源生长的教育作用

教育始终是人力资源生长的基础，然而在自然人发展成为社会所需要的人力资源的过程中，我们总能见到教育或被教育的事实，但教育的方式、内容、功能被泛化了，制度化的学校教育往往让位于个体自组织的学习和教育，不同社会职业（意味着不同的人力资源类型）产生不同的教育理解和需求，我们看到了学校教育的能量，更看到了学校教育的失落，二者的质询凸显了人力资源生长过程中的教育自觉和自我选择，虽然一个人正在不断地接受教育，但他越来越不成为对象，而越来越成为主体了。①这点我们放在本文最后分析。

二、教育对人力资源生长支持的范式及其反思

库恩以“范式”（paradigm）一词，表征科学知识的发展模式，即总是在前范式科学—常规科学—革命科学—新常规科学循环反复中不断递进发展，其核心就是“范式”转型。② 其范式可分为三大内涵，第一可称为形而上学范式或者元范式，可当作一组信念、一种观察方式；第二是社会学范式，可以是一个普遍承认的科学领域，一套特定制度；第三是人工范式或构造范式（construct paradigm），可以是典型的问题和解答，一些工具设备、一个语法规范。③ 库恩后来又指出“范式”一词意近于“科学共同体”（community of science），即从事某一特定学科的科学共同体成员所共有的基本世界观构成一个范式。④

库恩的“范式”理论的影响力，主要在于范式能提供一种把握研究对象的概念框架，一套理论和方法论信条，一个可供仿效的解题范例，它规定了一定时期中这门科学的发展方向和研究途径，同时也决定着共同体成员的某种形学信念和价值标准，及其自然观、世界观和价值观。而教育范

① 联合国教科文组织国际教育发展委员会：《学会生存》，教育科学出版社 1996 年版，第 200 页。

② ［英］拉卡托斯等著，周寄中译：《批判与知识的增长》，华夏出版社 1987 年版，第 73—113 页。

③ ［美］库恩著，纪树立等译：《必要的张力》，福建人民出版社 1987 年版，第 222—236 页。

④ 贾春增著：《外国社会学史》，中国人民大学出版社 1989 年版，219 页。

式，就是在特定历史阶段，教育共同体的成员所共有的关于教育的观念体系，包括教育概念、教育价值取向以及教育理论模式。“教育”指的是客观的活动，“教育范式”则是教育活动的共通性特征，是教育共同体所共有的信念。①

（一）泛教育范式与学校教育范式

1. 教育的起源与范式分化

“自有人生，便有教育。”中国早期马克思主义教育理论家杨贤江在《新教育大纲》中阐述了他的教育起源理论：浅言之，教育的发生就植根于当时当地的人民实际生活的需要；它是帮助人类社会生活的一种手段。所谓生活，一方面是衣食住的充分获得，另一方面是知识才能的自由发展；还有，这种生活是集体的、社会的，决不是孤立的、个人的；所以教育的定义应是社会所需要的劳动领域之一，是给予社会的劳动力以一种特殊的资格。自有人生，便有教育。因为自有人生，便有实际生活的需要。不过人生的需要，随时随地有所不同；教育的资料与方法也跟着需要有变迁。这种变迁的根源，就在于社会的经济构造的转易。

由教育的起源可以看出，教育是人类社会所必需的以给予社会的劳动力以一种特殊的资格的人类社会实践活动之一，教育的发展紧紧伴随着社会前进的脚步。

原始社会时期的教育目的与教育对象直接指向年轻一代，使他们身心获得发展，成长为社会生活所需要的社会成员。教育的内容是传递与社会生活实践紧密相连的社会生活经验和生产劳动经验，如生产劳动教育、生活习俗教育、原始宗教教育、原始艺术教育、体格和军事训练等。教育的基本方式为身教与言传，身教是做出示范动作，以供模仿；言传是说明是非要领，以传经验。② 这一时期的教育目的一致，教育权利平等，教育活动融于生活之中，教育方式自由、灵活，教育者、受教育者以及教育内容之间关系和谐，这样的教育形态实际上就是一种泛教育范式。

到了民族公社末期，由于政治经济的变革，出现了特权阶层，他

① 冯契、徐孝通主编：《外国哲学大辞典》，上海辞书出版社 2000 年版，第 483 页。
② 孙培青著：《中国教育史》，华东师范大学出版社 2000 年版，第 2 页。

们逐渐垄断了社会的知识文化教育。同时，部分人脱离生产劳动而专门从事脑力劳动。这时的教育由于部落显贵世袭以及劳心与劳力的分工而引起了教育的分化。教育由原来的目的一致逐渐分化为两种类型，即培养“劳心者”的专门教育和培养“劳力者”的社会教育，作为专门教育机构的学校的萌芽出现了，并由部落显贵所垄断。而培养劳力者的原始形态教育仍然延续其面向大众、培养劳力者的发展走向。

教育是人力资源开发的基石。前面已经谈到，教育的组织形态可以划分为随境式教育与专业化教育两种。随境式教育指历史上自发地形成的、内生的教育，主要为家庭教育和社区教育等，教师由长者、巫师等承担，以具体的生活场景为教育活动开展的场所，教育内容具有随机性与灵活性；专业化教育指以学校为主的各种专门机构及社会组织对适龄儿童所实施的教育，有专职教师、正规教材以及固定的时间与场所。与这两种教育的组织形态相对应，可以将教育范式划分为泛教育范式和学校教育范式。

最初意义上的泛教育范式，就是融于生活、服务于生活、以平民百姓为主体、面向大众的教育范式。最初意义上的学校教育范式指的是脱离社会劳动、作为高贵地位象征的、以特权阶层为主体、面向部落显贵的教育范式。随着社会的变迁与教育的演进，两种教育范式的内涵与形式也随之发生变化。

2. 泛教育范式与学校教育范式的历史演进

教育是人类生存与社会进步所必需，是个体适应社会生活所必需，同时特定的教育范式总是与特定的社会条件相依存。泛教育范式与学校教育范式有着深刻的社会根源和历史轨迹。从世界教育发展进程看，中国教育的发展与世界教育发展并行不悖。本文重点分析泛教育范式与学校教育范式在我国教育历史中的演进历程。

①旧学校教育时代的教育范式

旧学校教育实际上指的是中国传统学校教育，包括私学、书院等教育机构。本文将我国的旧学校教育时代划定为夏代至19世纪60年代前，之所以将起点设定在夏代，是因为这一时期出现了我国最早的，专门独立的教育机构——学校，自此以后，历代教育机构都是在此基础上逐渐发展壮大起来的。

《古今图书集成》中有“夏后氏设东序为大学，西序为小学”，这里的大学、小学，并非文化程度的高低，而是社会地位的差别。大学是上层奴隶主贵族子弟学习礼乐、射御的场所；而小学则是一般的奴隶主和普通平民子弟学习文字、写算和一般科学知识的地方。

西周是我国奴隶制社会的鼎盛时期，出现了学校教育双轨制的雏形。西周的教育为贵族所垄断，平民几乎没有受教育的机会。到了春秋战国时期，社会政治、经济和文化的剧烈动荡，“天子失官，学在四夷”，官学衰落而私学大兴。孔子的“有教无类”将教育由精英推向大众。秦始皇统一中国后，为官学的复兴奠定了基础。汉代官学大兴，私学兴盛。从夏代学校出现至此，在旧学校教育时代的教育范式基本上与官学和私学相对应，即官学崇尚的是学校教育，而私学则属泛教育。

可是，自隋唐以后，科举制的全面推行，一改泛教育范式与学校教育范式并行不悖的局面，“精英”的价值取向成了统领教育的主宰。由于科举制度没有严格限制应试者的门第与流品，因而使得广大的社会中下层人员有了中举、入仕的机会，这在客观上激励了大众的识字看书、读经诵典的热情，扩大了文化教育的社会面。同时也出现了“学而优则仕”的习气，强化了读书受教育的精英取向。由此而使学校教育范式迈向偏狭，而泛教育范式逐渐迟滞。

②新学校教育时代的教育范式

新学校教育指的是新式学堂教育，包括改良的书院、学塾转变的小学等教育机构。本文将我国的新学校教育时代划定为 19 世纪 60 年代至 20 世纪 80 年代前。

在西方，新式学校的建立最早出现在英国。封建时代的英国教育是贵族及僧侣的特权。但是，随着 19 世纪下半叶的产业革命及其所带来的工业的迅速发展，广大劳动群众的子女必须接受一定的教育才能成为合格的劳动力，教育面向大众成了客观的需要。英国古典经济学家亚当·斯密曾在《国富论》中写道：“政府对于教育或宗教所以需要某种顾虑之原因，不在于用以干涉并束缚个人的自由，而是系于社会之自我保全乃至于政府的自我保全。因此，政府所需要注意的，不在上层阶级，倒是以下层阶级为其对象的。”① 他强调了对劳苦阶级进行初等教育的原因。因此可以说，此时的教育价值取向不得不走向了大众化和普及化。

此时的学校教育特征是：①它是一种全日制学习的机构；②对入学和毕业有一定的年龄规定；③教学模式是教师“面对”学生的讲授式；④课程是分年级的；⑤基层单位的大小，也即学校校舍或楼群已随学区的城市化和一体化而不断扩大；⑥由于有更多的儿童延长了修业年限，因此体系的规模已有了扩大；⑦学校的教学目标已从传授认知技能和能力这种单一的目标扩大为构成社会教育的多种目标；⑧这种发展要求各方面的更好协调，而这种协调已通过建立各种专门的服务设施使行政管理机构有了扩大；⑨管理倾向于日益严密，而教学工作在更加中央集权化的规定下变得更为统一。② 可以说，真正现代意义上的学校教育自此出现。

中国第一所新式学堂是1862年创立的京师同文馆，它完全按照西方新式学校模式而建立。自此，全国学校迅速发展，清光绪二十八年（1902年）至宣统元年，学生数由6 943人增加到1 562 170人，增加225倍。③ 新学堂的出现以及受教育者人数的增加，使得学校教育范式的内涵发生转换，首先体现在受教育者由特权阶层为主体而开始接纳平民百姓。

1951年，教育部分别召开了第一次全国中等教育会议和第一次全国初等教育会议，明确了中小学的培养目标和任务。根据会议文件，“普通中学的宗旨和培养目标是使青年一代在智育、德育、体育、美育各方面获得全面发展，使之成为新民主主义社会自觉的积极的成员。”中学教育的任务是“用马克思列宁主义的理论与中国革命相结合的毛泽东思想和普通文化知识教育青年一代，使他们的身心获得全面发展，以便为升入高等学校或参加建设工作打好基础。”小学教育的宗旨和目标是“根据新民主主义的方针和理论与实际一致的教育方法，给儿童以全面的基础教育，使他们成为新民主主义社会热爱祖国和人民的、自觉的、积极的成员。”④ 由此，教育宗旨与培养目标的革新，体现出学校教育范式的内涵发生转换的第二个标志，即教育不再仅仅是一种

① 王天一等编著：《外国教育史》，北京师范大学出版社2002年版，第151页。
②③ 陈桂生著：《教育原理》，华东师范大学出版社1993年版，第74页。
④ 李定开、谭佛佑主编：《中国教育史》，四川民族出版社1990年版，第542页。

地位的象征而实实在在地成为促进个体成长的有效手段。

综上所述，在我国不同的历史时期，泛教育范式与学校教育范式交替发展，从最初唯一的泛教育范式到学校教育范式与泛教育范式并行而存，再到学校教育范式独领风骚，无一不与特定历史时期的社会政治、经济与文化发展状况密切相关。

③素质教育与应试教育时代

之所以将素质教育与应试教育二者相提并论，是因为这个时代确实存在着素质教育与应试教育的交锋。而交锋的背后，实际上就是学校教育范式的“精英”取向与泛教育的“大众”取向之间的较量。

随着时代的变迁，两种教育范式的内涵也随之转换。当下的时代，学校教育范式与泛教育范式跟以前相比，在内涵上又有不同，它主要的不是指由教育机构的不同性质而在客观上决定了其教育的范式，而是侧重于教育者与受教育者对于教育活动的不同的价值取向、具体的教育行为及其功能。这时的学校教育范式主要是指以应试和升学为目的的、在专门化的教育机构中、以标准化与模式化进行的教育活动的共通性特征。泛教育范式主要是指以掌握实用技能和就业为目的的、散落在于民间的、以师徒制、家族式训练或社会教育形式进行的教育活动的共通性特征。

（二）对当下两种教育范式的审思

1. 学校教育范式的激进

实际上，自工业革命以后，教育逐渐与大工业生产方式取得一致，工业生产的标准化、程序化与模式化特点渗透于教育之中，成为学校教育范式的重要特点。夸美纽斯所倡导的秩序化为高效率地培养人才做出了贡献，他说：“真正把我们这个世界的结构直至最微小的细节组合在一起的原理不过是规则而已，即是说，按地点、时间、数目、大小和重量恰当地区分，什么是先来的，什么是后到的，什么是为主的，什么是从属的，什么是小的，什么是相似的，什么是不相似的，以便使每一种事物都能完美地履行其职能。所以，人们把规则叫作万物的灵魂。因为一切秩序井然的事物，只要能保持它的规则，就能保持它的地位和力量；一旦它不能保持其规则时，它就衰弱下去，摇摇欲坠，以致死亡”①。19世纪确立的现代学校教育体系及其秩序化、制度化与集权化的特征在当时的社会经济背景下有其存在的必要性与合理性。这一特点在20世纪初变得根深蒂固，并走向极端。它突出强调精确、服从、忠诚、由少数政治精英进行评价，教育活动的开展是标准化、格式化、同步化和中心化的，把人的教育纳入既定的轨道加以控制，国家规定的课程、统一的智力测验和唯一的评价标准。应当说，学校的出现，顺应和促进了当时社会经济的需求与发展。然而，时过境迁，已经改变了的世界，仍然是过去的学校教育范式占主导，偏狭是明显的。

勒德尔说：“学校像是社会机会的分配机构，像是调节劳动市场平衡的储备装置，像是赞成社会不平等制度的合法机构，像是行使象征性权力和根据年长一代的经济利益驯化年轻一代的场所。学校教育成了人力资本的投资，成了以功绩换取社会地位的文化资本的积累。对弱者来说则须慢慢学会放弃这类社会地位，造就现代工业社会极端官僚化的组织所需的专业人员，让社会下层学会资本主义工业企业对雇员要求的伦理道德。”② 这一论述，揭示了极端化的学校教育的弊端。在极端的学校教育范式主导下，学校教育走向了封闭与孤立，它与社会脱节，与个体的生活实践脱节，与个体的生命成长脱节。学校教育的形式与功能简单化为培养应试机器的工具，学校教育显得苍白无力。

2. 泛教育范式的迟滞

在学校教育范式极端化的同时，泛教育范式被冷落，零星、无系统、无规范，出现了发展的迟滞。

泛教育范式的迟滞，首先表现在教育机构的失缺。调查中发现，在边远乡村，除了专门的学校教育机构外，很少看到有读书室、村民活动室等适合广大农民学习的场所；在城镇，文化馆、图书馆也变相走样，有的文化馆出租给私人经营日杂百货。一些民间传统手工艺坊凋零荒废，传统手工艺失传；其次，教育功能难以正常发挥。在一些社会教育机构，教育者自身素质不高，教育内容缺乏计划性、教育组织流于形式而缺乏规范性，教育处于自发、自在的状态。这样的状态，必然影响教育效果以及受教育

① [捷]夸美纽斯著，任钟印译：《大教学论·教学法解析》，人民教育出版社2006年版，第89页。

② 瞿葆奎主编，陈桂生等选编：《教育学文集·教育与社会发展》，人民教育出版社1989年版，第100—101页。

者的积极性，导致教育无用、受教育者稀少，许多无一技之长者想学也无所适从。

学校教育范式对泛教育范式的冲击，使泛教育成了散落于民间、似乎只有学校教育的淘汰者、因各种原因无法进入正规学校的人才接受的“次等”教育，比如学习成绩差者等不适应学校教育范式的学生以及女童、贫困者等弱势群体，成为偏见和不平等的副产品。迟滞的泛教育范式难以发挥应有的教育功能，人力资源生长过程中失缺了一条重要的途径。

3. 泛教育范式与学校教育范式的隔离

实际上，泛教育范式与学校教育范式是一个国家人力资源生长范式的两个重要组成部分，它们各有优长，在实践中可以相互补充、相互配合，共同促进人力资源的适应性生长。但现实中两种教育范式却相互隔离甚至相互对立。

审思泛教育范式与学校教育范式两相隔离的原因，一个是历史的痕迹，另一个则是现代的分割以及教育自身的弊端。伴随人类产生而出现的泛教育范式，在学校教育出现后便以自生自灭的状态存在，即使在百家争鸣时代兴盛一时，却也终究不抵学校教育范式的强劲冲击。因此，自原始社会末期学校的萌芽至奴隶社会学校教育的出现，以及19世纪学校教育的正式确立，学校的功能由培养“劳心者”至上流社会的人，以及造就适应大工业生产者的劳动者，留下的一道道烙印，即使是在当下变化了的后工业时代，并未完全蜕尽；在现代，学校教育成为人才选拔以及社会阶层的分流机器，强化了学校教育范式对受教育者的影响；而从教育自身看，学校教育在教育体制的规划、在教育活动的宏观调控以及各类教育的价值取向上不尽完善与合理。

两种范式的隔离，导致了教育资源尤其是教育投入的不均衡，导致了人力资源生长过程的分离，学校教育范式培养的劳动者缺乏对本土、对社会的认知、了解，固守着脱离社会生活、缺乏适应性的知识书本，泛教育范式培养的劳动者总体受教育水平偏低，成长的历程曲折、坎坷，缺乏进一步发展的能量。

亚太地区人力资源开发的社会维度《Human Resources Development in Asia and The Pacific：Its Social Dimension》一书中写到，为了更好地分配人力资源开发的支出，一个明显有力的例子正导向农村地区和非正规部门。在农村地区，那些基本的教育要求很可能不是对专业课程的标准，而是对基础教育，尤其是初级水平的标准。与此同时，在高中水平，对本土课程的确认以及当地人们的需要和活动的体察，应该在没有招致“乙等”标签之前得到实现。如果要提供初级健康护理或满足农村人口的基本需要，那么就应该为医务人员的人力计划作更多仔细地考虑。对农村人口、贫困人口和非正规部门的人力资源开发是可取的，但必须经过仔细规划和政治性责任的有力估计。① 现实中的泛教育范式与学校教育范式如同人力资源生长的两条轨迹，规定着人力资源生长的不同道路，影响着人力资源的分布与水平，因此造成两种范式隔离的疆界应当被打破。

三、教育促进人力资源的生态建构

（一）构建教育促进人力资源生长的生境

生境（habital）一词是由美国生物学家格林纳（Grinnell）首先提出的，其原义是指生物出现的环境空间范围，一般指生物居住的地方，或是生物生活的生态地理环境。后逐渐被社会学、人类学等借用以指人生存、发展的自然环境和人文环境的总和。它不仅指生物生活的空间，而且包括其中全部生态因素的综合体，如其所在地的地质、地貌、气候、植被、水文、土壤等自然因素以及社会经济等方面的具体特点，尤其强调各个地理要素的组合而显示出的整体特征——地理空间结构及其功能表现。生境与心理环境不同，心理环境是特定时空中个体对客观环境的主观表达，而生境更多的是一种客观存在；生境与物理环境和地理环境有共通之处，同时还包括了有规则地发生在特定情景中的人的行为的固有样式。本文中的生境指的是教育与人力资源存在与发展的多维的、多因素的空间。

个体作为一个开放的系统，在成才的过程中不断地与环境相互作用，不断地接受刺激、内化与调整，从而自我设计、实现规劝、习得技能。生物学家刘易斯·托马斯描述了蚂蚁的行为，说明了自组织演化的基本过程：群体拥有自己的智慧、自己的能量，一个结构有序的群体就是一个相互作用的磁场，由于相互作用，群体变成了一个能够独立思考、统一谋划的“有机活物”。一只孤零零的蚂蚁，总是显得犹豫不决、无所适从，而由千

① United Nations Economic and Social Council For Asia and The Pacific. ST/ESCAP/472.21.

万只蚂蚁组成的蚁群却能够将一只巨大的蚱蜢长途搬运到它们的巢穴之中，“逢山开路，遇水架桥”，显得那样有条不紊、协调一致、准确无误。这时，每一只蚂蚁都变得精明能干起来，群体使每一个处于群体结构之中的个体一下子拥有了不可思议的智慧和能量。① 由此可以得到启示，学校为人力资源生长提供的是一个有助于系统各因素相互作用的场域，一种有利于促进人力资源生长的生境。

构建教育促进人力资源生长的生境，实质上就是构建一个和谐的、多元共生的空间场域。因为对立要素间的整合互动，有赖于整体系统的和谐。教育这个巨系统的和谐，包括了教育内部各要素如课程、教师、学生、校园文化之间的和谐，包括了教育与自然生态间的和谐，包括了教育与社会经济形态与产业结构间的和谐，教育与文化生态的和谐。建构教育与人力资源的生境，目的在于说明教育在促成人力资源的过程中，依托于某种动态、生长的场境，依托于特定的自然生态和文化生态，这是人力资源生长的前提与条件。

教育在人力资源生长过程中发挥的作用就在于为其提供各类有价值的资源、培育适合个体发展的广阔的生境。“当存在一个以某种方式生存的机会时，某种生物就很可能进化到可以利用它，即使那种生活方式在人类观察者看来似乎相当古怪。”② 人力资源的生长是在与当地的自然与文化环境以及所受的教育的互动过程中的适应性生长。教育环境中的个体生命为自身所开辟的生境是适合个体在其间发展的、以它为核心并由许多平行的相互作用的自主行为的主体所构成的场域。生境不等于环境。教育环境是每一个个体生命存在的、共同的和共生的场域，而生境是环境中纳入主体的视野并能够被利用的部分，它使主体得以复制和扩展，是适合一个个体生命生存方式的独特的生态龛。③

（二）拓升教育促进人力资源生长的生境张力

如同世间万物的运动变化需要一定的驱动力，特定情境中的人力资源的生长离不开个体与外界的互动。格尔兹认为，人类文化的根本特点是符

---

① 鲁枢元著：《精神守望》，东方出版中心 1998 年版，第 233—234 页。

② ［美］盖尔曼著，杨建邺等译：《夸克与美洲豹：简单性和复杂性的奇遇》，湖南科学技术出版社 2001 年版，第 205 页。

③ 倪胜利：《混沌边缘涌现的生命及教育生境培育》，《西南师范大学学报（人文社会科学版）》2006 年第 2 期。

号的和解释性的，是一个有序的意义与象征体系，社会的互动依据它而发生，社会体系是社会自身互动的模式本身。他说，逻辑——意义的整合，即文化特征，指的是在巴赫赋格曲、天主教教义或广义相对论中发现的那种整合；它是一种风格、逻辑含义、意义与价值的统一体。因果——功能性整合，即社会体系的特征，指的是在有机体里可以发现的那种整合，其中的所有器官被组合为一个统一的因果网络；每一器官都是一个因果反射圈中的因素，这个反射圈“维持体系运转”。这两种类型的整合并不是完全同等的。因此，文化与社会和第三种因素之间，即个体内部的动机整合模式（通常称之为人格结构），有一种内在的不同一性和紧张，这种文化与社会之间或文化、社会和个体之间的不和谐与紧张，就是社会变迁的基本驱动力。① 这种不和谐与紧张，从教育促进人力资源生长的生境的视角看，实际上就是生境的张力。

张力（tension）一词，最早见之于物理学。从物理学角度而言，张力指的是弹性物体拉长时产生的应力。其后被引用于社会学中，张力指的是系统内对立的要素间相互作用的力量和关系，是系统在维持自身存在与超越自身之间求得平衡的过程中所承受的两种压力的动态僵持状态，它决定着系统的功能状态。

在本文中，张力说明的是教育与人力资源关联中所体现出来的相互作用，具体是指教育促成人力资源的复杂生境中各因素间的联动效能。教育促进人力资源生长生境张力的存在具有巨大价值，表现为：首先，教育促进人力资源生长生境张力的存在能够为教育与人力资源确定一个合理的界域，即人力资源发展的教育界限与教育发展的人力资源界限；其次，教育促进人力资源生长生境张力的存在将提供一个利于双方伸展缩放的弹性机制和自由空间，这种弹性机制的存在可以使人与教育的关系保持一种自由开放的向度，杜绝僵化与停滞的可能；再次，教育促进人力资源生长生境张力的存在，将使人力资源的生命发展、知识、技能发展获得主体性。

教育促进人力资源生长生境张力存在于封闭—开放、凝滞—变通、一元—多元、控制—互动等多组两极之间所应当保持的必要的动态僵持。

① ［美］格尔兹著，韩莉译：《文化的解释》，译林出版社 1999 年版，第 26、177 页。

封闭—开放的动态僵持：完全的封闭使教育与社会生活相脱离而失却了生长的源泉，适当的开放是系统从外界获得生长动力的基本条件。教育应当与生活世界为背景，从中获取生长的基点与营养。

凝滞—变通的动态僵持：一个超稳定的、秩序化的和模式化的教育系统，忽视个体的差异性及其发展的无限可能性，只能造就片面化、单向度的人。教育应当摈弃标准化与集约化的普遍性原则，适应受教育者的特性与需要选择灵活与变通。

一元—多元的动态僵持：一元化与中心化的简单思维方式只能导致系统的封闭与僵化，教育促成人力资源生长的泛教育范式与学校教育范式各有所长，因此应当互补、互鉴，在视界融合的互动中走向开放与多元。

控制—互动的动态僵持：教师不是一个高高在上的真理占有者与知识分配者，学生也不是一个被动的接受者与受控者，他是一个独立的、完整的、具有能动性与选择性的生命体。所以教育应当尊重价值多元、重视差异性，以师生平等对话的方式获得双方的共同成长。

当这种多组的对立走向和谐便产生强劲的张力和能量，从而使人力资源生长处在符合其生命原理的状态与轨道上，教育与人力资源生长的契合便实现了。

工夫茶“礼”及传承：实践共同体的视角

欧阳护华　陈慕侨

（广东外语外贸大学　英文学院，广东　广州　510420）

【摘要】采用教育人种志方法，以实践共同体为理论视角，探索潮人在日常生活中如何构建与传承茶“礼”。发现以老辈、客人为核心的敬茶规范和以恭让—谦让为主的让茶过程。普通人通过“代际学徒模式”学习茶礼。在日常生活的多代共同参与中，儿童或年轻一代逐渐由“边缘性参与”过渡到“充分参与”，建构身份、传承文化。实践共同体的研究路径对民族文化传承研究在研究场域、传承研究的内涵以及研究方法方面有着重要的启示作用。面对西方化、全球化的冲击，实践共同体的视角对中国本土文化遗产保护和传承研究更具理论和现实意义。

【关键词】教育人类学；工夫茶礼；日常生活；传承；实践共同体

【作者简介】欧阳护华，广东外语外贸大学英文学院教授，博士生导师，外国语言学与应用语言学中心兼职研究员，教育人类学协会副理事长。主要研究领域为跨文化交际、应用语言学、教师发展、对比修辞。

陈慕侨，广东外语外贸大学英文学院博士研究生，韩山师范学院外国语学院讲师。主要研究领域为跨文化交际、应用语言学。

基金项目：本文为教育部人文社科重点研究基地项目（12JJD740006）系列成果之一。

一、问题的提出

（一）背景

传统文化是民族的自我根基，文化依赖于传承得以延续、焕发生命活力。在全球化席卷人类一切角落的潮流中，我们正面临着多元价值碰撞、道德滑坡、信仰缺失等因素的不断冲击；与此同时，随着“一带一路”倡议的提出，我们正思考如何树立文化引领经济的高度自觉，以此推动传统文化的传承与现代文化的创新，实现共同发展。如何讲好中国故事、增强文化自信，已是时代命题。费孝通先生曾说：“文化……要是脱离了基础，脱离了历史和传统，也就发展不起来。因此，历史和传统就是我们文化延续下去的根和种子。”① 而对于如何传承、发展、用好历史和传统，习近平总书记也指出：“要坚持古为今用、推陈出新，有鉴别地加以对待，有扬弃地予以继承，努力用中华民族创造的一切精神财富来以文化人、以文育人。”② 以文育人，意味着民间文化在一代代人之间的学习模仿和教育示范中得以传承，也是个体社会化过程的必要途径。工夫茶文化历史悠久，是中华文化的重要组成部分。至今已有许多论著对工夫茶文化进行了全面介绍（翁辉东、陈香白③等），也有学者从工夫茶史④、工夫茶叶产业⑤、工夫茶道⑥等角度进行专门探讨。但工夫茶礼文化的传承研究极少，日常生活的视角至今未有涉猎。因此，本文以工夫茶“礼”文化的内涵和传承为研究个案，将文化传承置于教育人类学的视野下，从实践共同体的角度指出日常生活的文化教育作用。

（二）工夫茶礼

《清朝野史大观·清代述异》称：“中国讲求烹茶，以闽之汀、漳、泉

---

① 费孝通：《文化的传统与创造》，载方李莉编：《费孝通晚年思想录》，岳麓书社出版社 2005 年版，第 48—49 页。

② 张道营：《“两学一做”系列：解码习近平的传统文化情结》，新华网 2016 年 6 月 10 日。

③ 翁辉东著：《潮州茶经·工夫茶》，1957 年版；陈香白著：《中国茶文化》，山西人民出版社 1990 年版。

④ 陈香白：《潮州工夫茶源流论》，《农业考古》1997 年第 2 期。

⑤ 石晓梅、李翔：《潮州工夫茶的产业化发展之路》，《广东茶业》2007 年第 2 期。

⑥ 黄光武：《工夫茶与工夫茶道》，《中山大学学报（社会科学版）》1995 年第 4 期。

三府，粤之潮州府工夫茶为最。”宋代王安石曾说：“夫茶之为民用，等于米盐，不可一日以无。”这句话用来形容潮人再恰当不过。潮州工夫茶文化内涵丰富、不分雅俗，潮汕人日常生活与茶息息相关，生活的方方面面都融入茶的气息。工夫茶增加了家庭的凝聚力，甚至在民间扮演着化解矛盾的角色。① 在潮州街边的商店、每个家庭甚至工作场所，总会摆着一套工夫茶具，人们闲暇之时、或客人来访时，总不忘烧水冲茶。传统工夫茶的几道基本程序是冲点、刮沫、洗茶、淋罐、烫杯以及“关公巡城”“韩信点兵”。②

多数情况下茶杯数总是三只。据文献记载，在陆羽时代，社会上通行“差额品饮法”，即茶杯数总少于喝茶人数，因此品饮时就必须互相谦让。③现代潮人饮茶一般设置三只茶杯，形成“品”字。潮人有谚曰：“茶三酒四踢拖（借音，意谓游玩）二”，是讲最佳搭档的人数：品茶三人为佳，免去繁琐的礼仪；饮酒则四人更加热闹；而游玩两人为宜，免去无谓分歧。那么当有三位以上座客喝茶时，每一轮茶洒罢，总有一位座客要轮空，这就形成了品茶时关于谁先喝的茶礼。日常生活中，在斟完首轮茶之后④，长辈、客人优先，已是不成文的品茶规范⑤。有的潮人形象地将喝茶的首轮

① 传统潮人民间解决冲突时总会有一位地位辈分高的“和事佬”来主持，当双方争执不过，矛盾越发激烈时，和事佬总会说“先坐下来喝杯茶再说”，当双方暂停下来喝杯茶时，便能心平气和地思考，矛盾也得到缓解。

② 冲茶的基本程序是冲点（即揭开罐盖，沿壶口内缘冲入沸水）、刮沫（即将壶面漂浮的白色泡沫沿壶口水平方向轻轻一刮）、洗茶（即倾出茶汤，废弃不喝）、淋罐（即再冲点入沸水，盖上壶盖，复以热汤遍淋壶上）、烫杯（即用开水淋杯、快速转动洗杯）和洒茶。而洒茶的两道程序是“关公巡城”（按顺时针方向将茶汤以此轮转洒入茶杯，反复两三次，使各杯汤色均匀）和“韩信点兵”（将罐中余留的茶沥尽数并依次滴入各杯中，使各杯茶色均匀）。参见曾楚楠 & 叶汉钟（2011）的《潮州工夫茶话》。

③ 曾楚楠、叶汉钟著：《潮州工夫茶话》，暨南大学出版社 2011 年版。

④ 此处首轮是指洗茶烫杯之后的第一轮。潮人冲茶时将泡的第一遍称为“洗茶”，也称为“头过淋杯”，以去除茶叶中所含杂质，并起到预热茶叶的作用。参见曾楚楠、叶汉钟（2011）的《潮州工夫茶话》。本文所叙述轮数均指洗茶后的轮数。

⑤ 敬茶规范一是长辈、客人优先，表示对长辈的尊敬、对客人的欢迎；二是轮流，即不同辈分的座客之间会在互相谦让中轮流品饮。潮人喝茶拿起茶杯时还有一个不成文的细节，即倾掉少许、轻刮盘沿、无名指轻抹杯底。倾掉少许是表示对冲茶者的回敬，轻刮盘沿是避免被杯底余留的水分滴到而失礼，无名指轻抹杯底则是确保杯底没有遗留的茶水。这里有个考新女婿的典故，说过去民间首次请新女婿时，会故意将三杯茶斟得满满的，然后请他喝。他若是直接喝，定会烫到手、洒到衣物，这便不文雅，失礼了。有教养的人，第一会敬长辈，第二会倾掉一点、轻刮盘沿、无名指轻抹杯底，以此来判断他是否通情理、有没有礼教。

称为“福禄寿”，意为必敬长辈；次轮称为“车马炮”，意为谦让和恭让的对垒。他们深谙轮流、礼让之道，这便赋予了喝茶过程的动态性和灵活性，在一声声“食茶”（喝茶，潮汕方言‘食’意谓‘吃、喝、吸’）中来构建茶“礼”。

本文所言茶“礼”，实指潮人喝工夫茶时先后次序的礼节，以及其反映的人际关系。选取工夫茶礼为个案，一方面，茶礼所蕴含的儒家礼乐文化内涵是中华文化最重要的一环；另一方面，工夫茶是一种普通民众活动，日常生活的研究角度有利于唤起民众的文化自觉。因此，本文的目的是透过茶礼，以实践共同体的视角来探寻一种研究民族文化日常传承的途径。

二、理论视角

（一）由“俗”到“民”

20 世纪 90 年代中期以前，中国的民间文化研究遵循的是以民俗事象为中心的研究范式。从文化史、社会史的角度，学者们将民间文化、民众的生活方式等对象从具体的时空坐标中抽取、剥离出来，他们不考虑具体时空坐标中的语言与制度体系、人们的行为方式及人们对制度和行为的看法，更不考虑文化与创造文化的人之间的关系。① 因此，这一研究取向将文化定位为“传统的”“过去的”，关注的是民俗中的“俗”，这有利于理解中国社会的过去，尤其是久远的过去。例如，孟姜女故事、端午习俗的由来及这些现象在过去如何是“正常”的。类似地，学术界关于喝茶中的“礼”，基本上是基于历史文献的探讨，对于茶礼的研究以阐述大原则的轻描淡写为主，如曾楚楠和叶汉钟提到“小辈必敬长辈，主人要让客人”的不成文品茶规范。② 然而，这种宏观的静态概括，将文化视为“遗留物”，缺乏在民间对普通人的生活及互动进行调研，难免会出现文化与民众的脱节。工夫茶文化是一种民众文化，普通老百姓在日常的饮茶活动中关注了其文化内涵，从这一点看，在目前的研究中，文化的主体“民”被置于边缘的位置，其创造与传承文化的作用也因此被弱化。

20 世纪 90 年代中期以后，民俗界学者开始反思这一研究范式，主张

---

① 刘晓春：《从“民俗”到“语境中的民俗”——中国民俗学研究的范式转换》，《民俗研究》2009 年第 2 期。

② 曾楚楠、叶汉钟：《潮州工夫茶话》，暨南大学出版社 2011 年版。

关注文化的主体“民”，实现从单一民俗事象的“遗留物”研究到研究日常生活“整体性文化”研究范式的转变。高丙中在其博士论文《民俗文化与民俗生活》中首次将胡塞尔的“生活世界”概念引入民俗学研究的范畴。①由此，“生活世界”、“日常生活”的概念成为民俗文化研究的关键词。因此，民俗界学者重新将民俗学界定为“一门理解普通人日常生活文化的当代学”②。将民间文化研究定位为理解普通人如何在日常生活中建构意义、创造与传承文化，这就意味着将民俗生活视为一定的时空范围内的文化传承。③本文将茶礼置于日常生活中，与“工夫茶属于民众生活”这一特点相契合。

（二）日常生活的传承：实践共同体

拉韦（Lave）和温格（Wenger）在合著《情境学习：合法的边缘性参与》中提出了将实践共同体作为情境学习理论的核心概念④。该理论将学习视为社会实践，个体参与者的学习过程是在共同体内与富有经验的老成员以及朋辈的共同参与中，从“边缘性参与”过渡到“充分参与”，构建身份、人际关系，获得默会知识。实践共同体指涉拥有共同关注的点、共同致力于解决某一问题的群体，成员们通过长期的相互交往形成动态的权势关系、共享的知识库，包括常规、话语、工具、行为方式、故事、体裁等。⑤⑥在国内，实践共同体的概念及其应用主要见于教师发展（如李子健、邱德峰⑦，李兴洲、王丽⑧等）、网络教育（如谢幼如等⑨）、课堂教育（如郑毓信、张晓贵⑩等）等文献中。须特别指出的是，该概念将学习置于社会文化的视角下，有助于我们更好地理解个体经过特定语境下的社会化

①③　高丙中著：《民俗文化与民俗生活》，中国社会科学出版社 1994 年版。

②　高丙中：《中国民俗学三十年的发展历程》，《民俗研究》2008 年第 3 期。

④⑤　Lave, J. & Wenger, E (1991). *Situated learning: legitimate peripheral participation*. Cambridge: Cambridge University Press.

⑥　Wenger, E. (1998). *Community of practice: Learning, meaning and identity*. Cambridge: Cambridge University Press.

⑦　李子健、邱德峰：《实践共同体：迈向教师专业身份认同新视野》，《全球教育展望》2016 年第 5 期。

⑧　李兴洲、王丽：《职业教育教师实践共同体建设研究》，《教师教育研究》2016 年第 1 期。

⑨　谢幼如、宋乃庆、刘鸣：《基于网络的协作知识建构及其共同体的分析研究》，《电化教育研究》2008 年第 4 期。

⑩　郑毓信、张晓贵：《学习共同体与课堂中的权力关系》，《全球教育展望》2006 年第 3 期。

学习过程、表现出来的行为与价值观，如班集体、教研室文化①、初学者（实习生、研究生、访问学者）的学习困境②、“校本教师专业发展和学习”③等，为教育研究、跨文化研究提供了宝贵启示，但该概念至今未见于有关传统文化传承的非正式教育的探讨中。潮汕社会是以家族社会为特征的实践共同体，其人际交往具有长期性、无选择性与封闭性④；同时，工夫茶是一种群体参与且通常是几代人共同参与的日常活动，这使得潮汕传统文化的精髓在有限的空间内得以代代相传。因此，本文将运用教育人类学民族志的研究方法，以实践共同体为阐释框架，揭示关于日常工夫茶礼（敬茶与让茶）的默会知识；同时描述儿童或年轻一代的学习过程，即在与父辈祖辈共同喝茶的过程中，逐渐从“边缘性参与”过渡到“充分参与”。

三、研究过程与方法

（一）研究者背景

本文作者之一是熟悉工夫茶文化的“本地人”，从小对茶文化耳濡目染，同时所在单位是潮学研究的主要基地之一，这为研究带来许多便利，免去了语言、人际关系、心理等不适应的过程，因此“局内人”的角色能够更加透彻地理解当地人的思维习惯、行为意义以及情感表达方式。另一位作者是不了解茶礼文化的“局外人”，与被研究对象保持一定距离，有利于研究的规范性和客观性。日常生活有其“想当然性”，普通人将维持行动进行的努力、方法和过程都视为“理所当然”的，因此，“局外人”的角色能够从一定距离进行质疑，保持中立的立场。“局外人”与“局内人”的结合确保了本研究的效度。

---

① 欧阳护华著：《单位与公民社会的碰撞：教改者的真实故事》，北京大学出版社 2004 年版；欧阳护华：《班集体和教研室中的英语交际法：一项对比实践共同体的民族志研究》，《湖南师范大学教育科学学报》2015 年第 2 期。

② 陈向明：《从“合法的边缘性参与”看初学者的学习困境》，《全球教育展望》2013 年第 12 期。

③ 陈向明：《教师专业发展和学习为何要走向“校本”》，《清华大学教育研究》2014 年第 1 期。

④ 翟学伟著：《关系与中国社会》，中国社会科学出版社 2012 年版。

（二）资料收集

针对研究问题和目的，本研究的证据收集主要采用访谈法和观察法两种方法，具体如下。

访谈法。本研究需要收集的资料主要是潮人敬茶的基本规范、背后的原因、违规的后果以及潮人如何学得茶礼，因此，访谈能够帮助我们以当事人为中心理解他们的世界观，从而了解当事人的想法和意义建构。

访谈以老城区为据点，对本地人进行目的性抽样，通过走访街坊和熟人介绍，最终将访谈对象锁定为八位传统潮人，年龄跨度为40—90岁，有老红军、退休职工、商人和事业单位职工，其中男性5位、女性3位。所有访谈对象皆受传统文化影响较深，深谙工夫茶的礼让之道，并且对本土的文化有比较敏锐的观察和反省能力，且有能力将自己的经历和想法用语言表达出来，因此能够为研究者提供丰富的信息，有利于研究者获得"文化主位"的解释①。研究者作为本地人的角色以及作为大学教师的身份，很好地获得了访谈对象的尊重和信任。

由于有三位访谈对象年事已高，因此访谈方式以半开放型为主，研究者事先根据研究问题制订访谈提纲，以谈话的方式向受访者提问，访谈时进行录音，每位访谈时长1.5小时以上，并根据访谈结果对其中两位进行了一次后续回访。

观察法。观察法能够帮助我们直接看到和听到当事人的行为和自然语言，可以通过与对方的自然互动了解对方的行为反应，同时可验证访谈得到的信息。

观察的地点包括研究者和熟人朋友的家庭、社交活动场所。研究者在日常生活与家人、朋友喝茶时，有意地观察各个角色的行为、话语，并适时向长辈或其他有经验的人发问、讨论，探明原因、典故。有时，研究者会故意违反某个礼节，有意打破常规，观察其他参与者的反应。研究者过后即时记下观察到的一切，包括行为、语言以及周围的环境。一个典型的观察地点便是本文即将展开描述的一家杂货店。该店位于老城区，老板每天早上都会设茶待客，潮州人称为"茶局"，有长辈街坊也有年轻邻居，有熟人也有陌生顾客。研究者在该店采取"逐步暴露"的方式进入现场，先与老板及每天品茶的常客自然接触，再逐步暴露自己，介绍自己的研究计

① Whyte, W. F. (1984). *Learning from the field*. Newbury Park: sage.

划，获得观察对象的信任。观察结果以实地笔记为主，征得部分观察对象同意后使用录像进行辅助。

（三）资料整理、分析

对访谈、观察获得的资料进行整理撰写后，提取当事人的“本土概念”进行登录，如“辈分”“客人”“情理”等。接着，再进行类属分析和情境分析。针对敬茶的规范以及普通人在日常生活中的学习，主要是提取规律性特征，进行类属分析；而让茶过程主要是依赖典型性样本，运用情境分析，这有利于在自然情境下凸显人们如何在喝茶过程中建构意义，与他们的日常生活更接近、更真实。

必须承认的是，本文以个案研究为主，访谈、观察的对象有限，况且潮汕文化博大精深、内涵丰富，不同场合的茶礼会有所差异①，加上近年来受闽、台一带茶文化乃至日本茶道的影响，茶礼的传承会因人、因时、因地、因对象而有所变化。因此，本文研究仅在于抛砖引玉，旨在从教育人类学的角度指出其文化内涵及日常生活中的传承。

四、研究发现

（一）茶“礼”

潮人实践共同体在长期相互交往中形成了关于茶礼的“共享的知识库”(shared repertoire)，包括行为、话语表述、意义等。这种历史形成的阐释为当前的实践提供了共享的参照点②，在本案例中主要表现为敬茶与让茶的规范。本研究调查发现，制约喝茶次序的因素主要是身份地位和亲密程度。一般而言，低地位者（年轻人、主人）向高地位者（长辈、客人）敬茶，但参与者之间亲密程度越高，其礼越随和。日常生活的品茶体现了尊老、热情好客、礼尚往来的文化内涵。

敬茶：长辈、客人优先

当有长辈、客人在场时，主人斟完第一轮茶后，通常会邀请座客喝，这时长辈和客人享有优先权。从传统上来讲，这里的长辈是指辈分高者，

---

① 有专家称，甚至连拿起茶杯时“轻刮盘沿”的做法体现的礼貌深浅及内涵也有区域差异。

② Wenger, E. (1998). *Community of practice: Learning, meaning and identity*. Cambridge: Cambridge University Press.

即同一个姓氏族谱里边排序靠前者。但现代人已经不严格按照辈分，凡是年龄高者不分性别、不分能力皆尊为长辈。而客人优先，则表示对客人到来的欢迎和对方在主人心目中的地位。当有多位不同辈分的座客时（如图1所示，三位长辈和一位客人），而工夫茶茶杯仅有三只，那么首轮该敬哪三位呢？潮人通常的做法是，两杯敬长辈（A和B），一杯敬客人。这时三位长辈里面年龄或辈分最小者（即C）一般会先让出来，因为作为主人的自家人，他们也有义务对客人表示礼貌。那么，这三位优先者里面又是谁可以最先拿起茶杯呢？答案则是最年长者（即A）。通常只有最年长者首先拿起茶杯后，其他两位方能喝。潮汕人通常认为，这是辈分高者应当享受的特殊待遇，是合理的，即使是作为客人也应该遵循这一点。

“作为比较有威严的老辈，他会拿起杯茶，抿一口，哪怕把这杯茶倒掉，他也必须走这个形式，其他人才敢喝。”

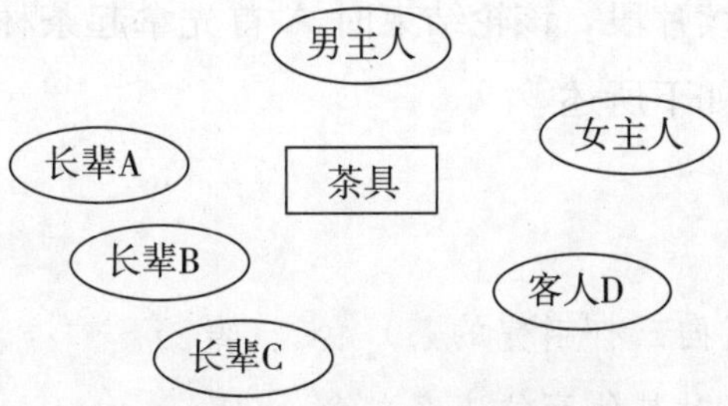

图1　工夫茶场景示意图
（其中三位长辈的年龄或辈分由高到低是A＞B＞C）

虽然长辈和客人享有优先权，但潮人通常认为，喝茶应该轮流。那么，该如何轮流呢？我们沿用上文提到的情境。首轮A、B和D优先，第二轮C理所当然先喝，其余两杯该是谁喝呢？这时他们开始互相谦让。主人会继续敬长辈和客人，然而通常长辈和客人会让出来，他们会说：“我食过，恁食。”（我已经喝过了，你们喝。）首次回让通常被视为客气、谦虚的表现，但假如第二次或第三次邀请后，长辈和客人继续回让，这表示主人已经可以喝这杯茶了，当然还是必须长辈C首先拿起茶杯。在多数潮汕人看来，一般喝完一两杯后就应该让别人，即使长辈也会如此：

“一般连着喝三杯就很少吧，两杯就较普遍。”

地位高者在场时，潮人往往会遵守规范，并将其延伸到其他休闲场合、工坊间歇以及店前待客。例如，在工坊，通常会先敬老师傅、再到老工人、最后才到学徒。若是朋辈之间，相互之间关系较亲近的，往往已经形成一种默契，如潮汕的一句俗话："猛慢无一下"，意思是先喝后喝差不到那么一会，于是气氛往往较随和。

让茶：恭让—谦让

工夫茶礼虽有不成文的轮流规定，但由第二轮开始小辈依然会敬长辈或客人，而长辈或客人也会回让，这便是"恭让"与"谦让"。本节案例发生的场所是店前，场景里所有参与者皆深谙工夫茶礼，因此可作为典范来分析。场景中有三位男性座客在前景，分别是：主人（约 50 岁）、客人 A（年长，约 90 岁）、客人 B（年轻，约 40 岁）。所有参与者彼此之间都较为熟悉，其中客人 A 是主人的街坊，既是长辈又是客人，B 是主人的亲戚。还有两位女性小辈在背景，忙于其他事务。本案例第二轮座客们的互相谦让，可分为四个连续片段，该轮结束时 A 首先拿起茶杯，接着是 B，最后是主人。四个片段如下所述①：

片段 1

主人：（指向三杯斟完的茶）食。（*喝*。）

客人 B：（对其他两位座客）食。（*喝*。）

客人 A：（对其他两位座客）食，食，食。（*喝，喝，喝*。）

第一片段结束时，没有人拿起茶杯。主人斟完茶后，邀请两位客人喝茶，然而，两位客人并没有拿起茶杯，而是回应"食"，意在回邀另外两位一起喝。接着客人 A 点起手上的烟，客人 B 开始拉家常，但没有人拿起茶杯喝茶。

片段 2

客人 B：（对客人 A）食哇。（*喝吧*。）

客人 A：（停下手里的烟，转向在座两位）来，来，来。（*来，来，来*。）

① 括号里面的话语是普通话。

在这一片段中，客人B暗示客人A品饮的优先权，然而客人A虽然回应“来，来，来”，但依然没有拿起茶杯。

片段3

客人A：（对在背景中忙于其他事务的妇女）来哇，恁二人啊。*（来吧，你们两个。）*

妇女A：好，恁食。*（好，你们喝。）*

在该片段中，客人A转而邀请背景中的两位妇女来喝茶。妇女A回答“好”后，仍让出了优先权给三位男性。

片段4

客人B：（对客人A）食哇，伯啊，汝无食阮做敢食？*（喝吧，阿伯，你不喝我们怎么敢喝？）*

客人A：我食掉一杯去。（对妇女B）×××，来哇。*（我喝了一杯了。）*（×××，*来吧*。）

妇女B：伯诶，好，来。*（伯诶，好，来。）*

客人B再次提到客人A的优先权，并说明了原因：除非客人A先喝，否则其他人不敢喝。然而，客人A解释了这杯不喝的理由后，仍然让出了优先权，邀请背景的妇女B过来喝。在这个片段最后，虽然妇女B回应“好”，表明过来喝，但仍然继续忙着家务。

在这四个连续的片段中，我们发现，似乎每个人都说“好”或“食”，但每个人都没有相应的行为，并且并没有出现紧张、尴尬的气氛，这如何解释？

一般来说，小辈（本场景中除客人A以外的其他人）敬长辈或客人的行为被称为“恭让”，以示对长辈或客人的尊敬；而长辈（本场景中客人A）或客人回让小辈则可称为“谦让”，以示其气度和谦逊。每一轮中“恭让”和“谦让”的行为方向是相反的，可视为两个不同的目标。

主人斟完三杯茶后，通常继续敬长辈和客人，而长辈和客人则让给主人和其他小辈。多数情况下，经过两三轮的“邀请—回让”后，要么老辈或客人放弃目标、喝茶，要么小辈放弃。那么，究竟哪一方首先放弃，则视情况而定。第一，若主人将茶端到长辈或客人面前，一般来说，表示主人的诚意足够，长辈或客人会首先放弃，因为若不喝则是不给面子了。第二，若长辈或客人态度明确地表示该轮不喝①，那么主人或其他小辈则可以拿起茶杯，否则就是强迫、不尊重对方。在该场景中，虽然客人 A 表示其已喝了一杯，让给其他人喝，但主人在互让过程已将茶端到客人 A 和 B 的面前，因此最后仍然是 A 首先拿起茶杯。

需要指出的是：第一，潮人社会男尊女卑的传统观念依然较深，因此，喝工夫茶时地位较高的女主人方有资格一起品茶，而作为女性小辈在忙家务活，一般不参加品茶，即使偶尔受邀，也会回让②。这就解释了为什么本场景中两位妇女受邀后虽回复“好”，但均将优先权让回男性。第二，虽然恭让和谦让是相反的目标，但这对矛盾的目标通常是由适切性规范的，即参与者总会适可而止、适时调整，使自己的表现恰到好处，热情中不带强迫性。这便解释了为什么四个片段中，即使没有相应行为，但仍然看到的是和谐与秩序。第三，当长辈是冲茶者，而小辈作为客人的时候，恭让和谦让的界限有时会变得模糊，甚至可以互相转换、化解尴尬。研究者在一个农庄观察到，年长的男主人冲茶招呼前来消费的一位年轻女客人。男主人邀请女客人喝茶时，在座还有三位男座客。作为客人，喝这杯茶似乎是合理的；但是作为小辈，又理应敬长辈。在两轮回让后，这位年轻女性拿起茶杯后端给了在忙于其他事务的一位女长辈。此举使年轻女客人将谦让转化为恭让，也避免了失礼带来的尴尬。

综上所述，潮人的茶礼规范体现了传统意义上礼貌的四个基本概念：尊敬、谦虚、热情和文雅。③ 其中尊敬是指积极肯定他人的面子、社会地位等；谦虚是指表达贬己的一种方式；热情是指向他人表达友好、关心、殷勤好客；而文雅则指对他人的行为、话语符合一定的社会规范。同时，礼貌原则的践行有赖于对两个基本原则的遵守，即真诚与平衡。礼貌的行为应该是真诚的，同时也要求他人适时还礼。长辈、客人优先的规范体现

---

① 例如，有的长辈考虑到肠胃功能、有的考虑到晚上喝茶会影响睡眠等，因此通常会喝一两杯后就退出。

② 随着社会发展、女性经济地位的提高，现代女性也开始作为主人冲茶招呼自己的朋友。男主人在忙于与客人接洽的时候，女主人也会冲茶招呼客人。而作为传统的小辈家庭主妇则较少参与，一般为喝茶者备点心后就去忙家务活。

③ Gu, Yueguo. (1990). Politeness phenomena in modern Chinese. *Journal of pragmatics*, 3, pp. 237-257.

了潮人社会对长辈的尊敬、对客人的友好热情，而互让的过程正是谦虚、符合社会规范的表现。然而，这并非意味着小辈单方面的礼貌行为，他们通过轮流的方式来平衡，并体现于让茶的动态过程及身份构建，这种互动保持了人与人之间关系的融洽，也是现代礼貌的基本社会功能。①

（二）代际学徒模式：合法的边缘性参与

如上所述，喝工夫茶通常是多代共同参与，包括老辈、年轻人，甚至孩童。老辈已深谙茶礼，他们各种即时的行为、话语为年轻一代提供了模范作用，敞开资源的渠道（access），这是情境学习最重要的一个方面。②年轻人、孩童被赋予了合法的参与位置，这就确保了其能通过充分接触到“各种进行的活动、老辈、其他成员以及信息、资源、参与的机会等”，即实践资源的透明性③，逐渐成为充分参与者。因此，茶礼文化的学习过程即是“代际学徒模式”，他们基于情境对意义进行协商与再协商，相互建构理解与经验。④

成人喝茶时，儿童往往被允许在旁，他们不仅会观察到父辈如何敬祖辈、礼客人、互相谦让，听到不断重复的“食茶”，也在父辈的引导下有限地参与，如扇炭炉、邀请长辈喝茶。因此，他们逐渐对长辈、小辈、客人等所代表的礼节意义形成概念，学会分辨面对各类对象时所要求的规范行为。

> “小时候家里有客人来，他们会说：‘弟啊，猛去起火冲茶，扇风炉’，这个过程就看他们一直在让来让去，一直说‘食食食’，在这个听和看的过程就得到学习。”
>
> “父母其实也没直接跟我说，但会听到他们在说‘冲茶孬食头过（冲茶者不能喝第一泡）’‘老辈先食’。”

父母斟完茶后，若是有儿童在旁，通常会引导儿童敬长辈。有时某位长辈暂时不在现场，父母便会差使儿童去邀请长辈过来喝茶。而这些行为得到的奖励就是父母和长辈的表扬，表扬其“有礼貌”，甚至有的长辈会在喝了几轮之后奖赏一杯茶给儿童。

---

① 顾曰国：《礼貌、语用与文化》，《外语教学与研究》1992 年第 4 期。

②③④ Lave, J. & Wenger, E. (1991). *Situated learning: legitimate peripheral participation*. Cambridge: Cambridge University Press, p. 59, 68, 36.

“有时小孩在旁边，就会跟他说：‘猛叫阿公阿嬷食茶（快叫爷爷奶奶喝茶）’。”

当儿童不经意犯错时，则会受到训导。由于儿童不允许直接参与喝茶过程，因此当他不经意地去拿起茶杯时，大人便会进行教育。有的祖辈教育意识较强，或提前教导儿童：“汝孬食，等老辈甲人客食好正好食（你不能喝，等老辈或客人喝完了才能喝）”，或儿童犯错时会当面批评。有的父辈则持较宽容的态度，他们会等老辈或客人离开后方才进行教育。

“像我孙子或女儿来，我跟他们说：‘老人家在，你们就先别喝’。”

“我们在喝茶，我的小孩突然过来，拿起茶杯就喝，过后肯定要跟他说这是不行的。”

拉韦与温格认为，师徒关系应该去中心化（decentered），师傅及其指导仅仅是共同体实践的一部分；同伴之间知识的传播使成员的学习效果更好。① 在本研究中，我们观察到，大家庭中有时其他同伴行为受到的表扬或批评，也会使儿童逐步学会分辨哪些行为是应该的，哪些是不允许的。儿童成年后，在社会生活中，在面子、道德的心理驱动下逐渐学会根据场合、对象调整自己的行为。因为礼貌的行为有利于建构良好的人际关系，而失礼的行为则会造成丢面子、尴尬，甚至留下不合群的印象。首先，他们会观察环境对自身行为的反馈，进行反思。当个体没有达到规范时，通常旁人会给予一定的反馈，例如，“较熟的朋友会低声提醒或暗示：‘勿撮撮叫（不用着急，慢慢来）’。”再者，从他人的错误中学习。他人的行为造成的尴尬或不满，或者受到其他人背后的议论、批评，通常会使个体避免自己类似的行为：

“有时候我在冲茶，有的人喝完茶放回茶杯时搞出很大的声音，这也是种失礼，会使人在想，你是觉得茶不好喝，还是对主人有小情绪，所以会造成这种错觉。站在我们的角度来看别人的行为，回头你就会

① Lave, J. & Wenger, E. (1991). *Situated learning: legitimate peripheral participation*. Cambridge: Cambridge University Press, p. 63.

> 觉得这些东西以后自己得避免。”

当然，并非每个人都能娴熟驾驭，这还取决于个人自我提高的意识、环境氛围以及融入群体的动力。此外，潮剧中关于供奉茶汤的传扬、红白事中甜茶敬长辈、祭祖拜神供品中必有茶水等民俗活动营造的社会环境，使潮人在耳濡目染中吸收内化。

（三）动机与身份建构

在喝工夫茶中，“充分的参与”意味着无论是作为冲茶者还是喝茶者都能够根据不同的对象、场合得体地遵守规范，包括敬茶、让茶以及全过程的礼仪细节。充分参与者在共同体内往往处于权势的高位，其经验、品德可作为行为判断的基准，这一点与儒家君子人格的内涵契合。因此，共同体内成员的学习动机便是不断增加参与的机会。参与的价值不仅仅在于获得个人的奖赏，更重要的是，学习者成为共同体的一部分，逐步认同自己为“熟练者”。①

一方面，在学习过程中，他们会避免特定行为带来的社会后果。若是违反了不成文的规定，通常会造成其他人在心理和行为上的反应。在心理上，有些人会认为“无教养”“不通情理”等。当然，以示礼貌和保留对方的面子，他们也不会当面指出。而在行为上，有的老人家会当面批评小辈；而若是平辈之间，他们也许下次再无邀请。

> “有的人很不通情理，来了看到是好茶，三杯冲后全喝了，这我还当面骂过他，我说：‘你就无资格食！’。”
>
> “如果不懂得让，人家会在冲茶的过程中以冲茶的方式向他表示不满，例如把茶杯斟满，让他烫到手，或以后的茶局就没他份了。”

另一方面，在逐步认同自己为充分参与者的过程中，他们会对其他人的行为进行评价，以此来判断他人人品、强化自己的身份：“一个人敬茶、让茶各方面的礼节都做到了，则表明他为人处事会替人着想、尊重人，因此也会受人尊重”。茶礼的评价往往延伸到生活的其他方面，甚至个人的事

---

① Lave, J. & Wenger, E. (1991). *Situated learning: legitimate peripheral participation*. Cambridge: Cambridge University Press, p. 75.

业发展。例如，有些商人会以“茶德”（即喝茶时的行为表现出来的品德、素质）来判断生意伙伴及决定合作关系，尤其是初次洽谈时，若一个人“茶德”差，那么对方在决策时会更加谨慎，甚至必要时会婉拒：

> “食茶撮撮叫（意为不稳重），杯茶起来一口落，这种人钱路得小心。茶局话太多，一般生意只能做三分。”

社交生活中，有些人会以“茶德”来判断一个人是否适合长期并深入交往：

> “一个人如果不懂得让，通常自私自利，不能深交。看到是好茶就杯杯落，这种人细脚姿娘（世界观太窄，没见过世面）。”

五、讨论与结语

本文开篇将研究置于民族文化传承的背景下，以工夫茶礼为例，探讨了实践共同体视角下民族文化传承的研究路径，下面我们将结合案例论述实践共同体的研究路径对我国教育人类学文化传承研究的启示。

实践共同体作为一种社会学习理论被提出来，其对知识的本质（knowledge）、认识的过程（knowing）以及学习的重要方面（what matters in learning）持特定的基本假设，认为知识是关于某项重要事业的能力，人们通过积极参与这项事业认识世界，并在此过程协商建构意义。① 该理论的基本观点是，学习是一种社会参与（social participation）。此处的“参与”并不仅仅指“与某些人共同参与到某些局部活动，而是指积极参与到各种社会团体的实践当中的更广泛过程，并在此过程中建构与这些共同体有关的身份”。实践共同体对我国的文化传承研究有以下启示。

第一，实践共同体可指涉家庭、学校、工作场合、俱乐部等，它是人们日常生活不可分割的一部分，人们在任何特定时间可同属于多个不同的共同

① Wenger, E. (1998). *Community of practice: Learning, meaning and identity*. Cambridge: Cambridge University Press, p. 63.

体。从这个角度看，文化传承的研究场域在于日常生活，且具多样性。因此，教育人类学视角下对文化传承的研究应关注日常生活，关注人们在日常生活中基于风俗与文化传统来建构身份、定义情境、协调行动、创造社会连带关系。并且将学习视为日常实践的视角，实则将民族文化传承置于社会、文化、历史的语境下，既强调参与的功能和意义，又强调学习过程的历史性。这告诉我们，文化传承不应仅限于学校教育、还应该关注家庭、社会等非正式教育方式，充分发挥各个共同体的作用，并形成合力。在本案例中，工夫茶礼有助于强化潮人社会的人伦关系、道德教化，拓展新的关系、机遇；同时，老辈参与过程的叙述、与小辈的互动协商，呈现了茶礼的历史发展脉络。这一点优势是结构化的、非历史性的学校教育无法替代的。因此家庭教育、社会教育和学校教育应当相互补充，互相融合。①

第二，作为实践共同体的一个关键概念，社会参与强调人的能动性、认为意义是主体间的相互建构，因此实践共同体视角下的文化传承研究同时包含了文化的延续性和变异性的内涵。②③ 通过社会参与，人们表现出特定的行为方式、建构身份、并对自己的行为形成特定的解释。这种参与实践是处于一定的文化历史语境中，由此协商的意义是历史的、动态的、语境化的，构建的身份是处于不断的协商、转换中。首先，成员不断参与的同时，又有新一代成员加入，因此，其实践方式及文化价值得以延续。这种日常生活的“代际学徒模式”，维系了共同体的稳定性，发挥了民众的能动性、文化的自觉性。潮人日常生活中的共同参与、成人圈的交往，以及民俗活动的耳濡目染，无不在创造与传承文化传统，促进潮人的文化认同与自信。从这一点看，民俗文化不再是丧失了实际功能的遗留物或记忆。

再者，共同体内成员共享的实践、新老成员的关系不断发生变化，多个共同体之间的边界关系(boundary relations)④，带来社会文化的转化。⑤随着新成员的不断参与，其不断变化的身份地位有可能取代老成员，造成

① 尹杰：《近十年民族文化教育与传承研究综述》，《民族论坛》2013 年第 4 期。

② 乌丙安著：《民俗学原理》，辽宁教育出版社 2001 年版。

③ 钟敬文主编：《民俗学概论》，上海文艺出版社 1998 年版。

④ Wenger, E. (1998). *Community of practice: Learning, meaning and identity*. Cambridge: Cambridge University Press, p. 47.

⑤ Lave, J. & Wenger, E. (1991). *Situated learning: legitimate peripheral participation*. Cambridge: Cambridge University Press, p. 35.

权势关系的变化。新成员身上具有的其他共同体的某些新元素不断加入到原有的实践中，使文化传统在不断变化的关系中再生产，以适应外部的环境。在本案例中，我们观察到，一方面是家庭变化。家庭的核心化使得"叔舅姨婶""辈序"等基于亲属关系的概念逐渐从现代人观念中消失。同时，受整个社会环境影响，家庭的人文教化功能日趋淡化，向着技能化、知识化的方向倾斜。同时年轻人经济地位的提高淡化了传统的辈序地位，某些老辈的地位及话语权已逐渐为金钱权力所取代。另一方面是外来文化影响。近十多年来，茶艺文化及工具（端茶杯叉、敬茶的手势、公道杯等）由台、闽一带传入潮汕地区，在吸收过程中，民间多数冲茶者已经开始使用端茶杯叉，直接承担了先后次序的决定权，减少了喝茶过程的互相谦让。传统"谦让"与"恭让"的茶礼文化逐渐吸收茶艺师行使决定权的现代茶礼文化。更甚者，现代茶道馆使得本属于民间大众的文化变成一种商业表演，民众成了置身事外的观摩者、消费者。另外，离开潮人社会到外面学习、工作的年轻人，受西方文化影响而所持的"自由""平等"的价值观正与老辈产生冲突，这体现于喝茶过程的随意性、不讲究先后次序，并且喝茶已非他们唯一的饮品选择，于是以茶为载体的传统文化价值观在他们身上也逐渐边缘化，这就不利于本土文化的传承。这一点在采访中所有当事人也都表达了担忧①，但系统的开放性赋予了文化的活力，在动态中传承与创新。"一带一路"倡议的提出，启示我们以一种开放的视角来处理民族文化传承与"他者"的关系，从这个角度看，实践共同体也许是一种途径。

第三，实践共同体视角下人种志是文化传承研究的重要方法。实践共同体要求研究者参与到共同体的实践中，通过与被研究者的互动而达成共识，因为"意义并不是客观地存在于被研究的对象那里，而是存在于研究者和被研究者的关系之中"②。这就要求研究者进行田野工作，通过直接观察、访谈、住居体验等参与方式获得第一手的研究资料，这也是目前我国

① 许多人担忧，如茶叶和茶具的质量下降。如茶叶大量在田园种植、过分依赖农药化肥、茶农过分商业化炒作、茶园制作肆意添加香精，导致成品茶叶粗枝大叶、香味不持久等质量问题，冲击着年轻一代的味觉辨别。茶具生产工业化、迎合主流大众文化（如杯叉、公道杯），市场上大量茶具质量低劣（茶洗水平面不平、茶杯易裂釉、冲罐形状不规范导致滴茶汤等）。

② 陈向明著：《质的研究方法与社会科学研究》，教育科学出版社 2000 年版，第 16 页。

学者所呼吁的教育研究的范式转换——从书斋到田野。① 在本研究中，研究者在潮人社会多年的参与观察，通过在不同场合（如家里、店前）、与不同对象（如长者、年轻一辈）喝茶聊天，一方面记录话语、行为，一方面与研究对象不断地讨论以达成对于茶礼的共识。并且，随着参与的不断深入，研究者对共同体文化较抽象的层面（如价值、世界观）将获得更加深刻的认识，这有利于挖掘文化的精髓，在互动中不断地协商与建构。例如，在调查的起初阶段，研究者对人们对“茶德”并不太关注，但随着互动的深入，研究者才逐步了解到，原来人们对喝茶对象的品德有着一套特定的考量方法，并以此来影响进一步的行动。如案例所述，若一个人喝茶太鲁莽贪心，那么做生意应该留个心眼。最后，某个共同体在日常生活建构的缄默知识（共享知识库），已被共同体成员视为理所当然，只有在与局外人（如研究者）的互动中方有可能外显出来，这进一步凸显了民族志研究方法的重要性。喝茶的先后次序及其价值判断，已为潮人内化并践行，成为一种无意识，研究者只有通过参与实践，与研究对象进行交往互动，方能揭示茶礼背后深刻的文化价值内涵。

然而，必须看到，虽然受到现代的冲击，以茶为载体的传统文化依然在潮人社会焕发着生命力。因此，传承问题的出现，实则为我们敲醒警钟，应当如何在新的历史条件下，在传统与现代的对话中延续这种生命力，使其生根发芽。本文的教育人类学研究表明，普通人日常生活的实践共同体对文化传统的传承研究有不可忽视的启示作用。实践共同体的视角、田野工作的研究范式，将教育置于更广泛的社会文化背景下，促进教育回归本体的实践过程②，突出了民间场域的力量。民间的土壤能激发起文化传统内在深厚的活力，这足以抗衡西方的快餐文化、欧美影视流行文化，足以将民族带向世界，占据文化软实力的高地。

① 巴占龙、滕星：《从书斋到田野——谈教育研究的人类学范式》，《西北师大学报（社会科学版）》2005 年第 1 期。

② 冯增俊：《中国教育人类学的教育学意义》，第五届中国教育人类学学术年会报告，中南民族大学 2016 年 4 月。

非连续性教育：中国小留学生海外适应性问题研究

任杰慧

（清华大学　社会学系，北京　邮编　100091）

【摘要】从教育人类学的视角出发，运用非连续性教育思想，从生活、文化、学习、身体和经济五个方面对中国小留学生海外适应性问题进行了具体分析，并在原有非连续性教育思想上提出“前告诫”和“阈限期告诫和唤醒”的概念。研究发现，留学初期是小留学生适应性调整的“关键期”，父母和教育者的关心和及时告诫，有助于他们摆脱“阈限”状态。此外，个人性格、家庭关系等也对适应性产生重要影响。

【关键词】非连续性教育；中国小留学生；海外适应；教育人类学

【作者简介】任杰慧，女，清华大学社会学系博士，主要研究方向为文化人类学及教育人类学、医学人类学、文化传播等。

一、问题的提出

据 2016 年发布的《中国留学发展报告（2016）》显示，2015 年中国在海外留学的学生有 126 万人，约占世界国际留学生总数的 25%。此外，报告还显示我国留学生的低龄化现象越来越明显。根据 2015 年美国国土安全部发布的数据，五年间，留美就读初高中的中国留学生数量增长近三倍，最小的仅有10岁。幼儿园至高中阶段（K-12）在美留学的中国学生数量从8 857人增至34 578人，约占在美留学外籍中小学生总数的一半。①

随着低龄化留学现象的普及，有关留学生的各种适应性问题也日渐见诸媒体。2015年，美国厚仁教育发布的白皮书显示，2014年被开除的中国学生总数约有8 000人，占当年留学生总数的3%左右，其中69.43%来美国不到2年，88.7%为18—25岁，80.55%因学术表现差或学术不诚实而被开除。② 这些留学生来美国的时间较短，年龄偏小，学业上的问题折射出个人生理、心理和文化上的不适应。2015年，美国加州中国留学生虐待女同学案引起中美两国社会的普遍关注，涉案的10名华人留学生，最小的只有14岁，最大的21岁，③ 显示了小留学生们对美国法律的无知。面对小留学生各式适应性问题的出现，越来越多的家长开始对留学产生疑惑和质疑：要不要让孩子出国留学？什么年龄出国留学最合适？孩子出国会遇到什么样的适应性问题，怎样才能解决这些问题？

事实上，小留学生出国的潮流已经势不可挡，问题的关键是怎样帮助他们渡过海外适应期。早在2001年，驻悉尼总领事馆教育组就对20名留学澳大利亚的小留学生进行过问卷调查，结果显示，小留学生依然有“哑巴”英语的现象，缺乏生活自理能力和与人际交往能力。④ 丁秀棠通过调查得出，新西兰的中国“小留学生”存在语言及学习方式不适应，缺乏法律意识，身心健康及家庭经济支持不当等问题。⑤ 美国教育部的张曼君反对从小留学。她认为人格教育是从家庭中养成的，长期缺乏家庭温暖的小留学生长大后进入社会往往是最不会处理人际关系的一群。即使获得高学

① 《中国留学发展报告（2016）》，2016-12-19，http：//gw. yjbys. com/baogao/96542. html.

② 《2015年留美中国学生现状报告》，2015-05-29，http：//sh. yuloo. com/guojixuexiao/news/1505/114729. shtml.

③ 《加州涉欺凌同学案第四名中国留学生被判监禁3年》，中国新闻网，2016-07-13，http：//news. sina. com. cn/0/2016-07-13/doc-ifxtwchx8641210. shtml.

④ 驻悉尼总领事馆教育组，《对来澳部分“小留学生”留学情况的调查报告》，《世界教育信息》2001年第11期。

⑤ 丁秀棠：《新西兰中国“小留学生”现状分析及相关政策建议》，《比较教育研究》2006年第4期。

位，人格上却有无法弥补的缺陷，得不偿失。①

由此可见，许多学者专家都已意识到在初高中阶段或更小年龄独自出国留学所带来的风险，②③④但仍缺乏对小留学生适应性的具体分析和解决路径的探讨。笔者曾在美国访学两年，从 2013 年开始关注小留学生群体。本研究中，笔者通过对美国加州一家教育咨询机构（本研究称之为 F. EDU）创办人及部分小留学生及家长的深入访谈，运用教育人类学的非连续性教育理论，在小留学生适应性问题上给予更加具体的研究和探索，提出“前告诫”和“阈限期告诫和唤醒”的概念。值得说明的是，有关“小留学生”概念的界定，学界并无统一标准。一般是指接受高等教育之前出国留学的青少年。考虑到学术界对青少年年龄划分标准的不同，本研究把“小留学生”概念扩展到本科阶段的一、二年级。

二、理论框架：非连续性教育理论

（一）非连续性教育理论

德国哲学教育人类学家博尔诺夫（Otto Friendrich Bollnow）认为，以往的各种教育学派有一种共同的认识，认为教育是一种连续性的活动，儿童通过这种教育循序渐进，不断趋向完善。但事实上，人类生命过程中非连续性成分具有根本性的意义，由此必然产生与此相应的教育之非连续性形式。他把危机、唤醒、号召、告诫和遭遇等视为非连续性的教育形式，并认为这些事件既是造成人生非连续性或者说教育非连续性的原因，又是教育的一种途径。教育过程就是连续性和非连续性形式的统一。危机是造成教育非连续性的一个重要因素，它包括政治危机、经济危机、社会危机、人的疾病危机和成熟危机等。遭遇则是指一个人突然碰到某些事物。比如父母离异，全家搬迁，看到一部黄色影视，认识一个人或看到一本好书等。“遭遇无论如何都是一种非连续的形式，它以粗暴的方式突然地中断通常是连续性的生活过程，并给其一个新的方向”。而教育工作者则应该通过告诫

① 王伟：《小留学生不快乐　美国教育部官员反对从小留学》，《基础教育外语教学研究》2003 年第 8 期。

② 袁宗：《小留学生问题应引起全社会关注》，《人民日报海外版》2004 年 9 月 25 日。

③ 邹卫辉：《小留学生异国悲剧》，《21 世纪杂志》2010 年第 1 期。

④ 林立公：《小留学生：需要关注的海外群体》，《中国国门时报》2003 年 9 月 5 日。

和号召等形式唤醒青少年，使他们在碰到危机或遭遇时不致消沉或误入歧途，并把其作为教育的一种形式，培养他们的品质和性格。[①] 继承哲学教育人类学一以贯之的对人的关注，博尔诺夫认为，在教育过程中，教育者需要自始至终地保持对被教育者的爱与关怀。我们可以用图1来表示。

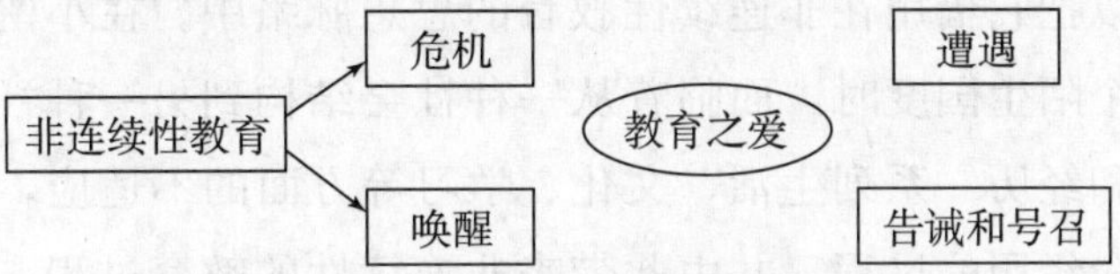

图1　O·F博尔诺夫非连续性教育思想

一般意义而言，教育中的文化连续性只有在相当稳定的社会中才可能存在。[②] 现代社会信息范围的扩大和交流的频繁增加了教育中非连续性的可能性。留学就是一次非连续性的生命历程和教育过程，是对原有教育连续性的一种挑战，既承担着不确定的风险，也孕育着可能的希望。已有学者关注到非连续性教育思想的教育作用。如对高职挫折教育的启示，[③] 对现代幼教的课程改革、心理素质教育等的启迪，[④] 甚至在青少年毒品预防教育中也发挥着作用。[⑤] 但这些分析主要集中在理论的诠释上，实证的质性研究并不多见，针对小留学生的海外适应性的分析更为缺乏。

（二）“前告诫”及“阈限期告诫和唤醒”

“阈限”（liminality）是一个心理学术语，指“有间隙性的或者模棱两可的状态”。英国著名人类学家维克多·特纳（V. Tuener）在总结了范·盖纳普（Van Gennep）原创的“通过仪式”概念的基础上提出文化人类学的重要概念“阈限”。[⑥]“阈限”是一种既不在这边也不在那边的状态。既不在过去的踪迹，也不在即将进入的新的状态，而是处在“两可之间”的

① ［德］O·F博尔诺夫著，李其龙等译，《教育人类学》，华东师范大学出版社2001年版，第58页。

② 冯增俊主编，《教育人类学教程》，人民教育出版社2008年版，第269页。

③ 晁红侠，徐利华，《博尔诺夫挫折观对高职挫折教育的启示》，佳木斯教育学院学报，2011年第4期。

④ 张更立，郑庆文，郑科红，《非连续性教育理论：现代幼儿教育的新视野》，内蒙古师范大学学报（教育科学版），2003年第4期。

⑤ 张晓燕，马永清，《教育人类学视野下的毒品预防教育》，中南民族大学学报（人文社会科学版），2007年第3期。

⑥ ［英］维克多·特纳（Tuener V.）著，赵玉燕等译，《象征之林：恩登布人仪式散论》，商务印书馆2012年版。

混沌状态。它是一种全新状态的开始，意味着新模式的建立和新秩序的出现，暗含潜能，却又是危险的。① 它是从正常状态下（或曰“惯常状态”）的社会行为模式中分离出来，或者暂时脱离正常轨道（或曰“惯常状态”）的一段时间和空间，因此，阈限既是过程也是状态。

我们可以把它借用在非连续性教育的思想脉络中。在小留学生刚刚从国内进入一个陌生国度时，面临着从一种社会结构到另一种社会结构的过程，会遭遇和经历一系列生活、文化、学习等方面的不适应，也就是进入非连续性生命经历的过程，并由此带来非连续性的教育过程。这段时期就是小留学生的“阈限期”。这时的小留学生，身心都处在一种在国内又不在国内，在国外又不在国外的模糊状态和过程，也就是人们常称的“适应期”。本研究发现，在这段时期，父母和教育者的爱与关怀、告诫和号召，对小留学生能否顺利渡过“适应期”或说“阈限期”非常关键，本研究称之为“阈限期告诫和唤醒”。事实上，如果父母能够在孩子出国前进行适当的教育和告诫，告知他有可能碰到的困难和不适，对所在国的风土人情、行为方式、法律、文化等有所了解，让孩子做好心理应对准备，会更有利于孩子早日走出“阈限”状态。本研究称之为“前告诫”。如图 2 所示。

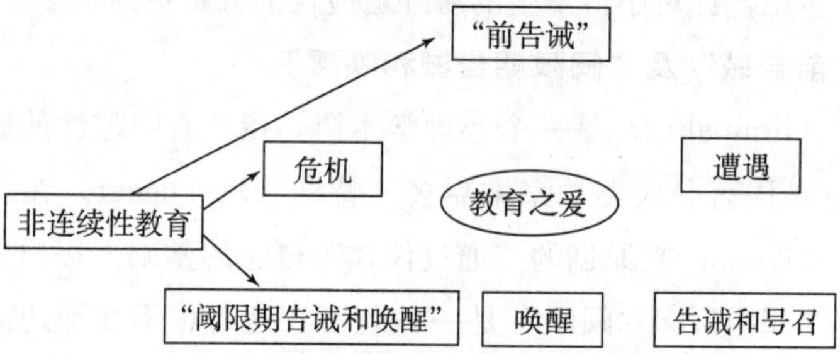

图 2　“前告诫”及“阈限期告诫和唤醒”

“前告诫”及“阈限期告诫和唤醒”对小留学生非连续教育的适应具有重要作用，以下是其具体表现和分析。

三、非连续教育适应性的具体表现及分析

F. EDU 位于美国加州，成立于 2009 年，到 2016 年 7 年间大约接待过

---

① 任杰慧、张军：《危险与秩序——〈洁净与危险〉读后感》，《法制与社会》2012 年第 4 期。

150个中国小留生来美国读高中和大学。创办人李老师21世纪初来到美国，笔者与其相识较早并有过多次交流。谈到适应问题，笔者与李老师和小留学生赵同学有一段对话：

> 李老师：其实几乎每个小留学生都会碰到问题，虽然最后大部分人都度过来了。
>
> 笔者：是怎样的问题，又是如何度过的呢？
>
> 赵同学：一开始都会有波折，每个留学生过来都不容易。
>
> 笔者：你是说每个留学生的背后都有一个故事吗？
>
> 赵同学：对，都特别不容易。
>
> 那么，究竟有怎样的"不容易"呢？

（一）生活上的非连续性

进入2000年以后的小留学生，由于年龄较小和长期养成的由父母包办一切生活琐事的习惯，他们在生活上缺少自我管理和约束。

来美国上高中的胡同学，父母是湖南到广州的生意人，均没上过大学。他的女朋友当时在英国读书，为了时常看到女友，他可以不顾吃喝，甚至于逃课和女朋友视频。更为匪夷所思的是，虽然出了卧室门就是洗手间，但为了与女友聊天，胡同学竟把尿洒到了可乐瓶里。胡同学的"可乐瓶事件"让我们看到生活上的非连续性在小留学生身上的投影。父母的宠爱使他们缺乏生活教育，更无可能在出国前进行生活自我管理的"前告诫"。

不容忽视的还有另外一个造成小留学生生活非连续性的原因，它的影响力同样举足轻重。这就是小留学生寄宿家庭的选择。博尔诺夫曾在人与空间关系的论述中提到，人都希望有一个持久性的立足点，那就是他的家。作为家的房屋给人带来安全感。事实也表明，那些离开家去孤儿院的儿童，尽管也都能得到极好的照料，但由于处在不确定的人的看护之中，缺乏亲人的爱护，因而也缺乏一种安全感，所以往往在发展方面大大落后于同龄儿童，死亡率也大大超过生活在家庭中的儿童。因此，教育工作者必须确保儿童在教育过程中获得安全感，使儿童始终感到自己受到关心、爱护和信任。①

Peter来自江苏，14岁就到美国读书。父母是做小生意的。他性格内向，在国内学习不错。他父亲在送他到美国读书前从未出过国，却有一个虚妄的美国梦，想在儿子身上实现。"他是一个军事迷，他爸想让他过来上西点军校。但根本是信息不对称，不清楚军事学院的要求首先是美国公民。"Peter来到美国后很快就痴迷于打电脑游戏。一方面是性格的原因，另一方面和他寄宿家庭的选择也不无关系。一是他的寄宿家庭的位置在山里面，走路半个小时才能有公交车站。出入非常不便，很难结交朋友；二是居住环境很差，他住的那个房间里面连个窗户都没有，很压抑；三是寄宿家庭的经济状况不太好，接收寄宿孩子的目的只是为了钱。Peter本来在国内是天天喝牛奶的，但这家人只给自己的孩子喝。四是他的中介人住得较远，一年只能见他一次。Peter说，那时没有朋友，出去也不方便，只能打电脑了。由于与父母的交流少，Peter陷入孤独，在最为重要的"阈限期"没有及时得到父母和教育者的帮助，以致后来有了抑郁倾向，不得不回国。寄宿家庭的选择是导致这一结果的原因之一。

Wong Sabrina T. 通过对加拿大寄宿高中东亚小留学生的调查发现，住在寄宿家庭的学生是一个被遗忘和极易受到伤害的群体，部分原因来自于他们特殊的居住安排，没有人会对他们的健康和安全负责。② 李老师说，小留学生年龄偏小，又寄人篱下，是一个非常弱势的群体。她认为寄宿家庭要有爱心和较好的经济条件。此外，社区环境也需调查，比如社区的犯罪率等。这种对危机或遭遇的提前预知，是教育者应该采取的态度。

Peter是一个失败和让人痛心的例子，提醒家长出国前一定要对孩子的个性、学习有个全面衡量，并注重寄宿家庭的选择。李老师痛心地说："如果性格内向，学习又不错，适合在国内，为什么还要送出来？既然送出来，为什么没有人给予适当的关心和爱？"

（二）文化上的非连续性

当生活中某一种文化中的人初次接触到另一种文化模式时，常常会产

① ［德］O. F 博尔诺夫著，李其龙译：《教育人类学》，华东师范大学出版社2001年版，第15—17页。

② Wong Sabrina T，Homma Yuko，Johnson Joy L，Saewyc Elizabeth. The unmet health needs of East Asian high school students：are homestay students at risk？. *Canadian Journal of Public Health*，2010. Vol. 101（3）. pp. 241-245.

生思想上的混乱与心理上的压力，即“文化震惊”（culture shock）。① 这是由于生活方式、风俗习惯，特别是价值观和行为模式的不同而必然产生的冲突和适应的过程。Jan R. Magnus 等人通过对俄罗斯、荷兰、以色列和美国学生的调查发现，不同国家的学生对作弊行为的态度差别很大。② 在中国，抄袭并不是特别严重的错误，“看看同学的作业觉得很正常，而在美国却涉及严重的诚信问题，会有被开除的危险”，冯同学说。

王同学的父亲是做石油生意的，妈妈是全职太太，正准备全家移民。他九年级时来到美国，当时大约十四五岁。不久他开始吸食大麻，在国内大麻是毒品，吸大麻是违法的。在美国，在一半的州内吸大麻是合法的。比如在加州，小辰说：“只要去医生那儿开一个处方，证明你精神有问题，抑郁了，这个东西可以让你兴奋，就可以买。而且很多人不抑郁也能买到大麻。”李老师介绍说，在美国同学的家里，高中生办 party，都有酒和大麻，这很常见，好学校也不例外。而王同学特爱社交，急于融入美国社会。王同学说：“出国前父母就告诉我多交一些美国朋友。在中国我们觉得大麻是很可怕的毒品，在这里我真的已经没有那个意识了。我知道它不好，但我已经不把它当毒品了，感觉挺正常。就像这里 21 岁才能喝酒，出示身份证才能买酒，而在中国你可以随便买。”回顾国内，确有许多影视明星吸食大麻，并认为这是一种时尚和身份的象征，甚至有人建议吸食大麻合法化。但其实在美国，虽然在 25 个州大麻是合法的，但只有 4 个州和华盛顿特区允许使用娱乐性大麻，更多的州只允许将其作为药品开给患者。在大麻不合法的其他 25 个州，如果被发现持有、销售或者吸食大麻同样要被逮捕。即使在大麻合法的州内，一般家庭还是不会让孩子吸食大麻，因为大麻是吸食其他硬性毒品，比如海洛因的入门毒品或者说诱导性毒品，每个吸毒成瘾的人都是从接触这些自以为“无关紧要”的毒品开始的。且大麻对身体有一定危害。美国著名的电视剧《老友记》中关于吸食大麻的嘲讽剧情就可以反映出主流媒体的观点。

幸运的是，李老师及时发现了问题，他妈妈立即赶到美国，住了五个多月，劝诫约束他。在母亲的严防和李老师的告诫下，王同学及时醒悟，

① 郑杭生主编，《社会学概论新修》，中国人民大学出版社 2007 年版，第 74 页。

② Jan R. Magnus，Victor M. Polterovich.，DmitriL. Danilov.，AlexeiV. Savvateev. Tolerance of Cheating：An Analysis Across Countries [J]. *The Journal of Economic Education*，2002. Vol. 33 (2). pp. 125-135.

没有上瘾，后来上了一所很不错的大学。

相比较“阈限期告诫和唤醒”的“亡羊补牢”，“前告诫”就是“未雨绸缪”了。大学一年级学生 Eric，18 岁，父母都是公共健康领域的学者，在其出国前就曾一再告诫过他毒品的危害及中美文化的不同。这让他对毒品有了基本的认识，知道怎样做到“敬而远之”。当他发现室友在吸食大麻时，及时找到学校要求调换寝室，并很快获准离开。

（三）学习上的非连续性

Chun Cao 等人通过对 6 个欧盟国家的 463 位中国留学生研究证明，语言压力和文化差异是其他压力形成的关键因素。① 进入到一个不熟悉的语言环境，小留学生面临的一个严峻考验就是语言。作为交流工具，语言不好直接影响到与人交流，时间长了就会影响到性格，变得孤僻、压抑甚至抑郁。

赵同学说：“语言不好就不愿意和人交流，越不交流语言能力就越差。到最后就干脆不说话，有时甚至会怀疑自己的能力。”作为学习语言，听不懂教师的讲解，学习成绩的下降甚至不及格就成了自然而然的事。有些在出国前成绩不错的学生难以接受这样的事实，心理和精神承受了很大压力。此外，东西方在教与学的理念上有着差异。在国内，教师充当着家长的角色，对学生的学习不厌其烦地监督、催促，管理方式也是严格的家长式。而在美国，学习基本上靠自觉，与教师的关系也不如在国内亲密，作业内容形式多样，比如小组合作、PPT 展示、手工制作与设计、调查报告等。这些学习上的不同或说非连续性，是对其适应性的考验，需要小留学生快速接受或融入。这种教学方式的适应，也会发生在西方来东亚留学的学生身上。如 Rainbow Tsai-Hung Chen 的研究发现，西方留学生对中国台湾大学传统的教学方法也不能很好地适应。②

杭州女孩吴同学，出国前学习很好，希望考上一所著名大学，无形中给了自己很大压力。可事与愿违，她的学习不尽如人意。由于离家远，又害怕父母失望，她甚至不愿或不敢与父母谈及此事，更没有机会和同学讲。

---

① Chun. Cao，Chan Zhu，Qian Meng. An exploratory study of inter-relationships of acculturative stressors among Chinese students from six European union（EU）countries. *International Journal of Intercultural Relations*，2016.（55）. pp. 8-19.

② Rainbow Tsai-Hung Chen. East-Asian teaching practices through the eyes of Western learners. *Teaching in Higher Education*，2014. Vol. 19（1）. pp. 26-37.

"阈限期"的无人倾诉和关心，难以排解长期的心理压力，最终迫使吴同学走上了自杀这条不归之路。

李老师说，与人竞争的压力和无人交流的虚拟世界，让物质丰富的小留学生陷入精神孤独的状态。卢同学说："每天花四五个小时盯着手机或者电脑，和跟人讲话是不一样的。一群朋友出去吃饭，你想和别人交谈，却发现每个人都在刷微博或朋友圈。他们的精力放在了虚拟世界，对身边人的关注自然就少了。"小留学生远离父母，有些话更愿意与同龄人沟通，但网络世界在给人们的生活带来方便的同时，也影响了人与人之间面对面最真实的交流，当情感的倾诉和释放变得不顺畅时，孩子们的孤独感就产生了。

（四）身体的非连续性

初高中及大学一、二年级的小留学生们，年龄正在经历一个成熟期，也就是心理学上常称的青春期（puberty），即个体身体发展达到生理成熟阶段。①② 随着生理上的逐渐成熟，心理上也在发生着变化。对性的渴求以及在与异性相处的关系上会因青春期身心失衡而形成情绪困扰，出现行为偏差。换言之，成熟危机加剧了小留学生出国带来的教育非连续性的过程和风险，如果缺乏适当的引导和沟通，孩子们极易出现懈怠和增加误入歧途的机率。

刘同学的父亲是北京一所名校的教授，她是在国内上了一学期大学才来美国的，当时是 18 岁。她到美国留学的理由竟然是："在美国上学的，40％的家庭年收入是 35 万元，我爸我妈达到了这个水平，所以我就过来了。"她刚来的时候成绩并不差，但很快就出现了问题，急速下滑。李老师说，是室友把她带坏了。这个室友来自东北，父母在深圳做生意，比刘同学只大两岁，但却非常成熟老练。她们经常去酒吧喝酒，目的就是为了泡男人。用她们的话说叫"钓凯子"。有一次去酒吧喝酒，开车回来被警察抓到，因为是酒后驾驶被罚款三千美元。还有一次出门时忘记带钥匙，晚上回来时这位室友就怂恿她用刀把窗子刺开。她听信了室友的话，用刀刺破窗户进入房内。第二天房东对她说，窗子受到了破损，要赔偿 400 美元。她还经常鼓动刘同学逃课。按照非连续性教育思想，刘同学应该属于"遭

① 张春兴主编，《教育心理学》，浙江教育出版社 2002 年版，第 70—81 页。

② Tanner, J. *Education and physical growth* (*2nd ed.*). London: Hodder and Stoughton. 1978.

遇”中的碰到某个人改变了生活和教育的轨迹。庆幸的是在最宝贵的“阈限期”有父母和教育者的及时告诫和唤醒，最终让遭遇青春期成熟危机和损友的刘同学重回正常的学习轨道。

杨同学就没有这么幸运。他出国留学本是一场逃避。母亲发现他有同性恋倾向，就想通过把他送出国的形式摆脱国内同伴，从而改变他。他父母都做生意，北京人，文化水平都是初中以下。但生意做得好，父亲因此在外面又安了一个家。他有三个姐姐，一直到有了他这个男孩，母亲才停止生育。在他的儿时记忆中，父亲是缺席的，“一个月差不多能见一次”。虽然家里不缺钱，但他从未感受过太多的温暖。他说：“我妈比较强势，常常以她觉得对的方式关心我，并不问我是否喜欢。”他从小胆小、内向，有自卑感，就变得慢慢不爱与人沟通了。他出国时大概18岁，没想到两年后不得不回国，原因是染上了艾滋病。

初到国外时，他也想着要好好学习，当时在上语言学校，有考学的压力，就觉得孤独，希望有一个人陪着。但他没有朋友，也没有倾诉的对象。在国内就没有和母亲交流的习惯，出国后更是如此。问起原因，杨同学说：“她只顾自己说，从不听我的。”而父亲根本就不知道他有同性恋倾向，因此什么也不能和他说。他最终的选择是去寻找男伴侣。其实他一直都是安全性行为，由于第一个国外男伴背叛了他，由于感情受到伤害，他就开始放纵自己。“自己经历了一些事情，没有人去讲，就有点破罐破摔的意思吧，然后没绷住那根弦。我觉得这算是一个累积的过程，就是一开始觉得不说也没什么，但是时间长了还是会有一个爆发点。”感情的伤害，异国的孤独，无处倾诉的苦闷，无人“告诫和唤醒”，最终使他走向了放纵。

（五）经济上的非连续性

出国留学虽已走入寻常百姓家，但相对来说，仍然是一个高消费的行为。虽然所在国家地区、学校和所学专业不同，收费会有所变化。但动则十几万元、几十万元的学费和生活费对于普通家庭来说，依然是一个不小的挑战。

上文的Peter出国后抑郁的原因还有一个，就是经济造成的压力。刚刚发现Peter沉迷网络时，他妈妈曾来过美国。但是那一次的经历对Peter来说无异于雪上加霜。这位女士在Peter面前大哭，诉说挣钱的不易。为了省钱，到美国后她并不租车，这在被称作“车轮上的美国”，出行非常不便。Peter觉得很没有面子。根据多年的观察和访谈，笔者发现一部分小留学生为了继续留学或者追求高品质生活，做小生意、兼职，甚至从事违法活动。在加州，每年都会有中国留学生因经济原因辍学或转学回国。李老师说，既然决定让孩子出国，父母就要做他坚强的后盾，在经济上满足他的基本生活、学习和社交需求。

当然，满足孩子的经济需求，并不代表让孩子攀比，炫富，否则会是另一种非连续性，从而带来隐患。由于当前小留学生的出国经费主要来源于父母和家庭，因此经济上的非连续性更多的是提醒家长在孩子出国前对留学国家的经济和文化有一定认知，并进行前期准备和规划，更要提前"告诫"孩子不要攀比，注意经济收支的平衡。

四、研究讨论：小留学生海外适应性提高的策略

在对所有案例进行分析时，笔者发现一个不容忽视的现象，就是在小留学生刚刚出国的前两年，特别是第一年，是非常关键的时期，也是最为困难的时期。本研究称之为"阈限期"。阈限一词来源于拉丁文"limen"，原意指罗马帝国和北方部落间的有形国界线，后引申为"门槛"。[①] 范·盖纳普把过渡仪式分为三个阶段：分离、边缘或阈限、聚合。特纳认为，渡过这个"门槛"或说"阈限期"，就可进入相对稳定的聚合期，[②] 完成个人的成长或改变。

赵同学说："开始的前三个月觉得什么都是好的，新奇。接下来就开始怀疑，怀疑出国留学是不是错了。再后来就开始否定自己的能力，为什么别人能做而我不能做。"

"第三个月的时候特别难受，很复杂的感觉交织在一起。可能是因为没有人会像父母那样关注你，一下子失落了。晚上睡不着觉。我爸知道后非常着急，就考虑让我回去。那时候我经常去海边，后来有一天特别奇怪。下午的时候我看见了海鸥，突然一下子就好了，觉得一切很美好。"

---

① 廖俊、花莲莲、戴光全：《国内外阈限研究综述及其对节事阈限研究的启示》，《旅游论坛》2013 年第 1 期。

② ［英］维克·多特纳著，黄剑波、柳博赟译：《仪式过程：结构与反结构》，中国人民大学出版社 2009 年版，第 95 页。

赵同学是一个成功过渡的例子。他有完整的家庭，父母都在政府部门工作，出国前给了他很多独立锻炼的机会。更为重要的是，他和父母的联系和沟通是经常的。他愿意向父母倾诉，并且一直能得到回应和关注。在他最脆弱无助的时候，父母能理解他的苦闷，而不是一味地坚持让他留在美国，逼迫他。站在孩子的角度关心孩子，甚至考虑过让他回国，回家。也正是这种爱，这份理解和接纳，帮助赵同学度过了“阈限期”。

事实上，留学生适应问题并不仅仅发生在中国小留学生身上。Hyunjung Shin. 通过对韩国在加拿大小留学生的研究发现，种族和语言歧视依然存在。① Jonathan. Matusitz 通过对美国西南大学一个混合公寓法国留学生的调查显示，无论校内还是校外，努力适应美国生活方式的跨语言和跨文化的大学生都存在着困难。② 但正确看待差别并积极应对，会把这种困难降至最低。Timothy M. Gardne. r. 等人通过对 114 位在新西兰留学的穆斯林大学生的调查发现，积极的宗教应对使他们获得了更高的生活质量和更小的压力。③

由此可见，适应的过程几乎是一个必然经历的过程，但在“阈限期”内，来自外部的及时关心爱护、告诫唤醒以及小留学生自己正确看待差异并积极应对的行为，会有助于留学生们减轻困难、少走弯路和更快地适应。此外，上面的案例亦让我们意识到这些小留学生的经历并非偶然。小留学生的个性、家庭关系的形成、父母的婚姻状况、代际关系及教养方式等均作为影响小留学生的因素，在非连续性教育发生之前就已经产生。这些因素的存在影响着“前告诫”和“阈限期告诫和唤醒”的实施，最终也会导致教育非连续性的形成。Tapologo. Maundeni. 等人通过对非洲一所大学留学生文化适应的分析得出，适应性的提高取决于父母亲的在场、可利用的学术和服务机构、个人的性格素质等，而对适应性的挑战则有语言问题、

---

① Hyunjung Shin. Social Class，Habitus，and Language Learning：The Case of Korean Early Study-Abroad Students. *Journal of Language*，*Identity & Education*，2014. Vol. 13（2）. pp. 99-103.

② Jonathan Matusitz. The Acculturative Experience of French Students in a Southwestern Universty Apartment Complex in the United States. *Journal of Human Behavior in the Social Environment*，2015. Vol. 25（3）. pp. 261-274.

③ Timothy M. Gardner，Christian U. Krägeloh，Marcus A. Henning. Religious coping，stress，and quality of life of Muslim university students in New Zealand. *Mental Health*，*Religion & Culture*. 2014. Vol. 17（4）. pp. 327-338.

缺少社会支持网络、经济问题和角色压力等。[①] 由此可见，适应性的提高与外来的帮助和自身的个性有关。遗憾的是，Sharon Huixian Lu 等人对澳大利亚中国留学生的研究表明，144 位受试者中有 54%的人有过高的精神压力，然而只有 9%的人在过去几年中寻求过精神健康服务。[②] 作为研究者，笔者并不赞同中小学阶段出国留学，如果一定要出去，最好有家长陪伴，并在经济、文化、语言、个性测评等方面做好相应的准备。

五、结语

有关小留学生海外适应性的研究在目前的教育研究中是非常重要却又相对缺失的一部分。这一研究不仅是对千万小留学生及其家庭的关注和爱护，更是教育人类学以人为本的目标体现。当小留学生的出国留学成为时代和社会的一种潮流时，学者的责任是找出问题的症状和出路，而不是一味地劝阻。本研究发现，每个小留学生的出国留学都是对原有教育过程和环境的中断，都是一次非连续性的生命历程和教育经历。小留学生自身的性格、教养方式、父母的婚姻状态和文化水平等对其适应性发挥着不可忽视的隐性作用。因此本文提出“前告诫”和“阈限期告诫和唤醒”的概念，现实意义是给小留学生的海外适应提供一种实用操作的方法，理论意义上则对非连续性教育思想有所延伸和发展。在面对其他教育新议题时仍不失为一种可以用来借鉴具有指导意义的教育方式。

（本文曾发表于《民族教育研究》2018 年第 1 期，采用时做了较大修改补充）

① Tapologo Maundeni，Tumani Malinga，Diana Kgwatalala，Ibirige Kasule. Cultural Adjustment of International Students at an African University. *Journal of Psychology in Africa*. 2010. Vol. 20（1）. pp. 79-84.

② Sharon Huixian Lu，Blake Farran Dear，Luke Johnston，Bethany May Wootton，Nickolai Titov. An internet survey of emotional health，treatment seeking and barriers to accessing mental health treatment among Chinese-speaking international students in Australia. *Counselling Psychology Quarterly*，2014，Vol. 27（1）. pp. 96-108.

教师的“秘密花园”

——从办公室场域的跃迁看一位教师的专业成长

王　彦　任改妮

（广西师范大学教育学部，广西　桂林　541004）

每一个个体都按照他生活于其中的文化规则行动。

——（美）弗朗兹·博厄斯

【摘要】教师办公室，这一特殊的教育场域往往是教师“秘密”的发源地或藏身处，是教师个体文化与群体文化的聚焦之地。与教室相比，教师办公室更像是教师专业发展的“秘密花园”。本研究以一位中学历史教师所处的办公室场域的跃迁为线索，通过人类学的手法，描摹和勾勒他所经历的四个不同类型的办公室场域，进一步揭示作为一名保持自身专业独立性的优秀教师的专业成长历程。教师专业发展的文化路径，既离不开教师个体文化的发展，也离不开教师群体文化的创生，更离不开学校教育文化的变革。

【关键词】办公室场域；教师文化；教师专业成长

【作者简介】王彦，广西师范大学教育学部教授，博士生导师，主要研究方向为教育学原理、课程与教学论、教育人类学。任改妮，广西师范大学教务处，主要研究方向为教学论，教师发展等。

教师办公室，国内多译为 teachers' office，多少带有一定的行政意蕴，国外将其称为 teachers workspace，即“教师工作场所”。随着全球教师专业的发展，国外学者已经意识到办公室教师职业群体和个体的兼容性，以及社会发展等因素对教师专业发展的影响，而从国内已有的文献来看，研究办公室的文章和著作较多，但大多以行政管理和建筑设计等方面为主，很少有学者从教育学的视角切入进行研究，更少有教育人种志研究的。事实上，教师办公室是一个微观的教育场域，也是教师文化发展的专业场域，还是教师自我疗伤和能量再聚焦的缓冲区域。可以说，“办公室”这个概念在东西方语境中具有一定的文化差异，“西方古代的办公室通常是宫殿或大型庙宇中的一部分。通常是一间存放有大量卷轴的房间，并有抄写员在其中进行工作。对一些考古学家和大众媒体而言，这些房间有时也被称为‘图书馆’（libraries），因为这个场所通常与记载有文学作品的卷轴有关。事实上，除了诗歌或虚构的文学作品之外，自从各种记录、合约、命令、公告等内容都被记载于卷轴上起，这些存放卷轴的房间就有了现代‘办公室’的定义。办公室读音 bàngōngshì，英文名 Office，是指处理一种特定事务的地方或提供服务的地方，是提供工作办公的场所。办公室，还可以指一种机构，如区委办公室、区政府办公室、党校办公室等，是一个单位对外的窗口，对内协助领导工作的机关。”① 本研究要界定的教师办公室主要是指学校根据不同的标准划分出的不同的教师集体办公室，一般是以学科组、年级组等形式组建，是教师日常生活的主要场所之一。按照传统意义的理解，教师办公室是指教师专门处理教育教学工作的办公场域，如备课、批改作业、开展教研活动等，教师办公室具有工作与休息的双重功能。

教师办公室作为一种教育场域，汇集了不同的信息，形成了一个网状结构，由器物层面到制度层面，再到心理层面，最后到精神层面，这个不容忽视的场域往往是教师“秘密”的发源地或藏身处。按照欧文·戈夫曼的“拟剧理论”，教师办公室既不属于“前台”，也不是绝对的“后台”，它兼有公共领域和私人领域的双重属性。与教室相比，教师在办公室里更多地呈现其生活样态，他们的谈吐风格、行为习惯完全不同于课堂上的表现。在办公室里教师可以稍微地放松自己的身体和精神，无论言语还是行动都

① 百度百科“办公室”[EB/OL]. http://baike.baidu.com/subview/55724/9768897.htm，2013-3-20.

会随意自由一些。不过，看似敞开式的教师办公室其实也像福柯笔下的“圆形监狱”，每个教师就像被囚禁者一样处于一种有意识而不断可见的状态，从而确保学校教育机制自动地发挥着作用。因此，在教师办公室里流动着一种隐形的力量，这种力量是教师专业成长过程中的隐形资源，是教师个体与教师群体互动过程中形成的，在一定范围和时间内不被他人轻易觉察的隐性事项的总和，所以办公室场域充斥着很多不为场域之外的他人轻易获悉的信息，甚至连拥有“秘密”的本人也没有注意到秘密的存在。

后台：教室，还是办公室？

> 如果一定要区分这两者，那办公室就是后台了，办公室毕竟有自己的个人时间和空间，课堂上一个教师的表现就折射着你的生活，但是这是经过过滤的，学生是未成年人，那你要传递的是正面的东西，向上的东西。但如果在办公室，成人交流可涉及负面东西，一时的情绪化举动。这些是比较后台的，教室中教师言行举止可能会影响学生价值观的形成，甚至影响他在社会上做出一些负面的事情来。其实，我的后台是在生活中，在朋友圈里，在家里。所以，办公室对我来说就是前台，我跟同事的相处中持有我的看法，君子之交，我跟同事保持距离美，对事情的看法会交流。(A老师)

本项研究以G市这位中学历史教师所处的办公室场域的跃迁为线索，试图通过一种教育人种志的手法去描摹和勾勒他所经历的四个不同类型的办公室场域，进一步揭示作为一名保持自身专业独立性的优秀教师的专业成长历程。

研究对象：A老师素描①

> A老师，男，1973年出生，历史学硕士，中学高级教师职称。1996年从广西X大学毕业分配到X中学工作至今。曾任X中学党委委员、高中党支部书记、学校办公室主任、学校工会主席。现任X中学党委委员、分管行政与后勤的副校长。由于工作成绩突出，先后被评为学校优秀党员、学校优秀教师、广西X大学优秀党务工作者、X

① 选自A老师提供的材料《申报G市优秀教育工作者典型事迹材料》。

大学优秀党员、X大学优秀教师、G市优秀历史教师、G市教育系统职称改革先进个人、G市优秀青年教师、G市教育科研先进个人、G市高中教育教学质量管理先进个人、G市特约历史教研员、G市新课程改革历史学科组专家、广西优秀历史教师、广西基础教育名师工程100名培养对象、广西高中新课程改革历史学科组专家。是一位科研见长、教学有法、善于管理、有较好组织能力的优秀教育工作者。在他任职学校中层领导以来，学校先后获得广西和G市中小学校园文化建设先进单位，广西教育科研先进集体，共青团自治区先进集体，广西优秀卫生学校，广西优秀教职工之家，G市教育督导评估先进单位，G市德育先进单位，G市和谐校园先进集体，G市内部治安工作先进集体，G市安全工作先进集体等荣誉称号。

A老师作为教师办公室里的“那个人”，可以把整个学校办公室里的教师文化串成一条生命线。他的经历简单而丰富，他的发展离不开办公室场域里的教师文化。他经历了四个不同办公室文化的熏陶，一步一个脚印，“六年”磨一剑，每个台阶的跨越恰巧历程六年。由最初的小学徒，到师父，再到校办主任，最后到副校长，一路走来他不是为“官”而立，而是为“人”“学”“师”而生，他被称为“学者型领导”。

一、第一个办公室：“修道兴礼”

1996年，23岁的A老师毕业于广西X大学历史系，成为X中学的一名历史老师，进入了他教学生涯中的第一个办公室，即史地组。处于职业生存阶段的A老师，对办公室没有什么特别的要求，只要有一张桌子，一把椅子，能够保证自己有一个地方坐下来办公，有一个可以和学生谈话的地方就已经很满足了。

“我是谁?”这个深刻的人生哲理问题同样困惑着A老师，他在追问，他在反思，他以自己的切身行动自我回答：“我是一名刚毕业的大学生，当了人民教师，由“学生”转变为“教师”，喜悦里充满担忧，开心的是自己终于可以工作了，担忧的是自己不知道是否可以胜任这份工作。”在明确了“我是谁”之后，那么“我该怎么做”，A老师以“恭敬之礼”融入了教师团队，以“虚心之态”向他人请教，以“向上之力”不断成长。

（一）为人之礼：恭敬

与人相处是一门人生学问，接受过高等教育的A老师，懂得为人处事之“礼”。作为晚辈，他会主动向长者打招呼，并请教一些教育问题。史地组办公室“小而暖”，“小”空间，“大”温暖。在这个五人组的小办公室里，展示了中华民族“长幼有序”的传统文化，A老师作为唯一一个年轻老师，自觉承担起了办公室的卫生打扫工作。良好的人际关系为工作奠定了基础，踏实、认真、好学的A老师赢得了老教师们的信任和肯定，并没有因为年龄的差距而产生代沟。

作为年轻教师，A老师是幸运的，也是幸福的。他如此描述：“我尊敬办公室里的四位老教师，换来了他们四个人的爱和指导，这对我的成长是非常重要的，他们每个人身上有那么多绝招，每个人哪怕就给我支一招，我也享用不完。进入教师行业我比较幸运，老天也比较眷顾我，现在X中学的老教师少，年轻教师可能得不到像我当年那么多的帮助。”有一年，A老师全身出疹子，住院打吊瓶，整个脸都肿起来了，办公室里的四位老教师带着水果去医院看望，这让A老师感动不已，那份温暖依存，那份师徒情谊永在。在A老师的人生辞典中，为学必须先为人。

（二）为学之心：谦逊

X中学一个特有的文化制度，要求新教师“一年上路，三年出师，五年成型”，新教师第一年在师父的指导下认认真真写教案，做到课前反思，课中反思，课后反思，争取一年内掌握基本的教学方法，达到会上课，能上课，上好课的程度。三年后，不再依赖于师父的指导，慢慢摸索出一套适合自己的教学风格，在探索中前进，在前进中探索。五年后成为一个骨干教师，可以独当一面，不仅自身有很大进步，而且可以帮助其他新教师成长。

X中学“青蓝工程”体现了“青出于蓝而胜于蓝”的教育思想，学校规定，每学期师父至少听徒弟20节课，徒弟听师父至少30节课，通过相互听课、评课以求进步，这种师徒制度是促进年轻教师快速成长的关键环节。年轻的A老师抱着学习的态度去听课，他会从每位老师身上汲取他所欠缺的东西，他不仅听本学科老师的课，而且跨学科去听不同老师的课。例如，F老师的语文课堂充满感染力；W老师思维发散，收发自如；政治老师J上课逻辑严谨；地理老师L语言凝练，表达准确……

初为人师，A老师以“且行且学习”的心态严格要求自己。上每节课之前都会认真备课，教案不仅要手写，还必须非常详细，细到课堂中所要表达的每句教学话语，三年内A老师的教案摞在一起高达10厘米。为了督促徒弟按时按质完成教学任务，师父会定期检查教案，并提出相应的意见与建议。

根据X中学的教学规定，每学年资深教师上一次示范课，新手型教师上一次汇报课，以此展示自己的教学水平。A老师的悟性比较高，加之他又特别努力，所以在一次次的失败中，汲取教训，总结经验，最终赢得了全体师生的肯定。

我的第一堂汇报课

工作两个月后，我被安排上汇报课，当时我做了充分的准备。为了保证全体老师听课有地方坐，我找了一个比较大的教室。到了一个新环境，学生们就特别兴奋，随意组建同桌，也不按照班主任平时编排的位置坐（其实班主任设计的座位是有意图的，比如两个特别能聊的学生就不能编排在一起）。上课后，学生们安静不下来，我当时就有点生气，心想这些学生太不给我面子了，平时关系那么好，于是板着脸训斥他们，如此一来就产生了副作用，接下来的课堂就变得沉闷，我提问几乎没有学生回答，或者回答问题时也是战战兢兢，不是平时的水平。课堂有一个基本的评价标准“以学生为中心”：课堂氛围必须“活”，教师将学生引入教学问题，学生思考，愉快地学习。那我就没有做好，这节课就是失败的。

我沮丧地回到办公室，五十多岁的老教师TL安慰道：“我刚从教时也碰到类似的一些问题，也是公开课，上得很糟糕，心里是很难受，但是年轻人上课嘛，这道坎总得过。”我后来才知道，TL老师想用他杜撰出来的这个故事激励我。

以一节汇报课来评价新任教师的教学水平不太合理，一节课可能有很多偶然性，老师的紧张，学生的不配合，班级文化建设等等都会影响到课堂。我的师父TB就悄悄给学校教务处提了她的看法“是不是再给他一次上公开课的机会”。后来在第二次汇报课上，我就还原了我上课原有的教学水平，对我而言，心里的那道坎就算跨过去了，办公室里的教师文化对个人成长是很有帮助的。(A老师)

（三）为师之道：向上

A老师从小的愿望并不是做教师，那个年代高考必须从“农林医师”四个行业中选一个，否则你的志愿就不合乎相关的规定，对于这四个行业A老师都没什么兴趣，相比之下被迫选择了教师行业，“机缘巧合”他最终从事教师职业，由最初的逃避到被迫接受，再到主动接受，最后转变为幸福教师。

A老师认为，教师的主流文化应该是“健康、阳光、快乐、向上”的。第一，健康。教师不仅要有一个健康的身体，更要有一个健康的心态，倡导合乎社会规范、积极健康的主流文化。第二，阳光。教师要以一种阳光的姿态向学生传递充满阳光的正能量，处在社会转型期，教师对学生要有一个正确的引导。第三，快乐。面对繁重的教学任务和繁琐的班级事务，教师要学会自我调节，苦中作乐。教师职业的快乐来自于一节课的成功，来自于学生对教师的认可，来自于师生相处的和谐。第四，向上。教师必须保持积极向上的情感状态和心理状态，实现自我价值。

1999年，A老师通过全国硕士研究生统考，在职攻读广西师范大学历史文化与旅游学院中国近现代史专业硕士研究生学位，成为G市第一个获得硕士学位的中学教师。A老师通过读研继续深造，这不是偶发性的，而是经过长久的计划。第一，信息化时代促使教师不断充电；第二，新课程改革趋势要求教师上进；第三，实现自我价值的愿望，做一个智慧型教师。

面对“亦师亦生”的多重身份，A老师做了积极地调整，以学生的身份在广西师范大学听课，以教师的身份在×中学上课，每天穿梭于两个校区。

时间饥饿感

攻读硕士研究生过程中较突出的困难是时间问题。专业研究生可以脱产，但我是边读研边教书的。不能因为自己读研而停课；而又要保证深造的质量。所以我几乎放弃了教学、读研以外的所有活动，包括人情交往，但还是有时间饥饿感，每天一到家除了睡觉什么都不想干。于是我发明了“分时段睡觉法”，闹钟调到凌晨一点，先睡几个小时再爬起来看书、备课，实在熬不住再睡。学校非常支持我读研，包括报销学费，每周只给我安排四节课，历史组的其他老师毫无怨言地承担了更多的教学任务。①

"学科专业就是老师的饭碗，老师视野的高度决定了学生品质的优劣"。A老师强调教师的专业性是其成功与否的关键所在。同时，教师团队文化建设也影响着教师专业发展。随着知识信息化发展，教师单兵作战也可能取得一定效果，但耗时耗力。如果在团队中成长，可以获取很多不同的帮助，在开放的氛围中交流可打开自己的视野，获取更多信息。

二、第二个办公室："代际传承"

2001年，A老师进入他第二个办公室。这也是一个教师集体办公室，是政史地学科组，三个学科一共有十几个老师，以学科分区域而坐，便于开展教研活动。随着学校发展，教师队伍也在扩充，政史地办公室里的教师年龄呈年轻化态势，A老师不再是最年轻的教师，也不再是老教师唯一关注的对象。"我从哪里来？我由刚入职时的小学徒成长为师父，我必须继续保持学徒时的勤学好问，才能做好师父。"这是A老师在第二个办公室对自己的定位。

（一）代际摩擦

由老、中、青三个年龄区域组成的这个大教师办公室，呈现出了一种明显的代际文化。当时的办公室里有六零后、七零后和八零后，每一个年龄阶段的老师关注的问题都不一样，即使同一个问题，看法也不一样。老教师好静，年轻教师好动，这种代际文化之间的差异性或多或少影响着办公室的文化氛围。刚开始，办公室里的一些年轻教师确实"我行我素"，不太注意自己的言行举止，也影响到了其他教师的办公，处在这样的一种状态，A老师等中间年龄段的教师就当起了尊敬年长教师的表率，起到了一种榜样作用。

办公室里的小摩擦

有一个年轻老师谈恋爱，在办公室里打电话，一打就好久，有时

① 汤敏欢：《教坛"充电族"先锋——访广西×中学教师A老师》，《桂林日报》2003年9月10日.

和男朋友闹不愉快声音会很大，甚至哭哭啼啼，我们一方面是安慰，但另外一方面是提醒。我们中段年龄以上的老师都有一个很好的处事方式“扬善于公堂，归过于私室”。当时大家觉得这个年轻老师的言行对其他老师办公不利，这从老师脸上可反映出来。老教师就充当一个“调节者”的角色，约她去私人场合聊，没有公开地批评她，如此一来避免了比较大的摩擦，保证了办公环境的和谐。

从这个年轻老师的角度来说，这样的处理方式是比较好的，她在私下里知道了规则规范。每个老师都会存在一些不足，有的老师比较自觉，懂得集体办公规则。(A老师)

与第一个办公室相比，第二个办公室增加了生活元素，教师文化更丰富多彩。不同年龄阶段的教师有着不同的时代特征，六零后的教师吃苦耐劳，七零后的教师尊老爱幼，八零后的教师活泼开朗，在不断的磨合中，年轻教师热情好动的性格感染着老教师，老教师沉稳执着的精神又影响着年轻教师。在教师集体办公室里，什么时候可以畅所欲言地聊天，什么时候应该认真安静地办公，大家自然而然地形成了不成文的规定。

（二）师徒共勉

五年出师，28岁的A老师由“徒弟”转变为“师父”。这种角色转变迫使A老师在各个方面成长起来。首先从外在形象上改变自己，开始注重自己的着装打扮，尽量让自己看上去像一个师父的模样。其实更注重自身的内在修养，在教学上逼着自己进步，自己有见解，学会指导徒弟，刚开始他照着师父的模样去表现，久而久之他有了师父的气质和自信。

穿着装扮变得“人模人样”

一不小心我被“抓”到了教育行业，我被师大录取的时候，光荣榜上用粉笔写着我和一个朋友的名字，别人的评价是“他们也去当老师”！我和同学报到时，我穿着有很多烟洞的蓝色短袖，还有在那个年代看上去很叛逆的七分裤，穿皮鞋不穿袜子，大大的黑框眼镜掉到鼻尖上，发型是郭富城的包包头。报到时没人理我们，他的形象和我的基本差不多（看上去有点地痞流氓的样子），他更是那种上了公车别人就要捂住口袋的（怕他是小偷）。读大学后，我想既然选择了教师这个职业就应该穿得庄重一些，从那时起我的穿着装扮才变得“人模人样”

了，现在的穿着打扮是端庄稳重的。（A老师）

做师父也需要一个摸索过程，善于学习的A老师很重视自己经历过的教育案例，经常反思总结。当A老师同时带两个徒弟时，他首先会想方设法了解徒弟们的基本情况，针对不同特点予以指导。徒弟小王（男）知识面广、悟性高，A老师鼓励他在短时间内挑起大任。徒弟小何（女）很勤勉，但灵活性较弱，A老师就让她做一些务实性的工作。

徒弟促我成长

我的一个徒弟即将上汇报课，我对她做的初案进行了指导，提出一些建议，可是在试教时她基本没有采纳，还是按照她之前的模式上课。我认为我提出的方案可能好一点，是不是她灵活性不够，没有转过来，当时我也有点着急，可能说话时的语气较重，就导致我说了之后她当时不说，第三天她才说她如此设计的缘由和目的。

这件事让我悟出了两个道理。第一，说话顺序，应该让别人先说，根据别人的观点再提建议。第二，性别差异，男教师包容一点，讲重了也没关系，他还是会回嘴的。但女教师较敏感，尽管我感觉当时并没有说什么，语气也没那么重，但是还是引起了至少两天的不愉快吧。对某堂课，我觉得我这么上，可能好一点；或者我会提出这个问题是否还有另解，让她参考。通过两个老师对课的反映，对我也是促进，既要尊重他们的想法，也要善于提出自己的不同思路，让老师提问题，才是指导的基础。（A老师）

“徒弟让我成长”这是一种至高的学习心态，A老师的自我反思意识很强。他尊重晚辈，表达方式委婉，注意自己的说话方式，这就是最重要的教学相长。

（三）师生互动

关于师生关系的解读，A老师或许是X中学最有发言权的教师，他由“大学生”到“新教师”，又到“研究生”，再到“骨干教师”，这种“师—生”关系的更替让其更加懂得如何处理学生的教育问题。

用发展的眼光正确看待学生

其实，人的优点是需要别人认可从而强化的。以前，对一个差生，我肯定要批评他；但现在，我想方设法从他身上找闪光点，并让他意识到他在某些方面还是优秀的。当我很生气时，我会用“所有学生都有优点的”来说服自己。①

我在学生思想建设、做人与做事、单亲子女教育、家校联系等方面做了大量工作。经常深入到学生之中，与学生打成一片，了解学生的学习、思想、生活等各种情况，及时发现问题，因势利导。尊重学生，用发展的眼光正确看待学生存在的问题，晓之以理，动之以情，耐心教育，细致入微地做学生思想工作，对待学生一视同仁；关爱每一个学生，关注每一个学生的成长，用爱开启学生的心灵之窗，用爱滋润学生的心田。对于学困生，绝不讽刺打击，而是尽力帮助，因材施教，使其转化。如果成绩掉队，尽量调动任课老师的积极性，及时辅导。如果行为习惯欠佳，则强化学生为自己行为负责的意识与理念，制订矫正日程表，预防反复，直到把遵规守纪由强制到内化为学生的自觉行为。②

“上课守时，教学认真；内容丰富，思维严谨；博学儒雅，风趣幽默；解题细致有深度，注重学生能力培养。”这是学生在教学反馈表中对A老师的评价。

三、第三个办公室：“人际中枢”

2006年，A老师成为X中学办公室主任，开始进入了他职场中的第三个办公室，即X中学办公室。尽管这个办公室空间面积不大，却是学校信息的聚集地；尽管这个办公室坐班人数不多，只有A老师和另外一个干事，但是学校教师每天却来往如织。

教务、科研、德育、校办、后勤是学校重要的五个部门，在A老师看来最具有挑战性的工作在校办。作为骨干教师，A老师身在教学第一线，他对教学有自己独特的理论体系；作为研究型教师，A老师有扎实的学术功底和研究能力，他对科研有自己的学术见解；作为新课程改革专家，A

① 汤敏欢：《教坛“充电族”先锋——访广西X中学教师A老师》，《桂林日报》2003年9月10日。

② 选自A老师提供的材料《申报G市优秀教育工作者典型事迹材料》。

老师有着开阔的教育视野和教育思想，他懂得学校德育工作的核心是“学生”的健康成长；但是，如何建立学校与社会的关系网，如何处理学校内部繁琐的事务？对于A老师，这是一次机遇，也是一次挑战，他是否可以成功转型？

（一）开启交往之窗

校办是一个连接学校与社会的窗口，是连通学校各个部门的关键点，如果用一个“米”字来形容学校，那么这个“米”字中间的交接点就是校办的位置，这个点上的信息四通八达。X中学属于一个特殊的教育部门，它是一所由广西X大学直接管理，广西壮族自治区教育厅拨付办学经费（含基建维修），G市教育局指导教育教学业务的公办学校。学校办公室主任就是校长的秘书长，不可避免要与社会各个相关部门打交道，A老师作为执行者深刻地体会到“交往也是一种生产力”。

A老师通过校办这扇窗，认识到教育与社会的关系密不可分，社会生产力决定了教育的发展规模和速度，学校教育又影响着社会的发展。学校办公室主要是一个办事部门，同时也是教师意见的反馈部门，A老师在教师与校长之间扮演着上传下达的角色。但A老师认为自己“不是传话筒”，首先，他会耐心地听完一线教师的反馈意见，然后根据自己的思考，把形成的解决方案汇报给校长。

（二）完善规章制度

在“以人为本，依法治校”的管理理念指导下，A老师在制度管理、人文管理方面进行了一定探索。突出制度管理，严格照章办事，积极参与建章立制，完善了学校管理方面的各项规章制度，编制了《广西X中学管理制度汇编》，涉及教师考核和评聘、岗位职责、上班考勤、德育管理、教学管理、科研管理、教师管理、学生管理、后勤管理等方面。①

如果说校办是一张文化网，那么A老师就是织网的人。作为学校制度的执行者，他时刻要求自己和办公室人员“不以事小而不为，不以事杂而乱为，不以事急而盲为，不以事难而怕为”，并以“办文准，办事稳，情况实，主意慎”作为自己的工作准则。

制度下的教师文化

有一个老师几次迟到，甚至无故不到学校，而且是发生在我刚刚

① 选自A老师提供的材料《申报G市优秀教育工作者典型事迹材料》。

宣布学校考勤纪律之后。我给他打电话的时候声音都是发抖的，当时比较生气，他接到我的电话也很生气，因为当时他确实有事。但我认为，有事可以请假，不应该一声不吭地离开。后来一段时间他就不理我，作为制度的执行者，我还是坚持维护制度的严肃性。

作为校办主任，学校里的评优评先进评职称等材料由我负责收集。等到这位老师评职称的时候，我并没有因为上次“迟到事件”而掺杂任何个人情感，而是认真帮助他，教他怎么整理材料可以打动评委老师。我是以一个管理者的身份帮他，也是以一个朋友的身份帮他，之前的结很快就解开了。(A老师)

（三）丰富教研生活

十二年的积累，十二年的磨炼，十二年的沉淀，使A老师逐渐形成了自己的批判性思维。“老教师这样做已经是最好的了吗？有没有更好的？如果他做得不好，那原因是什么？如果是我做，我应该怎么做？”A老师在日常的教研生活中多了这样的反思和批判。对于年轻人，他也会想“年轻人的不同表现，那是什么因素决定他这种表现？如果要扭转，我应该从哪方面去引领他或者打动他？如果年轻人真的做得好，那他的动因是什么，他怎么会有这么灵活的方法？对于已经历练了十多年的老教师，我是否可以从中学习新的思想，注入新的思维、新的血液，让自己保持年轻态？”A老师善于思考，虚心学习，他的批判性思维不仅体现在他的专业上，也包括他的工作，他的生活。

何以成“师”

他努力提高教学技能，潜心钻研教学技巧，力求在课堂教学中实现“知识与技能、过程与方法、情感态度与价值观”三个维度的教学目标；既注重获得知识，培养能力，也注意培养学习方法，还注重发挥学科优势，获得正确的情感态度与价值观。在教学的实践中积累了较丰富的教学经验和方法，从熟练运用探究式教学法、讨论式教学法等各种教学方法中，自成“设疑解惑”教学法，善于设疑，鼓励质疑，倡导合作学习，培养创新性思维，探究解决问题。他努力探讨开放型、主体型、思辨型有效课堂教学形态，以建构主义理论、多元智力论、主体教育理论等为指导，根据学科特点构建起“以学生为主体，教师为主导，思维训练为主线，情感和谐为保障，能力发展为目标”的教学模式，形成了“趣、活、新”的教学风格和特色。因材施教，善于激趣，切入学生的最近发展区；针对不同的教材内容选择不同的教学方法，及时捕捉学生的疑点，及时调整和设计生成新的课堂教学；教学语言鲜活，时代感强，不断运用最新教学手段，创新教学方法，不墨守成规，推陈出新。他的历史课以生动有趣、教学灵活、培养学法、鼓励创新而倍受学生欢迎。在历次学校组织的学生评教或学生自发的评选中，他一再被学生评为最受欢迎和喜爱的教师之一。

近年来，他主持和承担了8项省、市级课题的研究，其中4项课题荣获G市科研成果一、二等奖。所主持的广西教育科学“十一五”规划重点课题“新课程改革背景下中学历史教师专业化研究”于2012年5月结题，评价较高。有10多篇论文在核心期刊上公开发表，参编进修、教辅书籍6种，另有10多篇论文在国家、省市级论文评比中获奖。①

学校办公室是一个人来人往、事务繁琐、环境嘈杂的地方，A老师基本在下班后才能备课。身兼行政工作，但A老师不忘自己作为教师的本职使命，他当时一周多达16节课，如此繁重的教学工作，加上繁琐的行政工作，A老师是如何处理这种关系的？人的精力是有限的，刚开始担任校办主任一职，A老师内心挣扎了一段时间，校办主任的角色确实影响到他在教研方面的建树，以及他与朋友之间的亲近关系。

四、第四个办公室：“自我超越”

2012年，A老师跨入了他人生中的第四个办公室——×中学副校长办公室，具体负责学校行政和后勤工作。A老师终于拥有了一间属于自己的办公室，这种独立思考的空间是他一直所向往的。办公室里有一个小隔间用来做卧室，在×中学能够拥有一张属于自己的床对任何一个教师而言都是一种幸福，这个办公室带给A老师一种安静、独立、满足的感觉。他对教育的思考从未停止过，这个独立办公室里又给他带来什么？

① 选自A老师提供的材料《申报G市优秀教育工作者典型事迹材料》。

“变”与“不变”

我的角色在变化，但我的教育理念始终一致。比如当一般老师时，我会做好教学工作，坚持自己的教学特色；当校办主任时，我是一个引航者，办公室主任是引线人，应当要做好教师的本职工作；当副校长时，我开始考虑教育教学管理，或者说是有关办学理念的事项。随着职位的变迁，站位也越来越高，我的视野和关注点也发生了变化。（A老师）

（一）引领学校发展

“事跟人走”，A老师深刻地体会到这句话的含义：“你如果是一个有能力，愿意做事的人，这个事情会跟着你走，不因为你的位置的改变而减少”，正所谓“能者多劳”。在其位谋其政，A老师无时无刻不在提醒自己：“×中学处在关键的第二次创业时期，既有重要的发展机遇，也面临着诸多的问题与挑战。如何把握机遇，趁势而上？如何直面问题，走出困境？思路决定出路，学校领导的视野和高度与学校发展之间存在正相关，决策层的能力和水平决定着×中学发展的方向和高度。”

我的努力，学校的发展

作为分管行政的副校长，我协助校长完成了几项顶层设计：第一，设计了《×中学劳酬制度和劳动纪律》，提高了全校教职工工作积极性；第二，修订了《×中学聘用教职工入编打分制度》，有效地将质性评价与量化评价结合起来；第三，起草了《×中学教育集团章程》，利于创新广西基础教育的办学道路、满足更多学生对优质教育的渴求、增加学校经济效益、形成规模竞争力；第四，理顺了×中学的办学体制和归属关系，有助于改善学校的办学政策和办学环境。

作为分管后勤的副校长，我协助校长完成了几件大事：第一，推进新学生公寓楼建设，解决了把教学楼、图书馆作为学生临时宿舍的窘境；第二，获得了G市住建局20万元的绿色环保资源项目资助，结束了困扰学校已久的水、电问题；第三，组织改造维修了一系列工程，包括翻修学校运动场，改造医务室，改造国际班教室，改造通用课实验室，改造和调整教师办公室，机器人制作室，等等。

作为分管行政、后勤和工会的副校长，我还协助校长完成了许多常规工作，指导学校工会开展相关工作，完成了校办行政工作的“传、帮、带”，审批了总务处大量的日常采购和日常维修。行政和后勤工作既复杂又琐碎，我与校办和后勤处的同志们各负其责，各尽其能，有条不紊推进各项工作，保证了学校能够有序运行，正常运转。①

（二）寻求自我突破

A老师一路走来，获得了可喜成绩。但他从未停止前进的脚步，要想成为一名名副其实的优秀教育工作者，既要有个人专业的成长，也要懂得教育教学规律。2004年，A老师报考了华东师范大学历史课程教学论博士研究生，初试成绩排名第一，复试环节顺利通过，当时由于个人原因没能去读。十年后的今天，A老师依然怀揣他的“读博梦”，报考了北京师范大学中小学学校领导与管理方向的教育博士。读博的动机没变，但读博的方向发生了变化，由“历史课程教学论”转变为“中小学学校领导与管理”，主要基于两点考虑：第一，自身发展的需要，身为学校决策层领导必须懂教育管理。第二，学校发展的需要，×中学处在关键的第二次创业时期，需要紧跟时代发展的管理理念和策略。

办公室里的“学风”

办公室，除了办公，也是学习的地方。现在我终于拥有了一间属于自己的办公室，这种独立思考的空间是我一直所向往的。尽管我四十岁，成了老教师，但是还有一定的发展空间，如果发展几年的话可以达到另一个新的高度，现在这个独立办公室为我默默准备了几年的考博提供了良好的学习环境。这就和个人成长的意愿完美结合起来了。

A老师从内而外散发着教师的魅力，既博学多才，又帅气迎人，深受学生的喜爱与敬仰。他认为教师的主流文化包括“健康、阳光、快乐、向上”。一个人的精神面貌是对其内心世界的真实反映，因此他相信“相由心生”。

① 选自A老师提供的材料《试用期满述职报告》。

相由心生

我认为，人到四十岁，不能怨天尤人，不能够责怪父母没有给你一个好长相。相由心生，人长到四十岁，别人通过面部表情基本上可以知道他是一个什么样的人，因为岁月沧桑积淀，已经把基本的内在写在自己的脸上，友善或激情。(A老师)

（三）追问生活的意义

A老师所经历的四个不同的办公室，折射着他个人的成长史，当空间可以满足人的成长时，时间却无法保证人的生活。“为生活而工作”这是A老师教学生涯初期的感受；“为工作而生活”这是A老师现阶段的体悟。

A老师QQ网名叫“生鱼片”，做人就像他在饮食上喜欢食物原生态味道一样，他不喜欢带着虚假面具生活的人，他希望看到真实的每个人，包括能正视自己的困惑。“慢生活在哪里”这是A老师的内心写照，工作快节奏使他不能慢下来。“我不是我”这是他2013年的一种状态，被事情推着走，赶着走，逼着走，这种工作样态让他仿佛失去了自我。

我不是“我”

笔者：您的QQ签名这几天修改为“我不是我”？

A老师：（哈哈）这个你都注意到了啊！“我不是我”是我目前的一个状态，我希望可以按照自己规划的步骤去走，但是现在有点被事情推着走，赶着走，必须走的这种感觉。“我不是我”表达的东西比较多，我就表达其中这一点。我刚才为何说要调整自己，我要还原自己，假期我一定要安排出时间去旅游。(A老师)

“正视自己的困惑，调整自己的状态，还原自己的生活。”当A老师的事业蒸蒸日上时，他不忘追问生活的意义，聆听自己内心真实的声音。

学校里关于“教务、科研、德育、校办、后勤”各个方面的工作，A老师几乎都有所涉猎。在第一个教师集体办公室里，A老师的重心在教学上，初为人师，他必须要上好课，懂教学。在第二个教师集体办公室里由“徒弟”转变为“师父”，这种身份的转变，促使A老师不仅要成为教学名师，还必须在学术研究上有所建树。在第三个学校办公室，A老师的视野由学生课堂、教师办公室拓展到社会各部门，他对教育社会化开始有了认识。在第四个副校长办公室，A老师作为管理者，在处理不同的人、事、物关系时，他有着自己的决策。

五、结语：发生在办公室里的教师专业发展

教师专业发展的文化路径，既离不开教师个体文化的发展，也离不开教师群体文化的创生，更离不开学校教育文化的变革，这是一个层层递进、错综复杂的关系网，缺一不可。而教师办公室，正是教师个体文化与教师群体文化的聚焦之地。平常，研究者更多地将研究视角投向课堂教学场域的教师专业发展，殊不知，作为教师专业发展的文化场域，教师办公室更像是教师专业发展的“秘密花园”，在这一文化场域中，制约和影响教师专业发展的力量此起彼伏，形成教师专业发展的“合力”，教师作为专业发展的行动者，在与这多种力量互动与选择的过程中，形成自我决定。

（一）教师个体文化的发展：从“自在”走向“自为”

赫勒在《日常生活》中把人类活动领域分为“自在的类本质”“自为的类本质”与“自在和自为的类本质”的对象化。其中，“自在的对象化”领域是基本领域，“自为的对象化”领域是最高领域，介于“自在的对象化”与“自为的对象化”领域之间的是制度化领域。她认为，“如果个体要再生产出社会，他们就必须再生产出作为个体的自身。我们可以把‘日常生活’界定为那些同时使社会再生产成为可能的个体再生产要素的集合。”① 日常生活的意义在于将主体由“自在存在状态”转为“自为存在状态”，最终走向自觉的自为状态。

教师文化的发展是一个内外并进的过程，从“自在”走向“自为”，达到“文化自觉”，“理解我们自己……理解了自己共同体的生活世界，才有望达到文化自觉。”② 教师文化走向“自为”，本质上是对自我实现的一种超越和创造。

教师的自在文化是教师在日常生活中表现出来的一种约定俗成的文化

① 转引自［匈牙利］阿格妮丝·赫勒著，衣俊卿译：《日常生活》，黑龙江大学出版社2010年版中译者序言。

② 高丙中著：《日常生活的文化与政治——见证公民性的成长》，社会科学文献出版社2012年版，第23页。

样式，它是一种被高度认同的教育经验和教育习惯的集合体，传承性、规则性和大众化是它的主要特征。教师个体文化的发展由“自在”走向“自为”，需要一定的自由空间，而不是时刻受到外在教育制度的束缚。教师的自为文化不是被给定的，而是教师打破惯常化的教育生活，通过自己的建构、反思、分析所创造的，在不断的实践探索中形成教育理论和教育制度。

（二）教师群体文化的创生：从“分离”到“共生”

教师办公室中个体文化和群体文化共存，前者的发展是后者创生的基础。

教师群体文化虽然具有职业价值规范的同一性，但是，作为具体存在的教师文化必然会呈现出多元化的文化图景。求同存异是对文化多元性的尊重，也是教师专业自主性发展的前提。A老师在四个办公室的跃迁过程，正是他在错综复杂的关系结构中逐渐确立起自身的独立性和完整性，在专业发展的道路中汲取有益于自身发展能量的过程。

作为知识分子聚集的办公室，教师彼此之间很难形成真正的、大家公认的权威，而且教师之间也会出现竞争。然而这种竞争必须是一种良性竞争，否则容易导致教师之间的分离。“在合作中竞争，在竞争中合作”，这是教师文化发展的关键点。在教师群体中，以优秀的教师个体为象征，引领教师群体在合作中实现共同发展，有力地消减了教师群体之间的文化冲突，使教师从“鸡犬之声相闻，老死不相往来”的“分离”状态逐渐走向共生。

（三）学校教育文化的变革：从“约束”至“引导”

学校是制度化的场所，办公室作为学校的一个组成单元，游离于制度化与非制度之间。所以，办公室场域里的教师既生存于体制之中，又会隐匿于体制之外，“偷得浮生半日闲”。学校管理有别于企业管理，教师不是在制度的规约下机械地工作，而是在富有创造性地发现问题、解决问题。学校管理制度是促进教师专业发展的手段，而非目的；建立合理的管理体制，引导教师发展，而非控制。学校教育变革，应该从“管束”转变为“引导”。

车丽娜强调：“从教师管理制度建设的目标来讲，既要体现惩戒和规约的作用，也要有导向和促进作用；从制度建设的类型上来说，既要发展日常教学与行政的考核与奖惩制度，也要使教师的专业学习和进修等活动制度化；从制度建设的立足点来说，既要看考核与奖惩制度是否可行，也要看能否得到教师心理的认同。”① 校长是建设学校文化的核心人物，是促进教师发展的引领者。李清臣强调“营造对话氛围，激起教师合作的共同愿景和信念，构建教师合作共同体，充分发挥校长的引导作用”②。教师办公室在学校发挥着重要的功能，它不仅是教师办公的场所，更是凝聚教师团队力量的核心地，是人际关系发展的交往场，是师生交流沟通的休息室，是教师自我充电的学习地。它促使学校教育文化民主、平等地发展，从“管束”走向“引导”，从而推动教师文化积极健康、自由和谐地发展。

① 车丽娜著：《教师文化的嬗变与重建》，山东师范大学硕士学位论文，2007年，第89页。

② 李清臣著：《教师精神文化研究》，高等教育出版社2010年版，第188—190页。

把课堂还给学生

——广州思源学校全赢自主教育实验的人种志研究

龙定江
（安顺学院，贵州 安顺 561000）

【摘要】把课堂还给学生体现了以人为本，尊重生命的教学理念。让学生参与课堂教学，并成为课堂教学的主体。把过去那种以教师为中心，以课堂为中心，以教材为中心的传统教学，变为以学生为中心的新型教学模式。广州思源学校结合本校特点，创建自主教育模式。本文使用人种志研究方法，以田野工作方式进入现场，对广州思源学校创建全赢自主教育模式及其成效和问题做了探析和梳理。

【关键词】课堂；学生；自主教育模式；综合素质；自主学习

【作者简介】龙定江，安顺学院讲师，中山大学教育学硕士，主要从事教育学原理研究。

导 言

学生最大的敌人是懒惰，中国教育的最大悲哀是老师包办一切。

——崔其升

这是我在广州思源学校最常听到的一句名言，这句话是山东杜郎口中学崔其升校长说的，他倡导学生自主学习，不仅挽救了马上要关闭的公办乡村中学，也通过传经送宝的方式带动了民办广州思源学校的发展。使思源学校创建起全赢自主教育模式。由导师推荐，我有机会走进了广州思源学校，经过近一年的到校蹲点，获得了大量一手资料，深刻感受到思源学校创立的自主教育模式不只是一个口号，它本质上就是要通过“把课堂还给学生”，让学生成为自己的主人，使学生、学校、家长、社会都成为赢家，是一项实实在在的新教改，在促进师生教育观念转变、改革课堂教学上引发巨大变化。从课堂上学生的热烈讨论中，笔者不仅看到杜威倡导学生主动学习、在做中学的教育思想在闪烁发光，也看到学生在积极参与中所取得的成果。

一、察源究本：走进思源课堂的观与感

广州思源学校是经广州市教育部门批准成立的一所具有小学、初中、高中办学资格的全日制民办寄宿学校。学校位于天河区奥体路，与拥有丰富的科技、文化、艺术、环保、体育资源的科学城、世界大观、航天奇观、广东省奥林匹克体育中心相毗邻，地理位置优越。学校占地面积75亩，可调配使用的世界大观与奥体中心等第二校园近千亩，教育资源丰富。该校属于高收费学校，学生来自全国各地，学生父母大部分经商。

（一）体验自主教育：踏步校园

九月的羊城依然天气炽热。此时笔者就进入了广州思源学校，与该校师生共同生活学习了数月，在朝夕相处中建立了友谊，也以局外人的视角进行了观察和思考。考虑到杜郎口中学是初中，因此笔者也以该校初中为考察重点，以求其正宗原味。

走进思源学校，迎面扑来的是浓厚的人本气息。首先映入眼帘的是学校广场上耸立着的五星红旗旁那块大木板上的“坚持面向人生的教育观、培养走向未来的现代人、办一所富有高度社会责任感的民办学校”，与校门口挂着“以人为本，关注生命”的牌匾、课室墙上书写的“行时代新风，做时代新人”等标语以及市区奖励的“社会治安综合治理先进单位”“社会力量办学先进单位”牌匾交相辉映，浑然一体，构成浓郁的人本化校园氛围。

走进初中部，笔者受到了秦主任的热情接待，他向笔者介绍了初中部

一二年级的各位教师，接着陪笔者到初中部课室参观。走在课室走廊上，笔者立刻被该校独特的课室设置及教学方式所惊到。一是初中部教室都不设讲台，却有三块大黑板挂在三面墙上，上课中的师生几乎都站着、自由走动着讨论问题；很多学生不停地在黑板上写有关观点，教学围绕着这些学生提出的主题进行热烈讨论。二是倡导独特自主的教学模式，一堂课四十五分钟，教师最多只能使用 15 分钟，其余时间全部留给学生学习研讨。三是由学生发起的自由研讨成了最重要的教学方式，以往“组织教学、复习旧课、讲授新课、巩固知识、布置课外练习”的五段教学环节在思源课堂中不见了。秦主任介绍说，自主教育强调教师引导下的学生自己学习，非常重视培养学生学习能力，养成自律、自尊、自信的良好品行。教师也不再是传授知识的机器，学生也不用再在教室里当木偶、当知识的容器或者做学习配角，自主教育就是要使学生成为学习上真正的主人，使每一个学生都能分享到学习乐趣。四是建立起新型的师生关系，师生互助互学，互敬互帮。后来笔者也感到，在思源学校师生界限已不那么明显，甚至有时学生是老师，老师成了学生。

说着，下课铃声响起，各种嬉闹声随着学生们冲出课室而响起，有师生相伴交谈，有学生自由进出教师办公室；随后，应笔者的要求，秦主任给笔者翻看学生的作业、教师的各种思想汇报及教学总结等。

中午，秦主任同笔者一起在食堂就餐，教师及学生们有序就餐，特别是学生自觉排队，有秩序用餐，等等，都给笔者留下了深刻的印象。当笔者提出听课一事，秦主任笑着说：“你来思源调研，听课随意，不用刻意，不过最好自己去上几节课体验一下。”后来笔者上了三节课，方才感受到这种新教学的魅力。

（二）崔校长演讲：让学生当主人

自主教育理念来自中国教改的各种不同实验，但是成体系则得益于崔其升校长的独特实践。冯增俊教授给予的评价是，自主学习可能不是崔校长先提出的，然而他却是在实践上最彻底地把课堂还给学生的第一人（引自《广州日报》）。

到校后不久，在邓放国校长的引荐下，笔者有幸听了广州思源学校特邀崔其升校长的一场演讲，为笔者理解自主教育打开了心门。下面是崔校长演讲内容节选。

学生应该拥有什么样的精神面貌

一看那份气质，那份创意，那份思想，你说这位同学将来不会成为一个优秀人才吗？在一节课中，大家能看到睡觉的、交头接耳的、趴在桌子上的同学吗？有的同学为什么在这短短的十几分钟内，就管不好自己呢？我敢说，在这里坐着还管不了自己的人，今后一辈子你怎么去奋斗，怎么去实现自己的理想？在教学管理中，要敢于放开让学生做主，学生负责，鼓励独当一面，颂扬敢于负责的行为。只有这样做，才能塑造学生的新气质、新风度，建立起强有力的精神力。对课堂教学来说，学习课本知识算什么？就说历史课本吧，两天就能看完，能把知识记下来，这些都用不了一个学期。例如，一个单元数学题有一百条，自己做上两遍三遍就能消化掌握，学不好是自己不专心，是自己意志力不坚强。学习本质更在于让学生成为自己的主人，养成善行，规范、有序、文明、守纪、高尚、自制力强的行为举止。……教学目标不是这节课讲了多少知识，解了几道题，而是通过课堂这个平台，让学生学会把握自己，把良好的行为习惯、精神状态、自信心、意志力激发起来，这才是课堂上最重要的教学效果。学生成为自己的主人，是成为有理想、有成就、做大事、成大器的根基，才能保证一辈子事业的成功……①

崔校长的演讲富有感染力，鼓舞人心。在演讲中不仅要求学生立大志，望未来，做大事，也要求学生对自己严格，从小事做起，特别讲上课既要尽抒心灵之思，探索科学之妙，成中华栋梁之材，又要品德高正，行为雅致，坐有坐相，站有站相，坐姿端正，站立挺直岸然；上课不吃零食，不带手机，吃饭要排队且要在规定时间内吃完，宿舍被子及生活用品要摆放整齐。他认为培养行为规范和建立新学校文化会影响人的一生，是自主教育的核心。

（三）自主教育特征：主体共同参与中共赢

当代各种教学模式层出不穷，邓放国校长吸纳杜郎口教学模式，创建的全赢自主教育是其中一个很有代表性的教育实验。崔其升把一所升学率

① 摘自我的田野日记《崔校长的演讲》。

排名全县倒数第一，面临关闭的杜郎口中学变成一所学生爱学、乐学的新学校，拉开了中国新教学改革的大序幕。思源学校邓放国校长通过学习并聘请崔其升校长到校传经送宝，结合广东民办学校特点，创立了“全赢自主教育模式”。其核心内涵有二：一是师生是主体，家长与学校及社会也是主体，学校重视师生共同主体的作用性，是互动互为的作用主体，缺一不可，只有两者积极互动，才能成为学校，成为一所有活力的创造性学校，因此学校广义上的每个分子都是赢家。二是教学上的全赢性，强调师生互动、德才互得，师生与学校共同成长，彼此不可分离，因此更是互赢互利。思源学校也倡导“15＋30”模式，即通过教师15分钟与学生的30分钟，构成新教学的三要素：第一要素是“立体式”，即目标任务呈现三维立体式，任务落实到每个人、每个组，学生主体作用得到充分发挥，集体智慧得到充分展示；第二要素是“大容量”，即教学以教材为基础，在课堂上学生通过拓展、演绎、提升、挖掘，使课堂活动变得多元化，让所有的学生都得到参与式体验；第三要素是“快节奏”，即在一堂课规定的时间内紧扣学习的目标任务，周密安排，师生互动，生生互动，达到教学的预期效果。

二、走进课堂：在自主互动中获得全赢

思源学校全赢自主教育模式强调要把课堂还给学生，使课堂成为学生展示自己的舞台，学生成为演员，教师变成导演，彻底颠覆传统的课堂教学模式。实践证明，自主教育教学模式能使学生在课堂上活泼起来，提高学生的学习兴趣和教学效率。

（一）教学观摩：在参与中共享自主

学校的核心工作是课堂教学。思源学校全赢自主教育认为，教育公平不仅仅是每个人都有书读，公平既是起点公平，更重要的是过程公平，共同分享学习自主和探索的成果，因此公平应该更多地体现在课堂过程中，让每一个学生都能在参与教学中获得知识，增长能力。我在思源学校深深感受到这种人人参与的新教学。

初识课堂。来到思源学校第二天，我就去听了一节初中语文课。为表示尊重，在听课前，我走到教室前面，对讲这节课的语文老师说：“我来听您的课可以吗?”她的回答是：“随时都可以来听课，不用打招呼。”她的回答让我始料不及，让我着实惊到了。后来，我每次听课不再过于注重礼节，

这让我感到无拘且自在。

自第一次听课，我就发现教师在课堂上大约用了十分钟时间来讲课，课堂大部分时间是学生在自发演讲和讨论课文，课后我跟这位语文老师说："我从来没有见过这种上课方式，这让我很震惊。"这位语文老师回答说："其实这节课上的不成功，要是你到杜郎口中学去听课，你会更震惊。"①

让学生自主：人人参与的教与学。第三周，我听了一场公开课，是八年级二班的语文课《爱莲说》。这个班共35名学生，分6个小组，以下以这节公开课的实录来品味把课堂还给学生的内涵。

初二语文公开课《爱莲说》

教师（学生4扮演）说："上课"。

学生说："老师好"。

教师（学生4扮演）说："同学们好，请坐"。

学生1说："大家好，我是来自广东思源学校的小记者，今天接到一个特殊的任务，要去采访一个人，是谁呢？我暂不说，要想知道是谁，请跟我来。"

学生2在朗读课文《爱莲说》："水陆草木之花，可爱者甚蕃。晋陶渊明独爱菊；自李唐来，世人盛爱牡丹；予独爱莲之出淤泥而不染……"。

学生1问："请问您是？"

学生2回答："在下就是周敦颐"。

学生1回答："本人来自公元2011年的业余小记者，是专门来采访您的，听说这附近有一个莲花池，我想去参观参观。"

学生2回答："好的，请跟我来，这就是莲花池。"

学生1回答："哇，好美啊！"

学生1提问："敢问周先生为何这么喜欢莲花？"

学生2回答："予独爱莲之出淤泥而不染，濯清涟而不妖，中通外直，不蔓不枝，香远益清，亭亭净植，可远观而不可亵玩焉。"

学生1回答："予谓菊，花之隐逸者也；牡丹，花之富贵者也；莲，花之君子者也。噫！菊之爱，陶后鲜有闻；莲之爱，同予者何人？

① 选自我的田野日记《听课集》。

牡丹之爱，宜乎众矣。”

学生2问：“你怎么会背我写的诗?”

学生1回答：“您有所不知，这首诗在我们那里是名诗。”

学生2说：“真的吗？那我们就去看看。”

学生3问学生4：“你会背《爱莲说》吗?”

学生4回答：“当然会背，请听好了：‘水陆草木之花，可爱者甚蕃。晋陶渊明独爱菊。自李唐来，世人甚爱牡丹。予独爱莲之出淤泥而不染，濯清涟而不妖，中通外直，不蔓不枝，香远益清，亭亭净植，可远观而不可亵玩焉。予谓菊，花之隐逸者也；牡丹，花之富贵者也；莲，花之君子者也。噫！菊之爱，陶后鲜有闻；莲之爱，同予者何人?牡丹之爱，宜乎众矣’。”

学生3问：“你这样也是背，我肯定比你背的好，听着：水陆草木之花……”抑扬顿挫地背诵了一遍。（背书声落下掌声一片）

学生4说：“谢谢这四位同学的精彩展示，我们通过预习《爱莲说》，相信大家有了不少收获，请大家把你的理解写在黑板上，在座同学请准备好进一步展示，现在开始写。”

学生在四周的黑板上写着自己对课文《爱莲说》的理解，任课教师不时地在课堂上来回行走，给同学们答疑……

学生4说：“展示结束！请回到原位。现请同学们相互修改，改完过后请各位看黑板，指出哪位同学写得最好，哪位有错别字，哪位字写得最漂亮。”

学生5答道：“徐同学的字写得最漂亮。”

学生6答道：“我觉得周同学的字写得最好，其字写得很有特点。”

学生4说：“刚才同学们都预习了《爱莲说》，有了不少收获，那么请同学们来为我们分享一下，从《爱莲说》中你们想到了什么，请大胆说”。

学生7说：“我认为作者周敦颐是一个做官清廉、正直的人。由他我想到清朝的一个大贪官和珅，他是乾隆皇帝的心腹，为官二十多年，贪腐巨大，他在嘉庆四年被定了20多宗大罪，家产被没收，相当于当时清政府15年的全部收入，有‘和珅跌倒，嘉庆吃饱’的说法。”

学生8说：“我从《爱莲说》里的一句‘亭亭净植’想起了一个故事叫‘不贪为宝’，讲的是古代郑国有位叫子罕的清廉好官，有人送来一块玉，但子罕不收，这个送玉的人以为子罕看不上，叫玉匠来鉴定，说是一块珍贵宝玉，子罕却说你的宝贝是这块玉，我的宝贝是‘不贪’，如果我收下了你的这块玉，那么我们两个的宝贝都没有了，还是各自留着为好。我认为子罕是正直的人。”

学生4点评：“你发言还应大胆一点，吐字更清楚一点。请大家继续说。”

学生9说：“从《爱莲说》这首诗，使我想到郑板桥写的《石竹》‘咬定青山不放松，立根原在破岩中。千磨万击还坚劲，任尔东西南北风。’这首千古流传的佳句，把‘竹’坚贞不屈的精神写的淋漓尽致，竹在高山野岭里默默生长，屹立群山之中。”

学生10说：“由《爱莲说》我联想到一首毛泽东赞美梅花的诗：卜算子·咏梅‘风雨送春归，飞雪迎春到。已是悬崖百丈冰，犹有花枝俏。俏也不争春，只把春来报。待到山花烂漫时，她在从中笑。’谢谢。”（掌声）

学生11说：“由《爱莲说》我联想到另一首赞美莲花的诗，张学良的咏兰诗‘芳名誉四海，落户到万家。叶立含正气，花研不浮花。常绿斗严寒，含笑度盛夏。花中真君子，风姿寄高雅。’谢谢大家。”（掌声）

学生1点评说：“他们朗读得很好，可惜有点怯场。”

学生12说：“读《爱莲说》我体会到作者内心，感受到当时社会的黑暗和政治腐败，让我想起像诗人那样正义光明的人物，如包拯由于亲侄子包勉贪赃枉法而杀了他，他的嫂子骂他禽兽不如，因为包拯从小父母双亡，是他嫂子把他抚养长大的，就像他母亲一样，但包拯把他嫂子的儿子杀死了，可见他是大公无私的，值得我们学习。”（掌声）

学生4说：“通过对诗的分析，古人云：‘学以致用’，请同学们运用自己的智慧来一番小创作，现在我就让大家在这个舞台好好展示。”

学生6说：“学了《爱莲说》，我也写一首诗请大家欣赏：牡丹很美，让人沉迷其中；青竹很直，让人膜拜刚强；梅花很傲，让人不惧严寒冰霜；莲花出淤泥而不染之美，纯而不妖，让我仰望，君子纯洁高贵不可亵渎。谢谢大家。”

学生13说：“我创作的是一副小对联，现向大家展示一下。上联

是‘爱牡丹者则众至’下联是‘爱莲花者则甚贵。’横批‘爱有不同’。”（掌声）

学生14说：“我也为大家献上一副对联，上联是‘爱莲来此众君子’，下联是‘富贵牡丹人人开’横批‘花之喻作’。”（掌声）

学生15（以前这个女生很胆小，不敢在课上发言）说：“我也创作了一首小诗：蝴蝶轻临枝头上，水中鱼儿把它围，身在泥潭却不黑，宛如人儿那样美；远处闻清香，飘香怡人又养心肺，高处立意新，高尚不妖媚，人人都应学会赞美。”（掌声）

学生4说：“很好，请同学们继续展示。”

学生16说：“我也写了一首赞美莲花的诗：牡丹花开亦富贵，美丽又妖艳，但却高尚不如莲，清水洗濯不妖媚，淤泥出身不污秽，亭亭净直，自高洁，不妖不媚。”（掌声）

学生17说：“我是广州思源学校的导游，今天带一些同学参观美丽的颐和园，各位请看这边莲花是多么美，能想到有关莲花的一些词句吗?”

学生18回答：“让我想到了一首名词：‘毕竟西湖六月中，风光不与四时同。接天莲叶无穷碧，映日荷花别样红’”。

学生19说：“好诗词，我看到一莲花池，我想到的是：渌水明秋月，南湖采白苹。荷花娇欲语，愁杀荡舟人。”

学生20说：“好词，我想到的是《采莲曲》‘藕田成片傍湖边，隐约花红点点连。三五小船撑将去，歌声嘹亮赋采莲。’”（掌声）

学生21说：“他们说的是诗词，就让我来说几句歇后语：‘哑巴吃黄连，有苦说不出’……”

学生22说：“各位实在太有才，惭愧、惭愧。”

学生23说：“我创作的一首小诗是，‘洁身自好人尚高，英雄不问出身处，期望人人有正气，正直就做真君子。谢谢。”

学生24说：“刚才有个读古诗的同学说错了一个字，是傍（bàng）湖边，不是傍（pàng）湖边。”

学生25说：“《爱莲说》让我很受启发，下面我分享我的小创作《可怜说》：‘天下地上多人，可怜者小白菜，中国可怜的人物之一，从小没爹没娘，没钱读书，然聪明、好学、诚实、学而不厌，不急不慢、虽个子矮小而不可嘲笑焉。”

学生26说："我也随兴写了一首小诗，题目是《石竹花》：'没有娇艳的色彩，没有绝美的姿态，只是纯白色的身躯，更能显出坚持的性格，绝不放弃生的希望，这就是永不低头的石竹花。'谢谢。"（掌声）

学生27说："各位同学说得好，我展示的是把一首歌曲改编成《莲花颂》，请听（唱自编歌一曲……）。谢谢大家"（掌声）

学生28说："献上我创作的小诗：'你从污泥中生长，却是圣洁的身躯。你从不显得娇艳争芳，但却通达正直，行为端正，令人敬重'。谢谢。"（掌声）

学生29说："我创作的诗《梅花》：凛冽的寒风呼啸而来，在寒冷中梅花依然傲立，从不放弃生的希望，不因困难而退缩，这是生的抉择，梅花香气飘荡在鼻息之间，那种转瞬而去的光明，散发出一身正气。"（掌声）

略若干……

学生4说："从《爱莲说》里面学到了什么，用一句话来概括就可以了，小组内可以讨论一下。时间到，讨论到此，谁愿意上来展示。"

学生31说："做人不可与坏人同流合污，要洁身自好，品质高尚。"（掌声）

学生32说："从《爱莲说》里面，我学到了富贵不能淫，威武不能屈，做一个品格高尚，洁身自好之人。"

略若干……

学生4说："相对于莲花，我更喜欢茉莉花的高雅洁白，下面我们就给大家献上一首《茉莉花》……"（有一男二女三个学生唱起来）（掌声）

该课任教师做最后点评："同学们的展示，非常出乎我的意料，非常之精彩。理解有感觉，赋诗有意，一人一句，言简意赅，很精彩。从《爱莲说》，我也感觉到人的一生从入世开始，入世久了染习也就深了。所以人有的时候要百分之百的做到'濯清涟而不妖，出淤泥而不染'，是不现实的。但是，如果在转眼之间回到那种单纯的状态也是不可能的，唯有把你的心静下来，放下身边所有世俗的缠绕，才能让自己踏上无畏的征途。这节课

到此结束，谢谢大家。”(时间是45分钟)①

（二）让学生做主：做课堂上的舞者

从上面这节课中，我们看到学生进入了课的进程，从参与中获得，在进程中培养自主学习的习惯和思维，在课堂这个舞台上演示和锤炼。我前后听过20多节不同学科的课，我认为，思源学校把课堂还给学生，最重要的是让学生学会自主学习，成为自己的主人。

学生中心：激发自主学习之魂。在自主教育看来，自主学习，是课的灵魂。教学不能激发学生自主学习的渴望，不能赋予学生自主学习的权利，不能提供自主学习的条件，就不是一堂有灵魂的课。

独立创新性的学习。从以上课录可见，在45分钟之内，给每个学生都有发言或展示自己的机会，且他们这些展示都能完整说出自己的思想和作品，很少有重复，令人吃惊。一是说明学生在上课前做了很多准备；二是这些预习是自己完成的。有一些外校来听课的教师说这是在做假，认为初中生绝对不能做到。其实，我与他们数个月朝夕相处，知道这就是思源学校平时的上课方式，尽管公开课准备要充分些，但至关重要的一点是，所有这些都是学生独立完成的！这就是学习的本质！更是思源自主教育的灵魂！

学生互助：让教学当成心灵交流的园地。走进思源学校初中部，就会看到他们的教室和教室里的桌椅布局与其他学校是很不一样的，一是有三块大黑板，按全班学生的人数，用线把三块大黑板分成相应的板数，每一个学生都有属于自己的一小块黑板，在上课时用于解答教师布置的课堂作业。在上课前、上课中以及下课后，教师及学生都可随意使用黑板，或默写生字词，或写有关知识点，或是写上一闪念间的新见解，总之，黑板是学生表现自己和自主思考的园地。二是思源学校教室布置及桌椅的摆放形成独特的课堂组织形式，即“根据学生学习基础的不同、性格的差异、男女性别的不同，进行适当的搭配，把每个班级分成六个小组，小组内学生对面而坐。”② 这种小组合作的课堂组织形式促进了小组内同学的交流，也使同学间优缺点得到互补，对学生能力的提升有很好的帮助。

学生自立：让学生都有公平的学习机会。思源学校课桌安排避免课堂

① 摘自田野日记2011年9月21日的录像。

② 崔其升、谢金国著.《走进杜郎口自主学习教学模式》，中国林业出版社2008年版，第10页。

空间资源分配不公。① 传统秧田型课堂组织形式，使中间靠前排的同学容易得到教师更多的关照，后面及两边的学生则成了被忽视的角落。有些教师常常会把学习成绩好、家庭条件优越和有特殊关系的学生安排在靠近讲台的位置，而把成绩较差和所谓不听话的学生放在后排。这样一来，学生座次就代表着学生在班级里的地位和身份，存在明显的歧视和不公平。②这种做法造成家长的紧张，也影响了教师形象，也会对学生的心理健康产生负面影响，在他们幼小的心灵种下崇拜权力的种子，形成官本位思想意识。思源学校采用小组合作形式很好地把不同特点的学生搭配编组，轮流扮演角色，避免师生出现选择性交往，促使同学间互动，达到“兵练兵，兵强兵”的目的。

一个学生对我说：“读小学时，老师总是叫坐在前排的学生回答问题，有时我举手了，因为座位靠后，总是被老师忽视，几乎没有答题的机会，来到思源学校后，每节课都有发言的机会，回答问题多了，也会思考问题了，也有发言冲动了。”③

在课堂上每个学生都有了发言的机会，增加了学生间的友谊，培养了他们的合作意识，使他们认识到：学习不是你死我活的拼命竞争，而是一种相互合作、相互学习的过程。教师在课堂上的发言减少了，却增加了对学生的了解，也增进了师生之间的互动探讨，师生之间加强了解，这对于教师成长和学生发展都是必不可少的。

（三）以人为本：激发自主性成长

自主学习不是天生的，它是一种能力，更是一种精神，甚至是一种觉悟和思维的转变，因此，自主教育首先要把课堂变成为培养学生自主学习的场所。

科学规划，关照学生的心灵特征。首先，自主教育是基于学生心理发展特征的需要，不符合学生心理发展的课堂气氛和形式，就会使学生受到负面影响。那些不需教师监督、能主动学习的学生，往往具有独立的人格

① 贺同柱：《课堂教学公平的现状透视》，《教书育人》2009 年第 5 期。
② 杜德栎、张俊烈：《论教育公平性问题》，《教育理论与实践》2007 年第 11 期。
③ 摘自我的田野日记。

和坚强的意志力。根据心理学家们的研究，每个人都具有自主性，特别是处于中学生这一年龄阶段，更是人生精力最充沛，且爱表现、爱动、渴望成功，渴望在人们面前展示自己的时期；同时初中阶段也是培养经验型逻辑思维的最重要心理发展阶段，这种心理特征决定了初中教学应该是一种动静结合，能充分发挥学生动手能力，生动有趣的教学。自主教育就是要克服传统教学模式抑制学生手脑结合的学习方式，重视调动学生自主学习，化弊端为优势的新的课堂。

鼓励求知，推进同一性发展。传统教学的课堂上几乎是老师一个人讲，学生在下面安静地听，学生的参与度不高，不能充分调动学生的学习热情，导致学生厌学情绪的增长，使他们对学习失去兴趣，进而失去信心。兴趣是最好的老师，没有兴趣的学习也只是一种机械的学习，不能激发学习者的学习热情，反而成了学习者的苦差事。学习是人类的本性，也是一件快乐的事情，但在中国文化中却诉为苦役，如“书山有路勤为径，学海无涯苦作舟”等。甚至宋真宗赵恒还作《劝学诗》用“书中自有颜如玉，书中自有黄金屋”劝人为金钱和美色而读书，学习变质了。美国教育家杜威认为学生如果不参与课堂的整个教学活动，就不能享受学习，就不能激起学习的兴趣。

与枯燥僵硬的传统课堂相比，自主教育教学模式不仅适合中学生的心理特征，更有利于帮助学生建立自我认同感，使过去死气沉沉的课堂变得生气勃勃。

（四）塑造人性：形成良好素养

思源学校初一有两个班，这些学生刚入校两周里，上操动作不规范，人也显得懒散，无精打采，跑步速度慢，经常有人掉队，跑 1 000 米就直叫累；食堂里剩饭剩菜现象严重；课堂上为了抢答问题，常常为争谁是第一个举手而吵闹。

从动到活：七年级一班的 S 同学

刚开学第一个月，七年级一班学生还是新生。由于他们小学实行的是按部就班的传统授课方式，对自主教育模式不得要领，教师在课堂上提问时，开始学生不是默不作声，就是一哄而上，甚至为了证明自己是第一个举手的而激烈争吵。即使在教师确定后，没有机会回答问题的学生也很难安静地倾听其他同学的回答。他们或会抢先回答，或对回答问题者冷嘲热讽：“哇塞，你真了不起”“你真是一个天才”“你太牛逼了”。诸如此类的话，常常引起哄堂大笑，严重干扰正常教学，教师要花大力气维持课堂秩序。

这个班上的S同学就是这样一个既喜欢回答问题，又爱起哄的学生，由于他的知识相对于班上其他同学丰富，很喜欢回答问题以博得表扬。当教师在课堂上提问时，这个班有几个同学总是抢着发言。由于S同学坐在离讲台近，所以他常能抢到回答的机会，但有时也未必如愿。刚开学时，一旦他没能抢到答题机会，就或在同学展示作品时搞怪动作，或抢在其他同学前面回答，或嘲笑同学。为此，许多教师为了此事花了不少时间精力纠正他的行为。有意思的是，当我这一段田野调研快结束时，S同学已发生了很大的变化，不仅在课堂上的表现变得进退有礼，还学会了谦让，会主动把发言机会让给那些在这节课还没有发过言的同学。①

正是自主教育，使这些新生经过在广州思源学校两个月的学习，行为习惯有了显著变化：上操时不再东倒西歪，晨跑比过去快多了，掉队的人也很少。他们在课堂上的互动，不再像刚来时乱成一团，变得井然有序了。变化最大的是，不单是那些调皮鬼，更重要的是那些平时上课时过于内向不爱发言的学生，经过两个月的时间，他们却能在课堂上大胆发言，表述自己的观点，从不敢发言，到抢着发言，是一个质的变化，这是一个从被动到主动，从背记答案到在探索中加工知识获得真知的伟大过程。

自主教育课堂的变化表现是使学生“动”了，让课堂“活”起来，学生由旁观者变成参与者，这一过程，正是学生追求自主，形成自我同一性的过程。因此，学生只有在这样的课堂才能逐渐建立信心、认识自己，通过实践促使理想与现实达成统一，完成涅槃重生；学生只有参与了课堂教学，才会把教学当成自己的事情，不再是一个无关紧要的旁观者，而成了课堂教学中不可缺少的组成部分；学生有了教学参与就会激发他们学习的自信心、责任心，调动起学习科学文化知识的兴趣，自然会主动参与提问，这就培养了质疑好问的精神，比单纯的考高分更有意义。一个不懂好奇、没有质疑、不会提问的人，注定是一个平庸的、没有自主的人。一个民族

① 摘自我的田野日记。

没有了质疑精神，这个民族就不会强大。学校培养不出学生的质疑精神，那么这个学校的教育就是失败的。沉闷的课堂只能培养出沉闷的学生。自主教育的奥秘在于让人的本性充分激发，从而把懒散的课堂变成充满生气的班集体，成为培养学生的质疑精神的新天地。

三、课堂内外：学校文化中的自主个性教育

思源自主教育不仅仅是课堂上教授知识，更重要的是通过文化的学习让学生懂得做人的道理。例如《爱莲说》一课，通过自主地学习知识，经历探索实践，更重要的是引导学生产生联想和创作，这本身就是一种质疑力、思考力和创新意识的培养过程。

（一）自主的活力：在参与中蜕化性格

> 如果学生在地上看见一张废纸，主动地拾起来扔到垃圾桶里去，比在地上捡了一万块钱更有意义。①
>
> ——邓放国

从走进广州思源学校的第一天开始，我就密切关注学生在自主教育过程中带来的各种变化。随着调研的深入，让我震撼的是学生人生观的转变，不仅学习成绩有了提高，更重要的是行为举止习惯的改变，人生观发生了新的变化。从开学第一周我第一次看到学生课间操时那种东倒西歪、无精打采的样子，到两个月后不仅课堂热烈而有序，出操昂首挺胸，集体活动积极且富有朝气的状况，不是亲身经历过真有点难以置信。很多学生从畏缩不敢讲话，到抢着发言，变化很大。我相信，学生在这里的经历，将使他们一生难忘，这些会融化到他们的性格中，影响其人生方向。在初二访谈中，教师3给我讲了学生发生变化的故事，颇具代表性。

破蛹为蝶

> 思源学校推行全赢自主教育给学生带来很大变化。有位同学叫张燕，进校时同任何人都不说话，每天晚上都想回家。上中学时她一心

① 田野日记，9月21日的录音整理。

要到天河区最好的47中读书，她说喜欢那个学校就不喜欢思源学校。张燕妈妈跟我说，张燕学习成绩她不担心，因为她还有个姐姐学习成绩很好，今年中大毕业，就是自理能力很差，所以最担心的是张燕胆小不敢说话，上公交车都要躲在妈妈的身后，因此，下了决心让张燕到思源学校来，哪怕她成绩差也没关系，一定要让她有胆量，决不能像她姐姐那样。张燕刚来思源时，只要出了思源学校就立刻换上47中校服，每次都是她妈妈强行带她返校的，但她只要回到宿舍就不和任何人说话。冬天到了，很多同学穿上羽绒服，唯独她只穿一件短袖衫，手指甲都被冻裂出血了就是不肯穿，去年考试时，老师把衣服给她披上她也不要，心理叛逆极为严重。但现在她和同学们相处已经非常融洽，在课堂上积极发言，简直判如两人。曾经有位老师说，谁能让张燕开口发言那是要获奖的。谁能想到张燕如今与同学轻松相处，学习积极主动，常常是她第一个到课室，周末提前返校，反而不愿意在家待了。还有位叫田罗倚同学，刚入学时不说话，班主任第一次见到她时竟然是背对着他说话的，而且所有的回答都是"嗡""啊"……课上全班同学都展示，教师及同学反复给机会，她就是不为所动，沉默静坐。经过全赢自主教育数月熏陶，她慢慢融入这个集体，从沉默到开口，再到主动大胆发言，她的变化让人非常吃惊。

小刘同学初一刚入学时非常叛逆，但现在他不仅成绩进步，而且整个人都变得非常上进，行为能力有了很大的提高，他管理的多项工作都排在全校前列，他父亲那个高兴劲儿就甭提了，见人就说思源学校好，仅仅在这个学期就推送了4个学生进思源学校，几乎都是从不花钱的公办学校转到这个年学费近4万元的民校。还有位原天河区重点中学的学生，她父亲看重的不是思源在提高他女儿的分数有多少，而最看重的是社会能力的提升。一个学期下来，孩子就像变了个人，不仅成绩不错，而且在课堂上也敢说话了，做事很有当家的味道。他父亲称这种教育就是熔炉，看来此话不虚。①

思源学校初二学生变化是有目共睹的，特别是整个精神面貌已焕然一新。有次回学校的路上，和二班F同学的偶遇互聊之间，我还真不敢想象

① 摘自我的田野日记。

这位身高 170 cm 左右，很有大人样、很有主见的他在来广思源学校读书之前竟然是一个很胆小、不敢发言的人，他使我对自主教学模式有了进一步的认识。

（二）仪式文化学习：校园生活中的自主教育

仪式对于文化构建有重要作用。美国学者特纳教授对此做了很好的阐述，“仪式不仅是控制过程，而且是形成过程，仪式不仅标明界线，而且是唤醒文化中阶段运转的因素。”① 思源学校很重视仪式文化，除了国家明文规定的升旗仪式之外，还对学校实施全操行仪式化，包括上下课、回答问题、吃饭和集合散会等仪式赋予神圣的内涵，使之成为形成人良好行为习惯的基石。

上课仪式

七年级一班，刚上完第六节数学课，也许因为天气炎热和刚上完数学课比较累，一部分学生课间休息时没有到教室外活动，而是趴在桌上睡觉，直到上课铃声响起。

教师：上课！（声音洪亮）

值日班长：起立！（全体学生站起来）

教师：同学们下午好！

全班学生：老—师—下—午—好。（学生懒散地边说边微微向前弯腰，示鞠躬礼。）

教师：声音太小，重新来一遍。

……

教师：声音还是有点小，再来一遍。

……

全班学生：老师下午好、好、好。（声音洪亮）

教师：请坐！（边说边微微向前侧身，行鞠躬礼。）

在广州思源学校初中部的七八年级，在上课时因学生声音过小，或者是行鞠躬礼时姿势不标准，特别是表现出有气无力状，都要重新举行。每

① 宋萑：《学校升旗仪式的人种志研究——对一所中学的田野调查》华东师范大学硕士学位论文 2004，第 32 页。

次上课举行两三次上课仪式似乎很正常。当我问这位教师为什么要让学生重新施行上课仪式时，他说："我也不想让他们举行三次上课仪式，这会浪费时间，但一是赋予仪式的神圣性，二是为了让学生打起精神来上课。"的确，在举行第三次上课仪式时，学生精神面貌比起前两次来，有了很大变化，声音也响亮了很多。此外，师生互行鞠躬礼，以互示亲爱尊敬之意，培养学生良好的行为习惯。

集会散会仪式

每天，第二节课下课，值日班长就会组织本班同学在教室前排队，其间小组长组织本组同学排队和检查人数；排好队后，就由值日班长带领到操场做体操。上操毕，也要排队才能离开操场走进教室。第四节课下课了，学生要排队进入食堂就餐。不管学生是排队出去做操，还是从教室下课排队去食堂就餐，总是看见老师忙碌的身影，检查人数，整理队形。

这种集会排队仪式，已成了广州思源学校初中部学生每天都要做的"功课"。每次去食堂就餐都能看见学生自觉排队，即使没有手戴红袖套的值日学生维持，队形也很整齐，也没有学生大声喧哗或嬉戏追打。为什么上操、就餐都要排队，教师的回答是："这是在帮助学生养成良好的行为习惯。"可见，这种利用排队来培养、锻炼学生意志与耐力，领会集体精神和遵守秩序，懂得融入社会的责任和德行，大有益处。思源人在自主教育中发现，学生如能养成自觉排队的意识，并把这种意识内化，这就是教养，它会影响学生课堂秩序意识的形成，甚至是影响他整个人生。

（三）从反思中学习：教师逆向教与学

自20世纪80年代以来，教育界就提出"教师要成为教学反思性实践者"的口号，这已成为教师提升自我能力和专业发展的重要途径，因此，教学反思在教育实践中的重要性也越来越凸显出来。首先，教学反思是一种逆向教学思考，通过再次把教学环节进行反刍，使之达到对教学过程系列的一种新确认。美国教育家杜威认为："反思是问题解决的一种特殊形式，它不仅涉及一系列观念，也包含其结果。它是一个连贯的观念序列，其排列方式使每个观察将其后续的观念作为它决定下的恰当的结果，而且每一个结果又反过来依赖于，或指涉它前面的观念。”① 杜威把反思看成是一种能动，认知的心理过程，他指出了教学前后都有紧密的联系，为教师的专业成长提供了有意义的意见。其次，教学反思是一种反向的认识，表征对教学的思考达到新的自觉，达到对教学把握的自主行为。“教师的反思是指教师有意识的通过学生，家长、同事、专家以及理论文献的方式对自己的教育教学实践过程和自我的教育理论，自身素质的不断观察，分析、调节和评价的过程。”②可见，教学反思是教师对专业认知的能动过程，一种更自主的逆向学习。

黑板上的反思表　每次走进广州思源学校初中部七八年级教师的办公室，就能看见在墙壁的黑板上贴有每个教师的反思表。这不是简单对教学行为的思考和酌量，而是一种深入于心的提炼和情意态度上的抉择，一种对教育信念的生动实践，我总是从内心上涌起对这种高尚的育人思想之礼赞！以下摘录两份教师的反思日记。

“逼”出成长——《小石潭记》公开课反思

初中部语文组　　教师 2

今天是周三，上午第四节课，我在小报告厅上了一节文言文的公开课，这节课定于上周周五，准备时间共三天。在此，非常感谢初中部全体语文老师对教材内容和教学环节的共同打造，还有八年级一班班主任崔慧老师和秦主任的协助，以及全体听课老师能从百忙中抽出时间出席指导。

下面我将从三个方面来陈述对这堂课的反思。

一、教学设计思路

1. 背诵表演，课文朗读；2. 赏析景物，品味情感；3. 情景交融，作品展示；4. 检测基础，总结收获。

现在看来，环节设计的初衷是好的，重在引领学生自主赏析课文的景与情，并能引发深层思考，结合生活实际用简明扼要的语言来谈谈人生应采取何种情感、态度、价值观。对这样一篇文言文中的精美散文，如果老师能对教材深挖拓展，对学生展示准备严格要求，应该

① 辛涛：《教师反思研究述评》，《清华大学教育研究》1998 年第 3 期。
② 高玲：《教师反思能力发展特点的研究》，《教育理论与实践》2007 年第 5 期。

效果会比实际课堂呈现更好。问题在于我的准备工作和学生的准备工作不够、对标准要求把握不严，因而无法呈现出精彩的一面来，非常遗憾！

二、问题不足

课下经过语文组集体评课，结合自己的反思，发现存在以下诸多不足。其问题之严重，令我很惭愧。

1. 学生展示标准不够高，发言声音不响亮，且未做到脱稿展示。关键是没有进行背景铺垫引导。

2. 一上课就抛出的第一个问题“找找文中都写了哪些景?”这一设计不明确，没有扣住文章主题。现在看来，应首先引导学生从文中找出具体的语句再来进行赏析，而不是简单地将景物罗列出来。

3. 在赏景析情环节，教师问题设计没能做到指导学生层层深入剖析，流于浅层次理解，赏析完后没有归纳小结，衔接不流畅。

4. 课堂中出现的暂时冷场，老师应对不机智。冷场时可稍作调整，先让学生静下来再开展思考，静心思考是为了更精彩的展示。停顿或潜伏方展高潮，老师要学会抑扬顿挫，不应马上进入下一环节的教学。

5. 在学生赏析不够全面、语言把握不够准确到位时，老师没有及时发现。此时如果能引导学生层层深入分析，就会使大家对文章的理解更为深刻。

6. 在最后环节用一句话点评收获和感受时，学生展示完后无人再点评，憾为功亏一篑。倘若老师在学生写板书时迅速梳理教师认为好的收获，就会做到心中有数，以学习者的身份来和学生共同赏析，从而达致点睛飙花。

7. 没有很好地体现分层教学，虽然在教案设计上已有所体现，但在课堂用语上，分小组不同号不同检测任务未明确体现，以致如何检测及检测目的何在让人有点找不着北。

8. 在基础检测时，本应是自行背诵翻译过程，但有学生拿参考书照抄，老师没把问题制止在萌芽状态，且在发现后没有采取灵活机智的应对措施。

9. 未利用合理的评价方式来调动学生的积极性。

10. 教师激情不够，缺乏悬念和激发，一定程度上限制了学生展示时的欢快度。

11. 时间把握与环节设计失误，课结束还剩下将近10分钟，只好集体朗读等，造成学习时间的浪费，对此我羞愧难当！

三、今后努力方向

在后面的教学中，首先应加强对学生的高标准要求。俗话说：严师出高徒。只有严格的要求和高标准的展示才能造就学生的进步和成长。今后的课堂，凡是学生出现的第一例不严肃不认真的学习状态，包括展示时的低标准，老师要多打断，指明方向，不断强化高标准，树规矩，课堂上暂时不能灵活应对的，下课后也要多想方法，重视学生的心灵成长引导，只有这样，才无愧于学生用心学习、同事真诚帮助、学校搭建平台。其次，在自身对教材的把握以及对学生知识盘点指导上也应多学习、多用心。

只有以一颗感恩和谦虚之心，不断让自己“逼”出方法，“逼”出责任心，才能更好地收获成长，走向成功！①

2012-4-11

另一篇是反思教学管理的，该教师反思由于教育方法不适合某位学生，致使该生离堂一事进行反思，这里略去。

教学反思对教师专业的成长有非常重要的作用。美国著名心理学家波斯纳曾提出著名的教师成长公式，“经验＋反思＝成长”，中国心理学家林崇德也曾提出：“优秀教师＝教学过程＋反思”的成长公式。可见，“反思”是教师成长过程中不可缺少的环节，教学反思是教师自我修正总结出的智慧结晶。

（四）互助共享：营造自主型师生关系

师生关系是课堂教学的灵魂。传统教学是一种“灌输性教学”，教师是向学生灌输，在教学上拥有很高的权威。“教师决定教学的目标、内容、方法、进程乃至结果，学生所能做的只是听课、做作业、接受考试和评定。”② 显然，传统教学模式仅强调学生听教师的，无视学生发展需求。而全赢自主教育重视营造一种共同主体的教学，自主教育模式则强调学生学

---

① 摘自我的田野日记。

② 郑金洲著：《自主学习》，福建教育出版社2008年版，第8页。

习的主体性地位，重视培养学生的创造性能力，要求学生主动学习，学会制订学习计划、监控自己的学习行为，同时，要求教师转换角色，建立互助性师生关系。

自主教育认为，课堂上没有学生的声音，是不合格的。学生在课堂上没有表达自己意见的机会，教师则会失去了解和把握学生的最佳场景，更无法因材施教。课堂上学生发言少，讨论和争鸣少，就失去了产生碰撞、拓展训练思维的机会。在自主教育看来，教师在课堂上讲的少，能带来重大改变。如教学方法上，教师不再是单纯的"教授者、主宰者"，而是引导学生学习，帮助学生成为监控自己行为习惯的"引导者"；在师生关系上，教师与学生不再是控制与被控制，支配与被支配的关系，教师给予学生更多的主动学习空间，学习不再是背记而是从探究中获得。所以，广州思源学校在自主教育中，传统师生角色在转变，把课堂交给学生需要新的师生关系，也使师生关系更加融洽和谐，师生互助、学生互助成为校园一道美丽的人文风景线。这里仅举两例。

担任护士的教师8

七（一）班的C同学，因为一次意外事故，右手骨折了，但是为了不耽搁学习，坚持到校上课，但是右手的绷带要每天更换和敷上新药。教师8主动承担起给C同学敷药的任务，于是每天都可以看见教师8给学生C换药的情景，教师8在给学生C换药的时候整个办公室弥漫着一股浓浓的药味。①

教师对学生关心，也赢得了学生的信任爱戴。学生也经常帮助教师做一些力所能及的事情。有些学生会帮教师把饭菜从食堂送到办公室，有的学生也会帮助教师批改试卷或者作业，有的则会帮助教师检查学生的宿舍，许多学生还成了教师管理班级的得力助手。

小小按摩师

开学一个月后，那天我像往常一样坐在办公室里的办公椅上看书，课间看见七（一）班的S同学，走进教师办公室，这时他们班的语文

① 摘自我的田野日记。

老师正趴在桌子上休息，听见这位语文老师随口说了一句，好累啊，真想睡觉。当时我对这句话并没有在意，因为在办公室经常能听到教师们说此类的话。但是，使我意想不到的是，说者无心，听者有意，这句话恰好被站在这位教师身后的S同学听到了。当时S同学就对这位教师说“老师，我帮你揉揉肩”。后来就经常在办公室看见S同学给教师做揉肩按摩的事情。①

广州思源学校的学生不仅乐于帮助教师，还是一个很好的倾听者、劝说者，为教师排解心中的烦恼。在这所学校常常看到这种情景：当哪个教师受委屈了，后面总会有几个学生跟着安慰，那些调皮捣蛋的学生在班上往往会受到同学们的批评，事后还主动向教师认错，请求教师原谅。

从思源学校中我感受到，自主教育模式首先需要教师角色的重新定位：教师应该成为学生自主学习的倡导者，只有教师认可自主学习，学生才会认可自主学习；教师应该成为学生学习的激励者，教师应利用一切可利用的教学资源或手段来激发学生自主学习的动机与需要；教师应成为学生学习的组织者和促进者，积极合理地组织学生开展自主的学习活动；教师应成为学生学习的引导者，只有教师引导学生掌握相关的学习策略和监控自己的学习行为能力，才能真正实践自主学习，完成真正的全赢共享。

每个时代对学生角色的认识都是不同的。封建教育赋予教师以绝对权威地位，施行“师为上，生为下，师为尊，生为卑”的传统师生观，在学校教育中充斥着对学生的控制与威慑，体罚和羞辱成了学校教育的日常科目。直到工业革命后，人的地位得到空前提升，人的主体性受到广泛重视，20世纪之际教育家杜威提出了“以儿童为中心”的教学理论，使师生关系发生了划时代的改变。

思源学校自主教育实践表明，教师对学生角色认识的转变，直接对教学、学生性格特征和能力的形成产生影响。因此，有人认为“学生角色是对教育活动中的受教育者身份的一般意义定位，在实际教育活动中，学生群体的角色表演还赋予学生角色以丰富的性格特征，这些性格特征同样是

① 摘自我的田野日记。

随着学校的演进而动态发展的。”[①] 可见，学生在教育中的主动或被动，与学生出现积极型或依赖型、顺从型、接受型和被动型的人格特征有很大的关系。在这个意义上，全赢自主教育，打破学生对教师的人身依附，挣脱过去的“上—下”“授—受”关系的樊笼，学生的能动性、创造性、情感性和学生健全的人格特点也逐渐被承认，学生的主体身份包括主观能动性、自主意识、认识能力等得到认可。学生在教育活动中，日渐扮演着主动学习者、教学的参与者、独特个性的发展者和合作者等角色。

四、在思索中前行：全赢自主教育前景

当代的教育领域中各种教学模式层出不穷，邓放国校长借鉴杜郎口教学模式创立的更为深入的全赢自主教育便是其中一个很有代表性的教育实验。崔其升把一所升学率排名全县倒数第一、面临关闭的杜郎口中学变成一所学生爱学乐学的新学校，拉开了中国新教学改革的大序幕。邓放国抓住“让学生成为自己的主人”这一关键点，结合广东民办学校学生特点，经过多年努力探索，提出“全赢自主教育模式”，实现了广式突破。在同样的做法下注入更多的内涵，在全主体，全责任、全覆盖、全作用、全共享下营造一种活力四射的全赢性新教学，取得了预期的效果。

（一）为了学生而教

思源学校的全赢自主教育是一次重大的教育变革，必然会带来巨大的冲击力。邓放国校长丝毫不掩饰其中品到的“利好”之情，也不忌讳碰到的问题和面临的苦恼。他认为，为了学生的发展，为了学生的未来，一切都是有价值的。

1. 课堂变“活”了

“把课堂还给学生”不仅是转变传统教学的核心内涵，从重“教”变为重“学”，也体现了教育现代化的本质内涵。这对于以考试成绩为标志的中国教育来说，无疑是一次重大变革和转型。

以往教学，重在传授知识，提升考试分数，而自主教育模式在传授知识过程中，强化培养学生的基本能力。在与教师访谈中，我逐渐体察到思源学校自主教育模式与传统教育模式的不同之处。

---

① 姚桃林：《“学生角色”内涵的历史考察》，《龙岩学院学报》2008 年第 2 期。

我多次向教师们请教："自主教育模式与过去的教育模式有何区别?"

教师1："学生有了自信心，自主学习能力也提高了，增强了勇气，整个精神状态变好了。这是两者之间最重要的区别。"

其他教师也认为，自主教育使学生精神面貌焕然一新，学习主动有进步。

当我提到，"自主教育模式与传统教学模式有什么不同"时，教师们反应也很积极。

教师3："自主教学模式下的学习都需要学生自己去探讨、去总结，然后得出结论，以前是教师把结论告诉学生，现在这个结论需要学生自己去找、去发现。在这个方法刚开始时，学生都不适应，现在我带的这个班学生开始时就很不适应，本来他们的基础就薄弱，小学又是用传统教学模式上课。邓放国校长曾经给学生的父母举过一个例子，原来的课堂就像从家里来到学校，家长开着车，学生坐在车的后面，学生什么都不用管，只要跟着家长就能到达学校。现在这个课堂就不一样了，还是学生来学校，这会家长不送了，得靠你自己从家走到学校来，在这个过程中要找到走哪条路，接着又要转另一条路，要绕过这个大厦，又要绕过这个大楼，一步一步到达学校，刚开始时你可能很费劲儿，一旦学生认识了这个路，以后就不需要他的父母来送他了。在过去的课堂，教师都把知识总结好了放在哪里，学生听起来比较轻松。现在要想获得知识，需要你自己去想，通过自己动手，操作也好，体验也好，你要自己得出结论，需要你动脑子想，在这个过程中他需要思考，需要更多的时间想一想应该得出什么结论。"①

有些教师认为使用自主教育模式教学，学生在课堂上的语言表达能力变强了。

我还问到，"您在使用自主教育模式教学的过程中有什么体会?"

---

① 摘自我的田野日记。

教师2回答："通过这一年的改革，我发现学生在表达能力上，得到了很大提高，课堂展示时也表现得落落大方。举一个例子，像八(一)班有10个女生，其中两个是新来的，其余的都是从七年级起就在思源学校读书了，让这10个女生一起朗诵，就会发现，比起刚来思源学校读书没有多久的学生，经过一年锻炼的学生的朗读有了一定的情感表露，对文章的理解也能较好地把握住。而那些刚转学过来的学生，虽然语文基础也很好，考试的成绩也不差，但如果拿一篇散文或者诗歌让她们朗读，她们会表现出紧张、呆板的样子。从某种意义上讲，这种教学模式让学生充满自信。"①

思源学校实施自主教育模式后，课堂最明显的变化就是学生的思维从过去的"听"转变成"做"，课堂也就"活"了起来。在思源学校，学生由旁观者变成参与者，学习由被动变成主动，建立了学习的信心，养成自主学习的习惯，这是现代人主要的特征之一。显而易见，在传统教学模式下培养出的人才，已经不适合现代社会对于人才的需要标准。现代社会应找到能为现代社会培养人才的教学模式，而自主教育模式，为我们现代社会如何培养现代人提供了一个参考。

2. 教育变"动"了

在我数月田野工作的实地体验，以及之后的数次回访经历中，无论是与教师们正式访谈，日常聊天或参与各种活动中，我始终关注一个深刻的命题，即思源学校所推广的全赢自主教育模式到底是什么一种形态？直到我动笔写作乃至到最后，我似乎得到一个体悟，就是：教育在思源学校是一种活动。换句话说，思源学校的教育实现了从"静"转向"动"，已经从一种静态的知识学习，变成一种动态的探索。把教育变成一个"动"的过程，不仅仅是认识多少字，记住了什么东西，更重要的是让学生能做什么，怎样引导学生通过探索实践了知识生成的基本过程，增长了什么能力。

坐在思源学校课堂里，听着同学们把自己对课文的理解以及各种相互关联的事迹联系起来，使我联想翩翩，思维也跃跃欲试起来。这是一个奇妙的感觉，一个动的欲念，人在走动，思维在闪动。仿佛看

① 摘自我的田野日记。

到学生们在勇敢攀登着，努力摘取悬崖上的雪莲，仿佛又看到学生们正在踏步无人区，探究最美丽的人间仙境……这些，也使我想起杜威的名句箴言，如“做中学”，如“一两经验胜于一吨理论”，以及顾明远教授的“学在动中”的说法。

“让教育动起来”，这正是全赢自主教育主旨所在，“动”的教育给学生和教师提供机会，带来发展新空间，是促进能力成长的土壤，也使各种新鲜的知识能走进来，在碰撞中形成共识，使师生共同分享课堂上最好的时光。

（二）为了未来而教

在思源学校的日子里，我还时常萦绕在心的另一问题是，这种劲烈的教育改革，如何才能在教师们内心扎下根来，会遇到哪些阻碍因素，是怎么克服的？

1. 转变教育观

要“把课堂还给学生”，最大障碍是应试教育观的转变。其实，教育无他，就是教育观的实践，要改革教育首先当推转变教育观。对此，我访谈了邓放国校长，这样敢于改革的校长有多年的教育实践，从公办学校教师，后下海到科教企业，又回归教育，开始创办民办学校，立志改革教育。他认为，全赢自主教育是一项新的教育改革，从他到杜郎口第一天，就对崔其升校长的办学观有强烈的共鸣。他说，当时就被震撼到了。

我当时可谓慕名而去，听了崔校长一次报告，可谓热血沸腾，但是回头一想，又半信半疑，总觉得既然这么大名声总要去看看。不过我自觉这些年来，什么学校都见过了，就是脑子里怎么都想不出一所农村中学能做的怎样。因为一节课听下来，给我的震撼那是无比的。

从杜郎口中学回来就想做出南方的杜郎口，但是现实却是很严峻的，无论是教师还是家长，要转变这个观念，真是难之又难。但是为了办好教育，无论怎么难都要克服。这些年，思源学校的教师走了不少，也来了不少，全都因为改革这个目标。全赢自主教育今天在思源有了一个很大的布局了。

邓放国坦言：“在观念转变中，教师的观念是最大的阻碍，此外便是社会整个外围的学校评价观，对学生综合素质的认识缺乏，基本上都是以分数来代替学生素质评价。改革需要教师向前看，同自己革命，但是毕竟教师自己过去受了十几年的应试教育，又习惯于之前的教学模式，每个都是这样做的，学不好那是学生的问题，况且这种教学方式最简单又轻松，突然间要他们改变这种教学模式使他们感到很痛苦，负担要增加很多。”①

邓校长本人曾经在农村的小学当过多年教师，对传统教育中教师与学生、与教学模式的关系具有深刻的体验。

2. 重树新教学观

教学模式转型，不仅学校领导要先行，教师的教学认知更要转变，并使之落实在教学模式上。高俊英这位多年来参与自主教育的校长也表述了类似观点。

其实在我们教改之初，教师们都认为，认真讲学生还不一定会，让他们自己学能行吗？所以，每个教师都认为凡是特别重要的内容，就必须一遍遍地讲，反复强调，上课讲自习再复习，但许多学生就是不会。于是单个辅导，每个月考试都考重点的、特别强调的，出个原题或者稍微变变数据，很简单的变式训练，然而学生考试还是做得不好。教师急得直跺脚，就感觉：“那么重要的问题我又强调了那么多遍，怎么就不会？”所以，教师认为讲都不会，不让讲那就更不会了。从这个思想认识上，联想到自己当学生时，都是被教师灌输过来的，让他们放开是接受不了的。②

一个人要改变自己多年的行为习惯，是一件不容易的事，尤其要让他们改变头脑中根深蒂固的观念更是一件困难的事。作为站在教育第一线的中层领导者教师3也如是说。

在推广自主教学模式过程中遇到的阻碍是很大的。刚开始的时候，不少教师选择了离开，如第一学期仅初一（1）班数学老师就换了四个。这不仅是因为教师的工作量在起始阶段会加大，更重要的还是观

①② 摘自我的田野日记（第三季）。

念。本来思源学校是一所私立学校，来自四面八方的学生带来各种各样的问题，还有许多是有了坏习惯其他学校不要、家长也没办法的学生，教师要花很多精力管住这些学生，本来工作量就大。自主教育模式教学在开始阶段，教师也要探索，要适应，要转型，无形中要求高了起来，一些教师不能理解也就吃不了这种苦，选择离开了思源。当然随着实验开展，成果逐渐呈现，也吸引了不少教师。教师的观念一旦转变，阻力也可能就变成动力，现在比去年好多了，教师晚上自觉加班，走得很晚。之前教师们在办公室里上网玩游戏消遣很正常，但实验后初中部的教师们没有时间也没兴趣玩游戏了。"①

作为从事教学工作多年的教师1在访谈中说："有些教师，特别是那些用传统教学模式教了很多年且有些成就的老师，要他们用自主教育模式教学会使他们在思想上很难接受。一是他们长期形成的习惯很难改变，二是使用新的教学模式教学比使用过去的教学模式教学要付出更多时间和精力花在备课和管理课堂秩序上。还有学生的原因，这所学校的学生基础差而且行为习惯很不好。主要还是教师的原因比较多，有些教师是不能理解的，有些教师是能理解，但是因为要增加教学量而不想施行。"②

可见，工作量的增加对教师有一定影响，但关键还是观念的转变。有的教师关注的是学生背记了多少知识，而不是学生的发展，教师7跟我说过："有一个数学老师跟我说他听了一节课后，当场对学生进行了抽查，课堂上展示很好的内容，其实有80%的学生没有记住，只是搞个热闹而已。"③这是个观念问题，因为上课不在于当场要记住什么，知识获得是在认识和实践中理解并使用的过程，关键是理解和懂得什么。当然，只强调让学生热闹的教学方式，也不是"把课堂还给学生"的教学模式。

（三）为中华崛起而不断向前

思源学校推行自主教育经历了从学习杜郎口中学到更全面地提出"全赢"的新概念，在强调共享共赢凝结教育共同体的基础上，注重在实践成

① 摘自2011年10月9日我的田野日记。

② 摘自2011年9月26日我的田野日记。

③ 摘自2011年10月20日我的田野日记。

果中进行理论探新，推动新办学模式继续前行。

1. 迎接学生发展新挑战

思源学校作为民办私立学校，特别重视学生人格的塑造，受到家长的欢迎。但是，为此也花费了教师们的大量心血。在思源学校这个教育田野中，我深刻感受到新教学方法与转变学生原有行为习惯对教师带来的巨大挑战。许多教师都说他们教学中 2/3 的时间都花费在矫正学生行为习惯上。教师 5 对我说过一句话："最困难的是学生的习惯问题。如果学生学习习惯不好，课堂永远抓不上去，行为习惯不好，那他们的心根本不在课堂上。"① 因此，自主教育新模式不仅给教师提出新问题，也给教师如何打造新的学生规范提出新挑战。他说，"现在教师们开玩笑说上课不成什么问题，学生的问题关键是课堂习惯问题。"②对此，邓放国校长一言中的，他指出，正是传统教学使这些学生学不进去，致使他们学习失败。只有用自主教育才能真正转变学生的行为习惯，建立崭新的教学常规。他认为这是一次重大的挑战。"为什么说这些学生不好，是六流的学生，主要是因为他们是被筛选了六次的学生。"这正是我们要推行全赢自主教育的关键点（当我听到"六流学生"一说，惊得我一下子回不过气来）。自主教育不仅面对学生基础差，更要面对学生自制力差，转变学生人生观这些重大的发展问题，把教师从保姆、课堂法官等角色中解放出来，培养一批思想过硬、行为高尚、学业优良的新型教师。

自主教育让学生的自制力在承担责任中从差变强，让学生学习从强迫学到自己主动学，也使学生从事事依赖老师到能独立自主，等等，许多生活自理能力差的学生在自主教育实践中获得新生，实现了全赢。

2. 突破考试标准答案的挑战

德国著名哲学家麦克斯·施蒂纳把标准和控制形象地称为大脑中的轮子，一旦某种思想成了人头脑中的一个轮子，就会指挥着这个人依照所被灌输的这种思想进行思考与行动。中学考试中的标准答案，就是学生头脑中的一个轮子，控制着他们的思考与行为。

在广州思源学校那段时间里，我每天都会拿着一个小板凳去教室

① 摘自田野日记，10 月 12 日下午的访谈录音。

② 摘自田野日记，10 月 14 日下午的访谈录音。

听课，每次都可以看到学生在黑板上做作业，不管是语文课还是政治课，在黑板上还是在试卷上的答题，其答案都惊人的相似，几乎都来自课本或者参考书。有一次，我帮助一位政治老师批改学生试卷，客观题中学生答案尽管对，但是与标准答案不一样也不能得分。当我问这位教师，“答案的意思相近，也不能给分吗？”这位教师很无奈地说道：“我也想给他们分，但是中考的试卷题目必须与平时试卷一样，因为要让学生懂得，只有标准答案才有分。我这样做也是没有办法，学生要上好的高中，就得参加中考。”当我问道：“用标准答案作为试题的唯一答案，这会限制学生思维的发展。”这位教师的回答是：“我们也知道以标准答案为试题的唯一答案，会限制学生的发展，但是没有办法。”

可见，自主教育如果不能突破标准答案的思维樊篱和桎梏，必然很大程度上会抵消自主教育模式鼓励学生质疑、探索问题的精神。标准答案是预先设定好的、不变的、确定的、最正确的答案，唯标准答案是瞻，与自主教育的初衷是对立的。突破标准答案陷阱，是全赢自主教育要面对的巨大挑战。

3. 转变社会旧教育观的挑战

思源学校推行自主教育过程中还要面对以家长为主体的社会群体的质疑，一是受社会上惯常方式的影响，读书就是要分数，上课就听教师讲，对自主教育不理解和不配合；二是把自主教育模式简单地看成是一种锻炼学生胆量的教学方式。有次与一个八年级（二）班女生在操场偶尔聊起，“你父母为何把你送到思源学校来读书？”她的回答是：“为了锻炼我的胆量，我害羞，但是我的成绩如果没提上去，父母还是要我转学的。”①教师6认为：“家长看重的还是成绩，有家长来学校听我的课，课后跟我谈，用什么教学模式我都没意见，关键是成绩要上去，因为他们要上大学，管它是应试还是素质教育，成绩上去就行。”②从以上两段对白中可以看出，家长们非常担心考试的分数，应试制度带来的影响如同一片阴影，始终笼罩在家长们的头上。

还有些家长是觉得照顾孩子太麻烦了。教师5跟我说过：凡三个星期

---

①② 摘自我的田野日记。

放假一次，就有家长来电，要求全托，周末也在学校。“这些父母为什么会把孩子送来思源学校，就是看中住校的，这不是一般的好，而是非常非常的好。住校了家长就不用管了。”这些家长不仅把教师当成保姆，更重要的还是放弃自我的教育责任。为此，思源学校小学部行政楼办公厅里有一条标语“没有强大的家庭教育，就没有强大的中国。”至少缺乏家庭教育是不完整的教育，甚至会造成学生成长的伤害。在一次和教师9的聊天中，他说他们班有些学生与父母的关系是很紧张的，父母忙于生意，无心无力管理孩子，交给学校了事，使他们成为“不愿回家的学生”，而思源学校却成了这些学生可以依赖的圣地。

思源学校推行自主教育既要放开课堂，培养学生自主主动性，也需要推进师生良好互动，营造全生态校园，更需要家庭及全社会的健康呵护，全面参与到具体的教育过程中。因此，如何在这种特殊的教育生态中创建有益的家庭教育氛围，使之与自主教育同向而行这对实现全赢自主教育具有重要意义。

> 在我的访谈中，教师4的一番话对我触动很大，她说：“我觉得孩子的童年是最关键的，幼儿启蒙时家长就要让他们在家里养成好的行为习惯，家庭教育是决定孩子一生的起点，从幼儿园到小学是一个开启正规培养孩子行为习惯的过程，中学阶段则是一个巩固深化习惯的过程，有了好习惯就能帮助他们顺利度过青春期。”①

结语

每一个时代对人及人才都有相应的要求，都有与之相适应的教育，广州思源学校创建的全赢自主教育模式旨在面向新工业革命培养走向智能化新时代的新人。但是教育总是现时代的产物，总是在努力回应着这个时代的不同需求，在特定高考体制下，自主教育依然被迫围绕着高考指挥棒在转，迎合着标准答案以及复述教材上的那些谜题，把获取高分作为学习质量的评价指标，使生动的教学变得刻板乏味。在这些因素下，教师和学生都被迫带着镣铐在教与学。解除学生和教师身上的镣铐才能把自主教育模

① 摘自10月14日我的田野日记。

式的优越性发挥出来，才能更好地做到“把课堂还给学生。”教育人类学中的“人”的文化塑造，正是引导人在打破旧文化中的教育模式中，改变旧文化，创新教育过程中成长出新文化中的“新人类”的。教育改革不是照着做什么，而是打破镣铐，成长为新时代的人的过程。

构建绿色课堂的教育人种志研究

何燕君

（广州东田教育集团　广东广州　番禺　511400）

【摘要】自基础教育新课程改革开展以来，催生了许多教育教学新理念和新实践，绿色课堂正是一个倡导现代绿色教育理念的新型课堂实践。深圳南山育才四小，正是这样一所实践绿色教学新理念的楷模学校。在崔学鸿校长引领下，该校师生在这片田野中积极耕耘，开展一系列教育实践，数年勤奋劳作，为课堂播下种子，绽放绿色，探索出一套先进理念引领的绿色课堂模式。本文运用教育人种志研究方法，从一个研究者的角度对这所学校新实践进行深入观察和分析，细心品味绿色课堂内涵，思考其间奥妙，体验了育才四小绿色课堂的三个重要特征：和谐性、高效性、可持续性。

【关键词】绿色课堂；中小学教育；课堂教学改革；教育人种志

【作者简介】何燕君，教育学硕士，广州东田教育集团助理研究员，主要研究方向为教育人类学。

一、何谓绿色课堂

绿色课堂是一个新的概念，它是一种理想的课堂，也是现代教育追求的一种新境界。

（一）绿色：让课堂更人性更有效

绿色一直以来被认为是自然、生机、活力、健康、和谐、幸福和希望的表征。在教育领域也出现了关于绿色的术语，如绿色教育、绿色课堂、绿色发展等。

绿色教育发端于20世纪后期欧洲的“绿色环保”运动。在1992年联合国召开的环境与发展大会上，绿色教育的内涵从环境教育拓展到可持续发展的教育。在我国科学发展观的指导下，绿色教育也被赋予了新的内涵，它并不仅仅指环境教育，而是把教育系统中的全部要素整合起来，通过各种科学的手段，促进学生以及教育的相关要素可持续发展的教育。

绿色课堂，是“绿色教育”理念下催生的教改成果。美国学者里德利等人在《自主课堂》一书中就积极提倡绿色的课堂环境，将“以人为本，以发展为本”作为绿色课堂的核心，强调的是一种动态、和谐、可持续发展以及充满活力的高效“绿色生态”课堂。倡导者认为，必须积极打造绿色课堂环境，其主要特征是：温暖，学生彼此熟悉、相互接纳；不要让学生感受到为难，也不要诱哄着学生去学习；每个成员都是有价值的一员，都享有地位、尊重、基本权利和义务；无论学生的学习态度和学习成绩如何，都应该让学生看到，你在关心他们每一个人。①在我国，随着“绿色课堂”思潮的迅速兴起，其定义也是见仁见智。有人把绿色课堂作为激发人的生命活力的教学，基于人的永恒元素的成长。还有人把绿色课堂看成是与传统的课堂相对立的“理想课堂”，是人本的、面对学生的课堂。北京师范大学裴娣娜教授把主体性教学作为绿色课堂的核心，山东杜郎口中学崔其升校长倡导自主教育等等，都是推进绿色课堂的典型表现。至于一线教师根据自己的实践经验提出的绿色课堂更是精彩纷纭。总的来说，能使学生健康成长的课堂、符合教育规律的课堂都应该是绿色课堂。

绿色教育和绿色课堂有着内在的一致性。绿色课堂是在绿色教育理念指导下创建起来的新型课堂，是绿色教育理念在课堂里的具体践行。

（二）绿色课堂知多少

绿色课堂会令人产生许多遐想，但是又有多少人对之产生兴趣且有深入了解呢？为了对绿色课堂的研究有个总体感知，笔者通过中国知网搜索，

① 张艾君：《构建绿色课堂的研究》，华中师范大学硕士学位论文，2006年，第7页。

有关“绿色课堂”仅仅搜到57篇文章，而且这些文章大部分是由一线教师根据自己的教学实践来谈对绿色课堂的理解，有细致之处，也有学科适用性，但是可惜都仅仅陈述了某一方面，或仅限于一己之见，这从一个侧面反映出人们对绿色课堂的研究还缺乏系统性，还没有总结出绿色课堂的基本内涵和特点等。

然而，仅仅从发表论文的情况来看绿色课堂的研究成果是不全面的，因为绿色课堂是在实际中呈现出来的，特别是中小学校的课堂里。十年来，许多学校都在积极推进绿色课堂建设，并且取得了许多重要的研究成果，例如，深圳市蛇口育才教育集团第四小学（以下简称育才四小）、上海师范专科学校附属小学、武汉市长青第一学校等等。研究这些学校的实践，特别是初始开展的情况，对我们理解和推进绿色教育，有极为重要的典范作用。

总的来说，在我走进这片田野时，绿色课堂还是新生事物，但已看到喷薄欲出的绚丽晨曦，教育要走向现代化，就需要绿色课堂，需要可持续发展的绿色教育。

二、走近“绿色课堂”

（一）初进现场

第一次随团队调研走进育才四小的课堂，第一次亲眼目睹师生在课堂上表现出来的精神面貌，顿感惊喜。走访归来，笔者脑海中依然浮现着孩子们的欢声笑语，才不由自主地思量着育才四小绿色课堂那些与众不同的精彩之处。

第二次踏进育才四小已经是一个月后了，笔者也开始明确地把研究放到这里开展。翁主任热情接待了我，刚开始他对人种志研究还不是很了解，后来一听我对人种志的介绍就非常激动，他说，“我们这片田野就需要你这样的研究者，才能更好地进步。”翁主任说话很谦和，他还给我介绍起学校绿色课堂的一些情况……

崔学鸿校长处理完手头上的事情后就跟我谈起他倡导的绿色课堂，他独特的气质，新颖的教育理念，出众的口才，极具亲和力的神情深深地吸引了我，不愧是赏识教育专家！崔校长说：“我们的‘绿色课堂’不是一句大而空的口号，我们是切切实实地落实，一步一个脚印地践行着。就像

'精心设计教学活动，从微环节做起'……对于你来这里做研究我们是非常欢迎的，同时我也希望你能从'旁观者'的角度来帮我们发现问题，从而推动'绿色课堂'的发展。”崔校长及其他校领导的欢迎给我的研究敞开了一扇大门，也提供了很多方便。

这是一片充满期待的田野！

（二）绿色课堂的发展

育才四小于2005年9月1日正式建成开学，在崔学鸿校长的引领下，与老师、与学生一共成长。以下我们一起关注该校推进绿色课堂的发展历程。

1. 始于“作业批改不打'×'”

在2005年8月24日开学筹备会上，崔校长就“能否做到作业批改不打'×'”主题与教师们展开讨论。经过一轮激烈的讨论研究，大家一致赞同，作业批改不打“×”，代之为期待线“\”。就是在学生作业出错的地方用“\”，教师特意告诉孩子们，“这条期待线实质上是对号'√'的前一半，等你们把错误订正过来后，老师就会改成'√'”。

这样坚持了一段时间后，教师们欣喜地发现，学生的课业质量有了明显的提高，而且孩子对待课业的认真细致的态度也迁移到了课堂上来。期待线“\”是育才四小绿色课堂的萌芽标志。

2. 提出“课堂练习和作业设计研究”

2006年初，学校明确提出“为学生设计精妙的课堂练习和作业，不断提高课堂教学质效”的目标。各科组教师潜心备课，深入钻研教材和了解学生；同时加强合作，进行各种形式的教研，力求把课堂练习和作业设计得“既精又妙”。

这一举措，充分调动了教师从事教学研究的积极性，他们激情高涨。

3. 倡导“课堂教学微环节研究”

2006年第二学期，崔校长在教学改革基础上，再次实施“课堂教学微环节研究”，使“校本研究”在育才四小逐步蔚然成风。在校长的带动下，教师们从实践出发，纷纷申报感兴趣的、有研究价值的小课题，各种新的教法层出不穷，包括“课堂导入艺术研究”“课堂练习分层设计研究”“学生英语听说能力培养研究”“多媒体辅助图形教学研究”等等，研究性教学蔚然风起。

这些小课题都是课堂教学中的“微环节”，教师们从微环节入手，对教学问题进行各个击破，是育才四小“绿色课堂”取得今日成绩的关键。这个阶段的研究为“绿色课堂”的出炉以及顺利实施奠定了坚实的基础。

4.“绿色课堂”课题正式立项

2007年初，崔学鸿校长发表《坚持科学发展观，创建绿色课堂》一文，明确提出创建“和谐、高效、可持续的课堂是我们追求和向往的、充满爱和活力的绿色课堂”。这个纲领性文件标志着绿色课堂的诞生。经过数年来校领导和教师们在理论和实践中的不断探索和研究，提炼出绿色课堂的系统实施方式以及“和谐、高效、可持续”的基本特征，并使之成为教师教学的目标，把“和谐、高效、可持续”的标准落实到每一堂课。也是这一年，学校开展了“第一届绿色课堂比赛”，把绿色课堂的理念渗入“评价指标体系”当中，使教师们在赛课过程中更深刻地领会和理解绿色课堂，他们都说，“绿色课堂促我成长”。

（三）涵华精髓：荡漾的课堂绿色

崔校长是“绿色课堂”的提倡者，也是践行者，我多次向崔校长请教他对绿色课堂的理解，每一次都让我心生不一样的震撼。有次崔校长栩栩如生地描述了一个精妙的教学环节。

> 在三年级的语文课堂上，学生学习生字“雀”，一开始学生就“雀”字的上部是“少”还是“小”的问题争论不休。这时，教师运用投影展示了“雀”字的演变过程（见下图）。
>
> 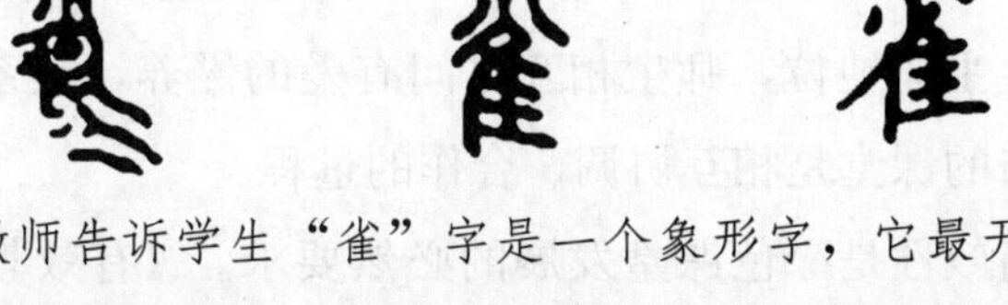
>
> 这位教师告诉学生“雀”字是一个象形字，它最开始的字形如第一个象形字所示，就像一个鸟头，头顶上有一撮羽毛，这是“雀”字的甲骨文；第二个字是“雀”的小篆体，它与甲骨文有点类似；演变成楷书时，“雀”字上部的三根冠羽就变成“大小”的“小”字了。
>
> “雀”的下部是“隹”也是象形字（见下图）。“隹”的甲骨文形

体，也像一只鸟，上部是鸟头，嘴向左方，向右的上面两笔是翅膀，下面两笔是爪子。后来，鸟的这两只翅膀和两只爪子演变成了楷书，就成了“雀”字下部右方的四横。

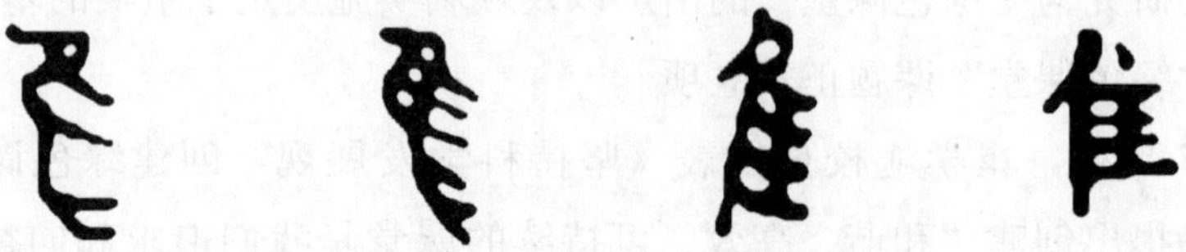

正是教师这样细心地为学生解释……孩子们很快就明白了“雀”的字形及其由来：象形字“雀”由“小”和“隹”上下两部分组成，上部的“小”表示的是鸟头上的三根羽毛，下部“隹”字的四横表示鸟的两只翅膀和两只爪子。这样，孩子们就能轻松、愉快地完成这一学习过程。①

崔校长说，这个教学活动不仅帮助学生轻松迅速地理解并记住了“雀”的字形及其含义，更重要的是，创设了和谐的教学氛围，实现了教学的高效率，从而促进了学生和教师的可持续发展。

通过这个案例，笔者对学校提倡的绿色课堂有了了解，也管窥到绿色课堂这一“育才特色”的些许奥妙。由此，笔者对绿色课堂也开始有了新的期待。

带着这种期待，笔者多次与崔校长进行交流，流淌在这一特殊的教育“田野”里，观察着、倾听着……慢慢地，绿色课堂之内涵特征开始越来越清晰地浮现在我的眼前，那就是：和谐、高效、可持续发展。

绿色一，和谐性是绿色课堂建设的首要因素，也是主要特征。一个和谐的课堂，不但需要硬件设施适宜，更需要各种软件的相互协调，其中人的因素是核心。绿色课堂主张以人为本，如营造促进人的发展的校园文化，课堂上重视学生主体地位，师生相互之间有爱的滋养，关系更为融洽……总而言之，和谐的课堂是相互协调、合作的过程。

绿色二，高效性是绿色课堂发展的必然要求。《有效教学》的作者认为，“有效教学”应该包括理想的教学效率和效益。② 要构建高效的课堂，

---

① 摘取自笔者的田野日志。

② 肖成全等编著：《有效教学》，辽宁师范大学出版社 2006 年版，第 19 页。

需要教师从备课、上课及课后工作等方面下功夫。一方面，教师把备学生、备教材相结合，设计精妙的教学方案；另一方面，需要教师培养敏锐的教育机智，在教学过程中统筹兼顾；最后，注重课堂练习、家庭作业的设计，并且课后进行反思。总之，使学生轻松愉悦地学习，并且“减负”而“增效”，是高效课堂的特征。

绿色三，可持续性发展是绿色课堂追求的最终目的，也是人发展的基本要求。可持续发展最开始是用在经济领域，是指既满足现代人的需求又不损害后代人，满足其需求能力的一种经济增长模式。用在教育领域，系指人一生的发展，即前一个阶段的教育以合适的方法、形式来发展人的某方面能力，而且不损害其后阶段能力的发展。

绿色课堂要培养可持续发展的人才，即身心健康，具有社会发展需要的一种或几种才能，具有终身学习的能力，具备较好的社会交往能力，以及具有良好习惯和积极的人生态度。

三、课堂魅力：激情澎湃中的和谐

当笔者第一次走进这片“田野”，就强烈感受到校园内在的和谐文化。这不仅在于校园环境宁静而不失活泼，优雅而不落沉寂，所谓静中有动，动静佳宜。孩子们见了陌生的我，很有礼貌地敬了个礼，“老师好!”教师们则向我致以了友好的问候，领导们对笔者做研究给予了体贴的安排和帮助……

当第一次站在四小学校大门口的时候，笔者立即被大门正对的屏幕大字吸引住了，屏幕上的大字非常醒目，上面循环播放着诸如“祝二（3）班某某同学生日快乐!”“祝某某老师生日快乐!”“祝贺某某同学在南山区小学作文比赛中荣获一等奖”等等。这些让我从内心升腾起一股特别的暖意，可想而知，学校无论对教师还是学生都记有清楚的档案，而且都记在“心”里，及时地表示出人文关怀。总之，校园里处处现和谐。

（一）不同音符奏出美丽乐章

校园环境宁静而不失活泼，优雅而不落沉寂，正所谓雅俗有度，动静佳宜。

1. 活泼的音符

学校一楼活动区域摆放着一些展板。上面一幅幅画面，让笔者感觉到当时的情景生动再现。

学校活动区域摆放着一些展板。一幅幅画面，不觉让人回想当时的情景：

孩子们在操场上奔跑、追逐，歌唱、起舞，孩子们精神抖擞，激情飞扬。

孩子们在舞台上表演、展示，领奖、致谢，孩子们骄傲、自豪。

孩子们在课上专心听课、积极参与，孩子们在图书馆入神看书、主动思考，孩子们放学后还在专心写作业，孩子们好学、乐学。

孩子们参加红领巾活动，接待外宾并热情交流，和家长们亲子互动，和老师游戏娱乐，一片欢声笑语……

一幕幕令人回味的镜头，是孩子们引以为豪、留住美好回忆的镜头，记载着校园里的欢声笑语，谱写着校园里的和谐乐章，憧憬着孩子们的美好未来。

2. 赏识的音符

仔细观察，还有一些使我停下脚步的精到妙语。最大最醒目的主题是“教育，从赏识开始”！教师们对赏识有简练而独到的见解：

教育，从赏识开始。

教育没有爱不行，教育仅有爱不够，教育还需要有爱的艺术。

你能行，我能行，我们大家都能行。 ——崔学鸿

简短精辟，发人深省。

对孩子的爱能让老师聪明起来！ ——王智慧

爱，无处不在。

尊重（欣赏）别人，你会得到更多人的尊重（欣赏）！ ——雷 霞

真诚，实在。

赏识是一缕阳光，带来明丽和温暖；赏识是一支魔棒，放大自信与精彩；赏识是一眼清泉，洗涤怯懦与犹疑；赏识是一方绿茵，盛载快乐与希望。

——翁胜利

语言美丽而含义丰富。

还有其他教师的独到见解，在这里，有着浓厚的赏识情节。教师与学生之间相互爱对方，相互尊重与欣赏，人与人之间的关系会变得越来越和谐。

3. 跳跃的音符

操场、楼梯、走廊、教室，你“听”到了吗？那是一些跳跃的音符。

学校教学区的中间有一个小公园，这里有假山、小溪，还有很多绿色植物。一个小朋友向校长提议，“校长，我们在学校里建一个动物园好吗？这样学校也可以养动物了。”当时，校长没有因为孩子的想法天真而一笑置之，也没有当场否定。校长回来后对这个提议给予了高度的重视，他马上组织学校教师开会研讨这个问题，最后给了这个孩子一个满意的答复。

在这个艺术小公园中，孩子们奇特的灵感、跳跃的思维就产生了。孩子的思维可以自由飞翔，学校还要让它飞得更高更远。孩子纯真、有趣的想法就像一个个跳跃的音符，它们的点缀使得乐章更加美妙、和谐。

活泼的音符、赏识的音符、跳跃的音符，共同演奏出一篇篇和谐乐章，与绿色课堂共同演绎出一支动人心弦的绿色乐曲。

（二）尊重学生主体性

“把课堂还给学生”已经成为现代教育的一句名言，杜威“以学生为中心”的理论也深入人心——学生才是课堂的主体。绿色课堂作为中小学课程改革的一大里程碑，落实学生的主体地位义不容辞。

1. 让学生“吃饱”

刚来学校不久，校长赋予我权利，可以去听任何一位教师的“推门课”，还可以参加科组的教研活动。那天，英语科组有教研活动，崔校长特意通知我一同参加。第三节集体听孙老师的课，第四节课英语组教师集中在校长办公室评课。

校长办公室评课之一①

2009年10月21日

背景：孙老师刚刚给一年级的小朋友上完一堂生动的英语课，题目是“My School Things”。这是一堂公开教研课，校长、英语科组的全体教师都参加。

接下来一节课，我们聚集在校长办公室进行评课。

首先由孙老师自述，然后各位英语老师评课。最后崔校长与这位教师的对话把这次评课推向了高潮。

崔校长说：“假如我们几个人去你家吃饭，有的人不跟你客气，一吃就吃到饱为止；但也有人不好意思，没吃饱，而饭菜还剩很多。那你认为该怎么办呢？”

孙老师犹豫了一下，有点紧张，回答说：“浪费了。只能下次再好好招待了。”

崔校长听了孙老师的回答，笑了，说道：“小孙，你是一个很真诚的人。但你是否发现，这其实仅仅是从你自己的角度去考虑问题？既然客人来到了，就要好好招待，顾及每一个人。如果有人没吃好，那么就应该从她的角度想一想，为什么她没吃好？怎么样她才能让她满意呢？”

我们在场的教师恍然大悟……

崔校长语重心长地说，“课堂上学生是否‘吃饱’，不取决于教师怎么‘喂’，而取决于学生怎么‘吃’。如果学生没学好，关键还是要从他们的角度思考，为什么会这样，怎样才能学好？作为教师，我们要考虑到每一个学生，让他们都能学好。所以无论以教为主线，还是学为主线，都要充分发挥学生的主体性！”

这一段对话，充分体现了学校领导对发挥学生主体性的重视。校长不但婉转地指出了这位教师存在的不足之处，告诉她要从学生角度出发，而且通过这一个生动的比喻给在场每一位教师上了宝贵的一课。后来，笔者注意到，崔校长都是通过这样一次次评课，让绿色办学理念印入每一位教

---

① 摘自2009年10月21日田野日志。

师的内心，他们会时时注意提醒自己，“孩子们学好了吗?”

2. 自主操作，发现学习

记一堂数学课[①]

时间：2009 年 10 月 27 日 授课对象：四年级学生　科目：数学

通过合作学习等方式，陈老师带领学生学习了关于线的知识。接下来陈老师说，“好，既然现在你们都掌握了这三种线了，那现在我要考一考你们。”

孩子们个个端正地坐着，准备迎接挑战……

“考验一：经过一点画直线，要求所画直线必须经过这一点，可以画多少条?”接着在幻灯片中出现了一个点。

教师让学生动手画一画。过了不到一分钟，回答五花八门，有的说两条，有的说四条，有的说六条，还有的说十四条。教师问，“那假如老师给你们足够多的时间，你们能画多少条呢?”经教师这一追问，孩子们都明白了，可以画很多很多条，可以画无数条。

“考验二：经过两点画直线，要求所画直线必须同时经过这两个点，可以画多少条?”幻灯片呈现两个点。

教师还是让同学们自己动手画，并且以小组讨论的形式进行解答。这一次孩子们的答案非常一致，“一条”，“一条”，“一条”，各个小组的各个成员都抢着回答。教师对同学们的回答给予了微笑和赞赏。

在这堂课上，教师总是让孩子们先动手做一做，画一画，然后引导他们自己去发现规律，这也是尊重学生主体性的体现。美国心理学家布鲁纳提出“发现学习”，他强调让学生在获取新知之前，必须有一个发现的过程。[②] 所以，教师不要急于告诉孩子结论，可以让他们先自己动手操作实践，自己去发现，这是尊重学生主体性的重要教学方法。

课堂上发现学习需要教师的指导，但布鲁纳的上述研究也证明，指导的成分越多，学生发现的成分就越少。苏霍姆林斯基说：“在人的内心深处，都有一种根深蒂固的需要，就是希望自己是一个发现者、研究者、探

① 节选自 2009 年 10 月 27 日田野日志。

② 皮连生主编：《教学设计——心理学的理论与技术》，高等教育出版社 2000 年版，第 111 页。

索者，而在儿童的精神世界中，这种需要特别强烈。”① 所以在课堂上教师应该尊重孩子们发现、探索、研究的权利，尊重他们的主体性。

3. 让每一个学生主动思考与参与

镜头一：“你们同意吗？”

齐老师在大屏幕上放映一个场景：学生们和教师在操场上踢毽子，并且在多媒体上还伴随着欢快的音乐。教师说，请同学们认真观察这幅图，回答以下问题：

1. 男同学有（ ）人，老师有（ ）人

2、女同学有（ ）人，学生有（ ）人

学生一下子就数出来了，争相回答，教师就请了几个学生起来大声回答。答案是：男同学有（2）人，老师有（2）人；女同学有（4）人，学生有（6）人。

每次有学生做出回答后，教师总会问其他学生，“你们同意吗”？如果孩子们都说“同意”，教师才说，“我也同意”，才接着往下讲。只要有一个孩子说“不同意”，那么教师就停下来和孩子们一起探索这个问题，直到大家都统一了认识。

镜头二：“你们还能提出哪些问题？”

解决完这堂课上的知识点之后，最后教师还发散性地问孩子们，“在这幅图中，你们还能提出哪些数学问题啊？”接着孩子们有的在思考，有的已经把小手举得高高的，争相回答……

这个过程中，教师通过问“你们同意吗”，简简单单的一句，却让孩子们感觉到自己的意见很重要，每一个学生都是课堂的主人，所以都积极主动地思考和参与，那么他们的主体性就得到充分的发挥。

在第二个镜头中，齐老师经常进一步提出发散性的问题，如“你们还能提出什么数学问题？”，让学生把本堂课的知识和规则进行自主的迁移应用。在这里，教师给学生创造了一个平台，让他们大胆说出自己的想法，

① ［苏］B. A. 苏霍姆林斯基著，杜殿坤编译：《给教师的建议》，教育科学出版社 1984 年版，第 58 页。

并且不轻易否定，这样孩子可以与大家自由分享，还可以和教师、同学一起探讨、解决自己的疑问。这种乐于思考、乐于发现、乐于分享的孩子们，是绿色课堂培养出来的自主性人才。

（三）发挥教师主导作用

如何处理师生之间的关系，是课堂教学中备受关注的问题。历史上的教师中心说、学生中心说、教师主导学生主动说、教师主导学生主体说、师生合作说等等，都在不同时期产生过影响。改革开放以来，“教师主导学生主体”思想在我国教育界逐渐占据主流。教师应该以发挥学生主体性为前提，充分发挥自己的主导作用。

1. 以理解为基础，对课堂活动进行组织与调控

下午，笔者听了桂老师一堂信息课，让笔者奇怪的是，桂老师没有表现得特别严厉，也没有用很多规矩来约束孩子们的行为，但课上起来却有条不紊，精彩纷呈。

出于好奇，下课后笔者和桂老师进行了简短的交流。

管理中的绿色：宽严相济之间

我说：“桂老师，我觉得你驾驭课堂的技巧挺好的，孩子们上信息科虽然很好动，但是不乱，看你也没怎么用高压政策啊。”桂老师笑了笑，说：“是啊，我不会用什么高压政策来管理课堂的。这样反而弄得师生关系紧张。”

我对此很好奇：“信息课在小学是副科吧，孩子们上课都比较好动，你是怎么做到既管好课堂又不需要用高压措施的呢？”

桂老师对教学有独到的见解，她说：“小孩子在语文、数学、英语等课堂上肯定有严格的要求，要求集中精神，要求认真听讲，要求积极回答，要求坐正，不能随便走动……多得很。而且平时这些课占多数，对他们有很多约束，如果来上计算机这样的课程也不能放松，那不是憋死人了吗？”①

桂老师能从学生的角度思考，理解学生是她进行课堂活动组织的基础。教师并不是放任自流，而是掌握一个“度”。时间长了，教师与孩子们之间

① 摘自我的田野日志。

的默契也就建立起来了。她说："只要孩子能学到东西，能达到教育的目标就行了。"诚然，理解是沟通的前提。师生之间多沟通，相互理解，才有和谐的师生关系。

2. 运用主导性教学方法

时间久了，笔者逐渐体会到崔校长很重视主导性的教学方法，这不但要求教师在课堂上引导学生参与，更重要的是要运用启发性原则引导学生积极思考，培养他们独立学习、参与管理的能力。

一方面，教师要牢牢掌握自己对课堂的掌控权，教师有权根据学情决定运用何种的教学方法；另一方面，教师应该舍得"放手"，"放手"是为了更好的主导。

> 由于六年级的课本改编了，课本的内容是以前五年级学过的知识。按"新"教材重新上"旧"课将会很枯燥的；于是，考虑到学生快毕业了，教师就让孩子自己动手做一些作品（例如自己的画），然后帮他们扫描在电脑里面，再让他们用学过的计算机知识来进行编辑，计划做成一些具有纪念意义的画册或其他集体作品。这样一来，孩子们对计算机图像编辑的知识就产生了浓厚的兴趣，开始积极地制作自己的作品，慢慢地，他们对计算机就越来越感兴趣，也开始主动地学习计算机知识了。①

绿色课堂是充满生命活力的课堂，而不是枯燥的课堂；绿色课堂是主动的课堂，而不是被动的课堂。这位教师正是牢牢掌握了对课堂教学方式的决定权，灵活地完成了原本很枯燥的教学任务，并且把枯燥转化为生动，把被动转化为主动。也由于她敢于放手，才激起学生的求知欲望，培养学生的自主学习的能力、敢于提出问题的精神和浓厚的计算机兴趣。这些，难道不应该归功于老师的主导性教学吗？

3. 引导学生互助互爱

在崔校长的绿色课堂中，学习变得相当有灵性，不仅教师教少了，而且学生能主动把学习任务完成了，同时还形成了良好的学习氛围。

---

① 摘自我的田野日志。

让学生自己学习

2009 年 10 月 26 日　科目：语文　授课对象：二年级学生

这是一节识字课，孩子们开火车认读词语。

其中，在读到“障碍”的时候，火车卡住了。孩子思考了一下，主动提出“我想请 Z 同学帮我这个忙。”Z 同学马上就站了起来，很乐意、自信地读出了这个词。然后这个孩子面向 Z 同学说了声“谢谢你，Z 同学”，然后很自觉地再读了“障碍”一遍……①

这一环节中，教师并没有介入，学生却能够自觉请教其他同学解决问题。这样的互助精神本身就是绿色，是教师平时引导他们课内课外互助互爱的成果，而且形成了一种和谐文化。要知道，课堂中师生关系和谐固然重要，但不能忽视生生关系和谐。所以，作为教师，建立一个和谐的班集体，不但要与学生相处和谐，还要创造条件，营造气氛，引导学生和谐、友好相处，互助互爱。

（四）爱与赏识

赏识教育是爱的教育。赏识源于爱，它是爱的真情流露，是把对儿童的爱化作让儿童能够感受到的具体行为的过程。② 实施赏识教育要“对儿童适时、适度地采取接纳、肯定、理解、尊重、信任、表扬、鼓励、赞赏、宽容、抚摸、提醒、认可、指导、交流、发觉等具体行为”。③

崔学鸿校长是赏识教育的倡导者，国际赏识教育学会副会长。在育才四小，崔校长的赏识教育思想就转化成实践，这里也就成了赏识教育的基地。

1. 校长的赏识艺术

校长评课之二④

2009 年 10 月 21 日

上文提到的教研课“My School Things”，我对崔校长的评课印象深刻，久久难忘。

---

① 摘自 2009 年 10 月 26 日田野日志。

② 牛海彬：《赏识教育研究》，东北师范大学硕士学位论文，2006 年，第 13 页。

③ 崔学鸿著：《赏识教育初论》，安徽大学出版社 2003 年版，第 18 页。

④ 摘自 2009 年 10 月 21 日笔者的田野日志。

崔校长认为，孙老师的课上得很好，表现在四方面：第一，课堂用语非常好。孩子化语言比较多，贴近孩子们实际。第二，你很真诚。面对孩子，真诚的老师更有亲和力。第三，能够面向全体。这使得教学中学生的参与度和操演面都很广。第四，你的简笔画画得很好，对孩子很有吸引力。

崔校长又指出，从另一方面看，你以上四点也不同程度地存在四个不足：第一，课堂用语上，你可以对学生表现突出的地方进行表扬，而且要具体，不能模糊。第二，你很真诚，但是照顾不到别人。学生是课堂的主体，要根据学生的需要和实际开展教学活动。第三，你能够面向全体，但是没有面向全体中的每一个。站起来回答问题的同学懂了，但要保证没有机会回答问题的同学也都懂了，这才是高效。第四，你的简笔画画得很好，可以用，但不要用太多，不能忽视或代替实物的作用。

回味崔校长这一席话，敬佩之意油然而生：他能在短时间内分析出课堂中的优缺点，并以高超的赏识艺术表达出来，让孙老师心悦诚服地接受。校长作为赏识教育的倡导者，这片田野的领导者，毫不摆架子，而是以朋友的角度平心静气地和教师交流，运用赏识的艺术帮助教师改正缺点。

当然，崔校长的赏识艺术远远不限于他高超的表达能力，从平时一些琐碎的事情也可以感受到他身上的赏识魅力。

2. 课堂赏识的妙用

赏识是爱的传递，因为有了爱，赏识使人身心愉悦，使人变得轻松。在课堂中运用赏识，还有不一样的功效——那就是把教学和管理合二为一。

课堂上，很多孩子都把手举得高高的，甚至有的还站了起来，嚷着“叫我”“我来”，课堂秩序开始乱了起来。这时候聂老师装作很为难地说，“那么多小手举起来了，我该叫谁回答好呢？就叫坐得最端正的孩子吧。”

于是孩子们由原来站起来的，大声嚷嚷的，坐得不正的，甚至个别没认真听讲而左顾右盼的，“唰”的一下都坐整齐端正了……①

① 摘自笔者的田野日志。

一方面教师不需要时时刻刻叮嘱学生“注意纪律，坐端正，认真倾听”等等，就可以巧妙地使学生“听话”；另一方面，教师这么说可以鼓励更多的孩子参与到课堂活动上来，增强了孩子的积极性。时间一长，孩子们良好的课堂习惯就形成起来了。这就是赏识在于管理教学中的作用。

此外，有的教师还善于结合本学科特点来进行赏识，这样既可以激起孩子们的积极性，同时还能掌握更多本学科的知识，培养起他们的学科兴趣。

3. 孩子也会赏识

在听聂老师的课中，常常听他在课堂上对孩子说，“别人发言……请洗耳恭听”，“如果别人说的好，你就应鼓掌，说得不好的地方你可以帮他补充”。他认为，赏识也需要教育。

教会赏识

这天上的是《坐井观天》一课，课已经讲到尾声阶段了。临下课前，聂老师问孩子们，“外面的世界这么精彩，外面的景色这么美丽，小青蛙以前为什么不知道呢?”

J同学回答：“因为他以前没有跳出井口来看看。”

很多学生都赞同J同学的说法，却还有少数几个学生继续高高举起自己的手。一会，Y同学站了起来，面向J同学说，“J同学，我觉得你说得很好，可是我还想补充一下。因为青蛙一直生活在井底，所以他不知道外面的世界，他以为天就只有井口那么大……”①

这是二年级课堂，稚嫩的声音，真诚的对话，这是教师平时循循善诱的结果。两个学生回答的意思是差不多的，只是后一个学生说得更具体、更完整一些。但是她能很自信站起来说出“我觉得你说得很好，可是我还想补充一下”这句有丰富内涵的话，毕竟这是出自一个小学二年级学生的口中啊。由此可见，赏识是可教的，绿色的课堂让赏识的阳光洒遍了这片田野，赏识的种子已经在这里生根发芽。

① 摘自笔者的田野日志。

四、课堂动力：规律下的高效

走进育才四小后有一种轻松的感受，师生都在一种很自然的和谐氛围中积极地教和学，没有催促，但却很积极，没有强制，但很紧张却又有条不紊。我思考许久，后来终于体会到，这是一种遵循规律下的自觉，对学生负责和教师责任下的自然担当。

（一）精妙的教学设计

教学设计，强调在实施教学活动前，要对课堂教学进行全面周密的策划和精心巧妙的设计。① 绿色课堂正是通过精妙的教学设计借以锻造出高效的课堂。其中，学生、教材、教法是课堂教学的关键要素，与教师一起共同决定着一堂课的成败。所以，精妙的教学设计要求老师在课前做好充分的准备，它包括以下三个程序：钻研教材，了解学生、设计教法。②

1. 备学生、备教材

> 在课堂上，教师不仅要想到所教的学科，而且要注意到学生；注意到学生的感知、思维、注意力和脑力劳动的积极性。③
>
> ——苏霍姆林斯基

在育才四小，崔校长经常讲到苏霍姆林斯基，认为他把上好一堂课作为教师的基本功。教师要上好一堂课，不但要考虑学科知识，更要注意到学生的要求和相关情况。绿色课堂注重学生为主体，教师作为主导者，这就需要在备课的时候充分考虑学生学习中的各种因素，并且考虑如何让学生主动习得。

教师作为教学主导，需要以学生为基本出发点，研究学生，了解学情，才能因材施教，这就是备学生。另外，还需要教师吃透教材，了解编者编排教学内容的目的，教材中的重点难点等。

许老师是一位有着 19 年教龄的老师，经历丰富。笔者曾经和他做过一

① 李耀新编著：《课堂教学的组织与管理》，暨南大学出版社 2005 年版，第 32 页。

② 胡淑珍主编：《课堂教学技能》，团结出版社 1993 年版，第 3—10 页。

③ ［苏］瓦·阿·苏霍姆林斯基著；杜殿坤编译：《给教师的建议》，教育科学出版社 1984 年版，第 226 页。

次深访。他认为，教师首先要考虑学生的基础怎样，学生怎么学；教材难度如何，怎样通过一些方式把学生的已有经验和新知识链接起来。其次要考虑学生对这个知识是否感兴趣，怎样开展活动使教学更有效。最后还要考虑如何引导学生学习教材、使用教材，这也是培养学生自学能力的一个方面。

许老师对学生和教材有充分的认识，并且在上课前有充分的准备，才可以上出有吸引力的课。这是值得我们学习的。

2. 备教法

“实践表明，选择恰当的教学方法有利于提高课堂质量”①。在课堂教学中，教师往往不是只选用一种教学方法，而是根据不同需要综合应用多种方法。

趣味教学，激起兴趣。经验表明，那些引起我们情绪的事件，我们会记住很长时间。② 绿色课堂强调在设计教学中力求吸引学生的兴趣和注意力，也即引起情绪，这样，学生的学习效果才高效、持久。所以，提倡趣味教学，就是通过趣味性的游戏、活动，或者提出一些有趣的问题，挑战学生的好奇心，激起学生的学习兴趣和积极性。绿色课堂是生动的课堂，不同学科的老师都可以结合自身的学科特点，设计出一些有趣、益智的活动，让学生积极地参与，高效地学习。

贴近生活，创设情境。著名教育家杜威认为，教育即生活。育才四小越来越多的实践表明，在特定的情境中获得的知识比所谓的一般知识更有力和更有用。因此，绿色课堂提倡教师运用情境教学法。在育才四小实行的情境教学，实际上是以培养兴趣、陶冶情感为情境前提，诱发学生学习主动性的教学方式。故此，创设出特定的情境，对学生高效学习有着重要的意义。如果能创设贴近生活的情境，那么学习的高效性就更加能保证了。

在学习“比赛场次”的课上，教师请第二组的四位同学站起来，并且对全班学生说，“我会让这四位同学相互握手，你们观察一下，他们每人握了几次手？四个人一共又握了多少次手？”

---

① 李耀新编著：《课堂教学的组织与管理》，暨南大学出版社 2005 年版，第 52 页。

② ［美］Patricia Wolfe 著，北京师范大学脑科学与教育应用研究中心译：《脑的功能——将研究结果应用于课堂实践》，中国轻工业出版社 2005 年版，第 86 页。

握手这一情境是很常见的，许老师通过再现学生熟悉的情境、生活场景，让学生更积极地进行思考。他认为，把学科知识与生活联系起来，可以引起学生的注意力，还让学生感受学校里学到的知识是可以解决生活中的问题的。绿色课堂中，教师不但可以创设贴近生活的情境，还可以创造性地引进一些学生可能还没留意到的生活细节或者常识作为素材，让学生在学习中了解生活、体验生活，学以致用。

教学中还有使用其他的教学方法，如合作学习法、观察法、游戏法等等。绿色课堂是生动的课堂，不同学科的教师都可以结合自身的学科特点，设计出一些有趣、益智、贴近生活的活动，让学生积极地参与，高效地学习。

（二）精彩的教学生成

教师有了精妙的教学设计，重视营造和谐的师生关系，就能自然催生出精彩的教学生成，我把它们归纳为三点，即轻松的课堂、丰富的课堂、开放的课堂。

1. 轻松的课堂

早在20世纪50年代，苏联教育学家赞科夫就积极倡导发展性教育，呼唤充满生命活力的课堂教学。那么，什么样的课堂才是充满生命活力的课堂呢？从育才四小可以看到，要让课堂焕发出生命活力，就要营造轻松活泼的课堂气氛，让学生愿学、乐学，这同时也促进了教师的乐教。

> 首先，育才四小重视营造和谐的师生关系，给严肃的课堂提供了一种特有的默契和轻松。其次，对教学熟练于心也让教师得心应手，教得轻松，尤其在教师重视赏识教育下，友好鼓励性交流让学生学得轻松，而教师善于赏识，使教学与课堂管理灵活结合，很有收放自如的态势。再次，教师们把握孩子们喜欢玩游戏、听故事，有情境、有生活的特点，尽量回避他们不喜欢枯燥无味地背记知识的做法。所以，在教学中随时都可以看到各种运用生动的游戏活动、贴近生活的情境，教师们重视激发学生的兴趣，组织巧妙的合作来引导孩子积极主动地参与，孩子们就在这迅速飞逝的时间中不知不觉完成了学习。

学生学习轻松了，教师教学也轻松了，那么，教学效率自然就上来了。

2. 丰富的课堂

新型的绿色课堂通过生动的演示和有趣的活动进行教学，还充分利用多样化的资源来丰富课堂。只有丰富的课堂才可能是高效的课堂。

首先，内容丰富，要求教师在结合学生实际的前提下增大课堂信息量，让学生在尽可能多地感知世界新事物的情形下获得新知识。这就要求教师紧贴时代脉搏，对课堂进行适当的拓展。同时，丰富的知识能让学生产生更多的求知欲，促进自主学习，吸取丰富的精神营养。

一堂课结束后，有个二年级学生过来问我，“老师，地球的九大行星当中你最喜欢哪一个？你知道哪个最重吗？”

二年级孩子能问这样的问题令我感到很惊讶。可以肯定，这跟课堂上教师的引导、拓展是很有关系的。

其次，教学方法手段丰富，要求教师吸取前人经验的同时敢于创新，运用各式各样的手段来进行教学，让孩子通过不同的渠道、方法而习得。

在一节电脑课中，短短 40 分钟，教师创设“芭比公主放学回家”的情境，根据知识点布置了几个任务，灵活采用了情境教学、自主探索、合作学习、动手操作等方式，让学生紧跟教师步伐学习、操作。可以说，方式是丰富多彩的，也是创新的。

另外，丰富的课堂还表现在形式丰富和资源丰富上。学校开展各种形式的社团活动，丰富了学生的兴趣和视野。同时，家长资源、社区资源都是充分利用的对象，为丰富课堂提供了物质基础和社会保障。

3. 开放的课堂

真正的学习不是闭门造车，而是打开门户，引进来，走出去。绿色课堂也正是开放的课堂，是鼓励创造的课堂，走向世界的课堂。

首先，开放的课堂需要教师舍得放手，让学生在知识的大海中畅游，相信学生的学习能力和创造能力，给他们机会自我管理、自我指导、自我探索、自我发现。

其次，开放的课堂鼓励创造创新，注意保护和培养孩子们的创新思维。

在给二年级学生上《风娃娃》的课堂上，一个孩子突然好奇地向教师提出疑问："老师，上面写'风娃娃急忙跑过去'，但是风娃娃没有脚怎么跑啊？"

教师并没有马上回答，而是面对全班说："刚才Y同学提了一个很好的问题，风娃娃没有脚怎么跑呢？你们知道吗？"老师的话音刚落，教室里举起森林一样的小手，各种想法纷纷跃然课堂……

教师允许孩子们思想自由飞翔，所以这堂课中孩子们思维活跃，产生了很多新思路。

再次，开放的课堂需要与外界交流。育才四小非常欢迎校内外教师、家长，甚至专家来听"推门课"，所以在每间教室都会多准备一些凳子，教师们虚心接受别人意见。另外，学校还经常组织教师外出教研学习，把优秀的经验带回来用于自己的教学。所以，开放的沟通与交流促进了教师进步。

最后，开放、评价也为造就开放的课堂而设计。育才四小很重视倡导发展性评价，要求教师用开放、发展的眼光来评价学生。心理学家加德纳的多元智能理论认为，人类的智能至少可以分成语言、逻辑、空间、肢体运作、音乐、人际、内省、自然探索等八个范畴。教师评价学生也应该用不同的标准来衡量，用赏识的眼光来发现孩子的闪光点。

（三）继续关注微环节

课堂的落实必须从微环节做起，努力提高每个微环节的效益。高效的课堂不单单在于师生之间的教学活动，还要有精心设计的课堂练习和家庭作业，这才有效减轻学生负担。

1. 课堂练习

课堂练习是学生掌握知识、巩固知识、训练智力的重要途径。教师应注重节省时间，提高练习的效率，以减少学生的负担。怎样把教学活动和课堂练习有效结合起来，是高效课堂的关键。

首先，要求教师吃透教材，把学生和教材有机地联系起来，设计针对性强、难度适中，学生乐于完成的课堂练习。其次，课堂练习设计是有时间和量的技巧的。并不是练得越多越好，时间越长越好，而是讲究一个"巧"字。所以要保证时间适中，能让孩子们保持激情和兴趣，同时还可以巩固本课的知识。再次，要求课堂练习"精"，就是最少的题量中包含最广泛的内容，这是高效课堂的点睛之处。

育才四小虽然才开办五年，却在这方面很有发言权。崔校长“从课堂微环节做起”，带领教师们跳出传统桎梏，开展“课堂练习与家庭作业设计”的小课题研究。五年来，教师们积极申请自己的小课题，或者与科组内外的教师合作进行小课题研究，已经取得丰硕的成果。

2. 家庭作业

家庭作业是课堂教学的延伸，也是课堂教学高效的重要体现和坚实后盾。

苏霍姆林斯基曾提醒教师要注意：“学生要想完成一道实际的作业时，他就得熟悉两条或更多的原理。”① 所以，教师在设计家庭作业时应该注意知识的关联性和迁移性，才能起到复习的作用。

在游戏中学习

许老师在课堂上和学生玩起了数字游戏，“你想一个数，乘上3，加上7，除以7，再减去1，如果你报个答案给我，我能马上说出你心中想的数。”如果孩子在课上还没探索出来这个数学规律，教师鼓励孩子回去和爸爸妈妈玩，多玩几次，看能否得出规律。如果已经掌握规律了，鼓励孩子回去考考父母。

这些游戏看起来不是家庭作业，但孩子回去练习计算，探索数学规律，实际上就是另一种形式的家庭作业了。

五、课堂之魂：可持续发展

育才四小的课堂非常重视后续发展，这里，不仅倡导教师利用之前的知识来探索未来迷宫，引起对知识过程的学习链的关注，而且重视学生们在“发现”中获得成就感，引发对学习的兴趣，当然他们更加重视丰富多彩的知识和活动，让学生乐在其中，流连忘返。

（一）激活学生：走向全面发展

人的全面发展可以概括为“德、智、体、美、劳”五个方面，也有人

① ［苏］瓦·阿·苏霍姆林斯基著，杜殿坤编译：《给教师的建议》，教育科学出版社1984年版，第41页。

总结为“知、情、意、行”四个方面，这里从知识、能力和情感及价值观上分析育才四小的绿色课堂是怎样促进人的全面发展的。

1. 知识与才能的发展

绿色课堂注重知识的传授、创新思维和好习惯的培养，除此以外，育才四小还非常注重艺术教育，并为有才能的学生提供有利发展的平台。

> “育才之星”是育才四小的最高荣誉，它跟“三好学生”等奖项不一样，评的是综合素质，成绩只占其中一小份额，其他还包括道德品质、特长、平时表现等，与人相处的能力也是一个隐性指标，因为最后还要通过投票决定。
>
> N同学曾经两次获得“育才之星”称号，她妈妈告诉我，“我女儿喜欢在这里上学，因为学校给她提供了很多展现自我的舞台。她还喜欢写作和画画……”这位家长谈了很多，最后总结了一句，“反正在这里，只要你有才能，就不愁没有发挥的机会”。

在育才四小，学习知识与培养才能同样重要，除此以外，学校还给学生们提供一些大舞台，让学生能充分展示自己的才能。

失误中的新机

> 记得有一次早操时间后，先由少先队大队长韩老师讲话。讲话完毕后轮到下一个环节，但是由于中途出现了点小意外，下一环节未能按时展开。这时，韩老师灵机一动，说，“我们利用这一点休息时间请一位最爱讲故事的孩子上来给我们讲故事，好吗？”
>
> 同学们大声欢呼，“好！”大家鼓起掌来。
>
> 韩老师说，“那我们有请二年级H同学上来分享一下你的故事！”
>
> 当即，人群中“噔噔噔”跑出来一个孩子，很小，他拿起麦克风便陶醉地讲了起来……

这也许只是一个偶然事件，但偶然中存在机会。教师了解学生的特长，并不失时机地给孩子们提供展示和发挥的机会，这对孩子的能力发展都起到不同程度的促进作用。

2. 情感目标的达成

一个可持续的课堂，不但要完成现有的学习任务、目标，还要从长远的角度考虑——增强学生的知识、能力的同时，也达到情感目标，才是培养全面人才的课堂。所以，绿色课堂要发展其道德情感素质，不但要从思想品德课进行培养，还要不失时机地在其他课堂或者活动中进行渗透，发挥其隐性作用，从而培养学生正确的世界观、人生观和价值观，并使其具备良好的心理素质，为迎接未来各种挑战打好基础。

在绿色课堂比赛中，每个教师都会根据自己教学的亮点申请一个奖项。其中有申报“最佳德育渗透奖”的，只要因势利导，多加指引，就能很好地达到道德教育效果。

（二）成就教师：促进专业发展

绿色课堂的宗旨不只是促进学生的全面发展，还有就是促进教师的专业发展，两者相互促进，从而形成一个良性循环。

教师专业发展是指教师在教育教学上知识的增长和教学技能的提高，还包括教师教育教学情感的升华。教师要懂得终身学习，一方面更新自己的知识，拓宽思维；另一方面在实践中吸取经验，及时反思，才能促使自己的专业发展。

1. 学习中成长

教师成长的途径有很多，最不可或缺的是读书学习。这样才能提高自己的专业知识与技能。所以，精读书籍，积极反思，是他们的成长的必经之路。学校为教师创造了有利的条件，让老师们在阅读中成长、进步。

> 昨天和桂老师做了一个深访，最后走的时候，桂老师还借给我几本书，包括《杜郎口旋风》《有效教学》《跟苏霍姆林斯基学当老师》等。这些书都是崔校长在寒暑假前发给老师们阅读的，一期一本。

浓厚的阅读氛围和积极的反思、讨论，也是教师们进步、成长的基石。另外，专业的引领，以及教师之间研讨、交流，是推动他们向前发展的加速器。

> “聂老师，能不能谈一下您从教这几年以来在专业发展上的变化?”
>
> 聂老师：“这是我从教的第七年了，这两三年刚转到深圳，不过就

在这几年里，我感觉自己在专业上有了质的飞跃。就在2007—2008年感觉进步最大了，2007年我去广州业务学习了3天，听了全国一流名师的课，可以说是醍醐灌顶，以前很多没解决的问题一下子就明白了；2008年我参加了南山区大型公开课比赛，学校语文组的老师们和我一起去磨这个课，那时虽然很累，但收获也很大，感觉自己上了一个台阶。”①

聂老师的进步，一方面是她自身不断努力、追求卓越的结果；另一方面在于专家以及其他同事的推动。在育才四小这样的文化环境中，教师们自然很快就成长起来。

2. 反思中成长

曾子曾言："吾日三省吾身。"反思对于个人的成长与发展具有重要的意义。

在育才四小，崔校长不但经常组织教师们集体听课，还抽时间进行讨论、评课，这样一方面可以学习别人的长处、吸收别人的经验，另一方面还可以反思自己的教学，取长补短。

今天到食堂吃饭比较晚，那时候还没用好餐的教师已不多了，但是从齐老师和陈老师饭桌上的讨论就让人感觉这里一点都不冷清。原来，今天陈老师刚上完一堂公开课，数学组的大部分教师都去听了，包括齐老师在内，因此一直在研讨着。我在他们旁边的桌子落座后，还听到陈老师在向齐老师请教，特别提到其中一个教学环节中，学生反应似乎没有想象中的积极，究竟问题出在哪里呢？这种情况应当如何处理……像这类现象在我数月调研中已是司空见惯的一件事。

这是很典型的教学后反思。一般情况下，如果教师非常精心、充分地准备了这堂课，课后反思是少不了。在这里，教师们参加完绿色课堂比赛后，都会进行全方位的反思，从方式到技巧，从表象到归因都进行"回炉"，及时记下自己教学实践和心得体会。正是有这种积极自我批判、自我反思的精神，教师们才会有进步，才能成长。

---

① 摘自笔者的田野日志。

另外，教学观摩后的反思也很重要。在育才四小，相互观摩、互相点评是常有的事，至于特设的研讨课、示范课也很多，这种研讨学习的气氛非常浓厚了。

3. 在实践中成长

古人云："纸上得来终觉浅，绝知此事要躬行。"说的正是实践的重要性。陶行知先生也提倡"教学做合一"①，其中"做"是最重要的，也是教育的最终目的。绿色课堂就是这样踏踏实实地走过来的。所以，绿色课堂鼓励教师注重实践，在实践中成长。

> 黄老师2005走出大学的校门就来到刚开办的育才四小，在第一次全集团统考时平均分只有六十几分，全集团最差。但是，她没有气馁，一步一个脚印地和学校一起成长。先是随着校级"课堂练习与家庭作业设计研究"的校本研究进程，逐渐把研究和自己的教育实践结合起来，教学很快就上手了，还取得了显著的成绩。
>
> 持之以恒的研究和教育实践，使黄老师的教学自信逐步提升。在南山区四年级的语文质量抽测中，她带的学生取得了全区第一的好成绩。黄老师还在学校首届"绿色课堂"比赛中获得了"和谐课堂奖"……②

黄老师说，"绿色课堂"伴她成长，她的教育实践也证明了这一点。在绿色课堂理念的渗透下，教师们积极反思自己的教育实践，同时积极参与教研活动，如集体听课、讲课、说课、评课等，这一切就是最切实的实践锻炼。

所以，绿色课堂的理念，绿色课堂的实践，都是教师成长的营养，有了它们，教师成长得更快、更高、更强。

结语

育才四小是一所高起点的学校，建校刚五年，却已经取得了令人惊叹

① 孙培青主编：《中国教育史》，华东师范大学出版社2000年版，第474页。

② 黄丽霞：《"绿色课堂"伴我成长》，《学校品牌》2009年第5期。

的成绩。它的一大特色就是绿色课堂，注重和谐、高效和可持续发展；从微观层面来讲，它又很重视课堂教学微环节，如教学设计、课堂练习和课外作业设计等。这些都是响应我国新一轮教育教学改革的举措，至今已成为深圳教育现代化中的一大亮点。

学校在狠抓教学质量的同时，也特别重视教研和校本研究。无论年轻教师还是年龄稍大的骨干教师，都意识到了科研对于教学的重要性，所以他们都积极申报课题并展开研究。在崔校长的鼓励、示范和引导之下，学校每年在课题研究上都取得了可喜的成绩。目前，育才四小已经走上了有特色、全方位、以教学带动科研，科研引导教学的特色教学、科研兴校之路。通过全体教师的努力，育才四小绿色课堂还要走专业化和模式化的道路。

消失的同一性：流浪儿童社会融合问题研究

许慧妍

（华南师范大学　公共管理学院，广东　广州　510006）

【摘要】本文通过田野研究，以同一性为理论分析框架，在广东省多地尤其是广州市流浪儿童救助保护机构及火车站开展“参与式观察”的基础上，分析流浪儿童同一性意识的形成或紊乱等表现形式，探讨影响流浪儿童社会融合的相关因素，并针对流浪儿童生理需求、心理特征、过往经验、性格特点、学习动机等特征，对少年儿童救助保护中心实施流浪儿童“立人教育”，以致力于培养流浪儿童自尊自爱的意识，立责树人，提升其责任感和生活技能，培养其回归社会的能力。

【关键词】流浪儿童；同一性混乱；社会融合；“立人教育”模式

【作者简介】许慧妍，女，华南师范大学公共管理学院博士研究生，主要研究方向为教育管理学、教育法学、教育人类学等。

一、问题的提出及理论框架

（一）问题的提出

在广州市廖冰兄基金会的资助下，笔者2010年就开始研究流浪群体问题。初时主要对各种流浪街头的人群进行调查访谈，其后逐渐把重点放在广州火车站地段开展田野研究，因为那里除了著名的广州火车站，还有省市长途汽车客运站及民航办事处等，是广州流动人员聚集的区域，目的在于重点探究寄宿这些站点周边的流浪汉的生存状态以及其所遭遇的社会问题。在调研这些流浪汉中，笔者很快把眼光放在流浪儿童人群上，目睹了他们的衣食住行，切身感受到了这些流浪儿童身处如此恶劣的成长环境对他们心灵造成的难以言状的影响。自2013年开始，笔者不仅专注流浪儿童群体，而且作为志愿者在广东省少年儿童救助保护中心工作，以义工身份担任流浪儿童英语课程授课教师来开展田野工作，用“参与式观察”的方式深入了解流浪儿童群体的现状和各种问题。本文试图以同一性理论为指导，探寻影响流浪儿童出走的社会原因及社会融合的根源，努力为制定相关政策提供参考意见。

值得说明的是，有关“流浪儿童”的界定问题。根据民政部2006年7月24日发布施行的《流浪未成年人救助保护机构基本规范》的规定，“流浪儿童”是指“18周岁以下，脱离监护人有效监护，在街头依靠乞讨、捡拾等方式维持生活的未成年人”。据此，本文研究的“流浪儿童”既依据民政部所界定内涵，并符合美国心理学家埃里克森的同一性理论框架下的研究群体，年龄为12—18周岁，脱离监护人有效监护，以随街流浪乞讨等方式维生的未成年人。

（二）理论框架：自我同一性理论

自我同一性或同一性发展是美国心理学家埃里克森（Erikson）提出的儿童心理社会性发展阶段理论中的重要概念。他认为人生必须形成有关自我的独特价值观和信仰坐标，童年期是人生自我同一性形成的最初阶段。随着从童年进入青少年时期，人生面临的生活际遇及问题会出现巨大的转变，或提供更大机会或出现严重问题，因此12—18岁这一年龄段他称之为“自我同一性和角色混乱的冲突”阶段。埃里克森认为，青少年能否建立自我同一性和防止同一性混乱或丧失是青少年时期最为基本和重要的社会心理任务。

1. 自我同一性

自我同一性，即青少年同一性的人格化，是指青少年在过去、现在和未来这一时空中对自己内在的需要、情感、能力、目标、价值观等特质整合为统一一致的人格框架，即具有自我一致的情感与态度，自我贯通的需要和能力，自我恒定的目标和信仰。而且，这种一致性与连续性与他人所认知的是吻合的。可见，个体的这种自我同一性是对自我身份的认定，从而对有关自我发展的一些重大问题，诸如理想、职业、价值观、人生观等做出确定性思考和选择。

根据埃里克森同一性概念，马西亚（Marcia）对青少年同一性问题进行实证研究，把个体的经历探索和投入程度的高低划分出四种同一性状态的模型，分别为同一性获得（identity achievement）、同一性延缓（identity moratorium）、同一性早闭或丧失（identity foreclosure）和同一性混乱（identity diffusion）。

2. 同一性混乱

埃里克森认为，个体自我概念能否保持一致，即获得自我同一性，对一个人成长具有重大意义。但是，如果早期的自我概念和而后面临的环境造成自我概念不一致，就会使儿童产生激烈的反抗，以至于陷入自我同一性混乱、拒斥乃至丧失。其中，如果个体过早完成自我化，停止于童年自我，没有走向青年期社会的新自我，就会造成同一性拒斥，无主见而随大流。再如，如果儿童在走向青少年进程中寻求自我同一性失败，就会出现同一性混乱或同一性扩散或消失的现象，这种状况下的儿童不仅自我概念混乱，甚至出现了自我飘摆消失。

对于人生来说，青春期是人的发展中冲突不断增长、面临心理断乳的成长阶段，各种不可预见性加大，这处于对“自我”的探索阶段的青少年，容易产生对角色扩散的焦虑。一旦自我探索失败，青少年就会出现自我怀疑、角色混淆、与他人关系凌乱、对父母或学校不满、不理解社会价值的存在，严重者甚至出现流浪、吸毒、酗酒等非正常行为，以及释放同一性混乱所引起的焦虑。同一性混乱的产生是多方面因素的结合体，如果青少年能够整合童年自我从而建立起新的自我，完成同一性进程，就会顺利度过这个阶段，但若该阶段得不到家庭、学校与社会良好的教育，则容易成为社会不稳定的隐患。

关于同一性混乱症候群的特征，日本著名精神分析学家小此木启吾认为主要表现为以下六点：同一性意识的过剩、选择的回避和麻痹状态、与他人的距离失调、时间前景的扩散、勤奋感的扩散及否定的同一性的选择。

二、流浪儿童自我同一性混乱的具体表现

（一）缺乏同一的自我认知

自我认知（self—cognition）指的是对自己的洞察和理解，是个体对自身存在的觉察，包括对自己的行为和心理状态的认知。流浪儿童处于青春发育期，之所以走上流浪之路，普遍都经历了寻找自我失败的过程。他们缺乏同一的自我认知、不能正确地进行自我评价、缺乏兴趣和热情、处于对社会和他人冷漠的状态，对未来抱消极态度，缺乏理想与目标。他们渴望挣脱家庭与学校的束缚，追求自由的生活。但恶劣的街头生存环境却一次又一次摧毁他们当初毅然走上街头的信念。缺乏同一与正确的自我认知，是导致流浪儿童对现实产生极大恐慌与焦虑的主要原因。

小明（本文中流浪儿童均为化名）来自广西，父母离异，12岁开始流浪。小明说："我流浪的原因很简单，我对我妈讨厌极了。她经常打我骂我，说我读书差，说我笨，说我是她的负累，我就想离开我妈的掌控，越远越好！"离开家的时候，小明只读到小学五年级。他早年受的父母宠爱与出走时脑海里的"远走高飞"憧憬多有吻合，但在现实面前不堪一击。因为没有生存的技能，他饱受饥饿的痛苦。直到在南宁火车站，他认识了一位所谓的"好人"雄哥。小明说雄哥管他吃管他住，但会叫他去偷火车站游客的钱包。起初他不敢，知道这是坏事，但在雄哥的"教导"下，他开始了第一次偷窃行为。这次成功和雄哥的赞赏让他兴奋。而后一次又一次，雄哥带着他"自由行天涯"，从南宁火车站到广州火车站，他们轻而易举的"取胜"让小明感受到不劳而获的快感，进而使偷窃行为一发不可收拾。直到一年后的2016年夏天，他们的偷盗行为引起了警察的注意，雄哥被捕，13岁的小明被送进广东省少年儿童救助保护中心（下文简称为"儿保中心"）。据儿保中心的彭社工介绍，刚进中心的小明非常冷漠，他认为母亲对他的管制太多，限制了他的自由。好不容易挣脱母亲的束缚，过了一年的"自由快乐时光"，而今又居住在一个管理森严的地方。按照我国救助管理条例，流浪儿童进入儿保中心后，工作人员首先联系其监护人，若无法联系上监护人或监护人无能力照养时，才实施国家监护。但当

儿保中心的工作人员联系上小明妈妈后并准备护送小明返家时，小明却表现出强烈的拒绝回家的态度。他认为自由最重要，并不切实际地认为自己有生存的本领，若回到母亲身边，他的人生就没有意思了。

每一个流浪儿童背后都有一段心酸的故事，这个故事的起因有可能是家庭责任的缺失，也有可能是不合理的学校教育方式。处于青少年阶段的流浪儿童自我定位不正确，容易意气用事。总体而言，导致流浪儿童流浪的原因基本集中在流浪儿童与家庭和学校的矛盾上。

小明的故事绝不是个案，虽说千百个流浪儿童有千百个不一样的故事，但导致流浪儿童走上流浪之路的，都有一个共同的原因：处于青春期的流浪儿童，家庭没有帮助其顺利建立新自我，度过同一性混乱时期，反而在同一性混乱、角色失调的关键教育节点上，家长变本加厉地指责孩子，这会加剧孩子的逆反心理，以致其走上非正常的成长道路。

解决“缺乏同一的自我认知”的流浪儿童的社会融合问题，最重要是帮助流浪儿童形成正确的自我认知，科学地了解自身的家庭意义和社会价值，培养流浪儿童树立正确的人生观与价值观。

（二）缺乏处理各种矛盾和适应环境的能力

自我同一性混乱的青少年难以接受自己的现状、对责任和选择持回避态度、无法维持正常的学习状态、自主性差、极易受到不良因素的诱惑。流浪儿童处于生长发育的关键时期，他们缺乏处理各种矛盾和适应环境的能力，街头恶劣的生活环境给流浪儿童的成长带来了巨大的隐患。

小君是一名13岁的男孩，来自粤北山区，长相清秀，性格内敛。父母离异并均再婚，父母双方都不愿意抚养他，他被迫一个人流离失所，辗转来到广州火车站找“生活”。复杂的火车站生态环境是他这个年纪所不能适应的。他说：“火车站有很多坏人，他们经常打架，还偷别人东西。跟我一样大的也有很多，他们都很大胆，讨餐厅的剩饭吃，捡了瓶子卖给街角收瓶子的大叔还敢跟大叔讨价还价。我不敢，我都是吃他们吃剩的。他们经常笑我没用，有时候还打我。偶尔有些大人会来找我们，说给我们吃住，还给我们钱。但我不敢跟他们走，我知道他们是去做坏事的。但我什么都不会，不会跟同伴相处，也不会找吃的，只能饿肚子。”

小君是2017年冬天在警察巡逻时被发现的，那时的他在寒风中瑟瑟发抖，已经饥饿到两眼翻白了。警察立即将其送至安置点，并安排在儿保中心生活、学习。工作人员尝试联系其父母，但均无法联系上。因此，乖巧的小君一直在儿保中心“就学”，各方面表现良好。

流浪儿童年龄尚小，缺乏生活经验，日渐规范的用工市场无法提供任何工作机会。因此，缺乏稳定经济来源的他们，只能被迫在街头面对各种复杂的环境，克服各种困难，解决基本的温饱问题。

解决缺乏“处理各种矛盾和适应环境的能力”的流浪儿童的社会融合问题的关键，在于如何帮助流浪儿童形成立人树责的观念，教会他们分辨社会善恶的能力，掌握必要的生存本领与技能。

（三）缺乏对社会和环境的认知，价值判断混乱

同一性混乱的流浪儿童不懂得处理人际关系，容易被人孤立；他们对事物价值判断混乱，缺乏主见，不能明辨是非善恶；也不愿去探索周围世界，不懂得如何获取对自己有用的信息。

小皓来自云南，14岁，初一辍学，住宿生，父母在外做生意，长期由奶奶照料他。小皓的学习成绩不好，在班里总是倒数。因此，他经常受到家长和教师的责骂。他自尊心强，长期被责骂的状态让他内心很压抑。偶然间，他认识了一群“朋友”，他们带他玩游戏、抽烟、喝酒，还叫他皓哥，总跟在他身后，让他觉得有一种无上的受尊重感。时间长了，他认为，这才是他想要的“人生”，而学校、家庭都是噩梦之地。有一天，由于考试不及格，班主任李老师责骂了他，生气之下说了句“你没救了!”，就因为这句话，小皓一气之下离开了学校。他没有回家，而是去寻找他的朋友们。小皓因家境状况中上，零花钱较多。他便拿着当月的零花钱给自己和朋友们买了离开昆明的车票。他们很快就把钱花光了，这些“朋友们”便让小皓去偷路上行人的钱包。强烈的自尊心让小皓觉得不这么做太没“面子”了，于是他开始了第一次偷窃。后来愈演愈烈，于2017年夏天在广州天河区被警察抓捕。

小皓的自我概念没有因年龄增长和环境改变而得到整合，长期处于父母疏忽照料与学校不正当教育的状态下，造成内心压抑，自我同一性混乱。

他不懂是非判断，缺乏主见，为图面子，做出违法犯罪的事。解决这类型流浪儿童的社会融合问题，最关键的是增强流浪儿童对社会和环境的认知，以防出现价值判断混乱的问题。

三、消失的同一性：流浪儿童街头生存图景

从对流浪儿访谈中看到，儿童早期对自我的界定与成长中自我歧异造成同一性消失，出现了人生图像的幻化，这种不同轨使他们不能接受或重新建立符合社会需要的新自我，被迫重新开始自己的新轨道，流浪就是一种对现实最简单的逃避。但是生存这种最基本的需求却是他们绕不过的人生设计。

（一）流浪儿童的火车站生活

火车站是流浪儿童的“据点”，每一个流浪儿童都有火车站生活的经历。笔者长期在广州火车站做调研，发现流浪儿童群体虽年龄较小，但“生存法则”堪比成人社会。为求生存，流浪儿童过着与年龄不相符的生活。总体而言，有以下两大类。

1. 靠拾荒而生的流浪儿童

12—18 岁的流浪儿童外出流浪，多半已掌握基本的生存技巧，复杂的火车站生活逼迫他们寻找出路，而拾荒就是一份最“体面”的工作。同一性混乱影响下的流浪儿童自尊心强，想要寻求所谓的“自由”。该年龄段的流浪儿童主动流浪的居多，原因多为被父母打骂离家出走、厌恶枯燥的学校生活、向往自由的街头游荡等。流浪儿童街头拾荒是流浪儿童积极寻找同一性混乱的解决方式的典型。

> 清晨 7 点，偌大的广州火车站广场开始热闹起来，赶路者步履匆匆，叫卖者已推着热腾腾的早餐开始定点叫卖，执勤的公安也开始警惕地备勤，这一切都惊醒了在火车站广场安稳地睡了一夜的流浪儿们。
>
> 约七点至八点，流浪儿陆陆续续起身，开始了一天的生活。他们卷起随身携带的棉被，塞进简陋的蛇皮袋中，开始了一天的“工作”。拾荒是大多数流浪儿童的“工作”，如果没有这项“业务”，流浪儿童将没有生存的经济基础。因此，勤快的流浪儿童总能有丰盛的收获。夏天，勤劳的流浪儿童六点多即起身开始捡拾瓶子，冬天则因天亮较

迟，稍延至七点。

沿街拾荒是流浪儿童最主要的“工作任务”。一般情况下，火车站“居住”的流浪儿童拾荒有三条路线：一是从广州火车站出发，至草暖公园、越秀公园，再折回往三元里、桂花岗方向；第二条路线则是从广州火车站出发，经过广东省汽车站，沿着环市西路向西村方向行进，中间进入广园西路辅路等地；第三条则是穿过人行天桥，向广州市流花汽车站，往站前路、流花公园等地。

流浪儿童步行拾荒速度较快，每个流浪儿童半天的“工作范围”能至少走遍一至两条路线甚至向更远的地方。由于随身物品较重，他们一般行至一段路，若发现有收购塑料瓶的买家，即将“货品”卖出，以减轻身上的重量。因沿路拾荒者较多，这一交易市场竞争激烈。因此，来自湖南的小斌说：“不早起根本没有你捡的份。”

大约十一点，早起的流浪儿童“工作”归来火车站休息。有的在原地坐着发呆、有的整理刚刚捡拾回来的塑料瓶、有的“生意好、收入高”的则将赚回来的钱去购买1元冰露矿泉水及10元简易盒饭。“效益”较差的流浪儿童则到附近摊贩处购买2—3元的小馒头。

流浪儿童的休息地一般是在火车站广场的东侧树荫下，或肯德基、必胜客餐饮店的屋檐下，或西侧邮政储蓄银行、真功夫餐饮店前的阶梯上，或地铁站A出口处。

冬天，流浪儿童休息至下午一两点，则开始重复上午的“工作”，五点多返回至火车站广场；夏天因天气酷热，一般下午四点后太阳开始下山才出发，至晚上七点归来。因广州火车站及其附近区域是广州人流量最密集的区域之一，人们持续消费饮料并扔弃空饮料瓶的数量庞大，即使流浪儿童之间“竞争”激烈，但只要愿意不断地“翻桶倒箱”，塑料瓶这一“货源”依然是充足的。流浪儿童小强表示：“在火车站饿不死”。有的流浪儿童是攒够一天一大袋的塑料瓶才卖，亦有的为减轻重量，沿街有机会见到废品收购者即卖出。

总而言之，傍晚是流浪儿童收获的时分，一天辛勤的“工作”一般能拿到30元左右。这来之不易的30元，基本能够维持一天的伙食，甚至有的还可以储蓄。16岁的流浪儿童小军则每天攒下10元，他说有钱的感觉才踏实。

傍晚时分，夜幕渐渐降临，流浪儿童也回到了自己常驻的“据点”。卸下沉重的行囊，放下一天的疲惫，流浪儿童开始了夜晚的休闲时光。被单展开，棉被一盖，随身的行囊为枕头，这就是流浪儿童简易的床铺。每一棵树下，每一个屋檐下，都可能临时“居住”着一个流浪儿童。冬日时分，寒风呼啸而过，广场上的人群已忍不住蜷缩起双手，而流浪儿童却安然在广场上睡着。16 岁流浪儿童小军说：“都习惯了，这都没什么，比起饥饿，这不算什么！”

表 1　拾荒而生的流浪儿童的时间表

事项	时间	备注
起床	夏天：6：00—6：30	流浪儿童每天于太阳出来前完成当天约 1/3 的“工作”。
	冬天：7：00—7：30	
拾荒	结束：11：00—11：30	
休息	夏天 11：30—16：00	简单午餐后，有的流浪儿童在此时间午睡、玩耍、聊天等。
	冬天：11：30—14：00	
拾荒	夏天：16：00—19：00（19：30）	基本重复上午的拾荒路线，或者完成未走完的区域。
	冬天：14：00—17：30	
休息	夏天：19：00—21：30（22：00）	与夏天的休息时间相比，冬天因天气寒冷，流浪儿童晚餐后即早早入睡。
	冬天：17：30—20：30（21：00）	
睡觉	夏天：21：30—22：00	夏天，流浪儿童各自寻找位置入睡；冬天则有部分流浪儿童为相互取暖，选择合盖被子。
	冬天：20：30—21：00	

2. 靠捡剩饭菜而生的流浪儿童

年龄较小的流浪儿童生存能力较低，无谋生技能。为了维持生活，有的靠“巴结”年龄较大的流浪儿童，乞求对方“恩赐”一点剩饭剩菜，有的则到附近的餐厅厨房门口，捡客人的剩饭菜吃，以维持生存需要。更小一些流浪儿童，因分不清是非，受犯罪团伙教唆，协助从事偷窃等违法行为，来换取生存所需的食品。

小杰今年 12 岁，10 岁开始流浪。原因是长期被父母虐待，离家出走。他说：“火车站是一个弱肉强食的地方。年龄大的小孩可以靠拾荒挣钱，属于强势群体，他们欺负年龄小的小孩。我们有时候为了让

‘哥哥’给口饭吃，就得让他欺负。但肚子好饿，没办法。我们有时候也会去肯德基、真功夫吃别人吃剩的汉堡和饭，好美味啊，那是最开心的时候了！火车站附近坏人很多，有些大人看我们肚子饿，就骗我们去抢劫，然后给我们个盒饭吃。我去过一次，但我知道这是做坏事，会被警察抓的，我就再也不敢了。”

表2　流浪儿童的衣食住行

事项	说明
衣	一般流浪儿童会有1—2套换洗的衣服，放在其随身携带的行李袋中。广州火车站的流浪儿童盥洗的场所一般为火车站东西侧的公厕；而广州另一流浪儿童较多的地方——越秀区东濠涌附近的流浪儿童则在东濠涌的河里盥洗，衣物则在河边的树上挂着。从衣物整洁度而言，东濠涌附近的流浪儿童穿戴较为整洁。
食	向流动商贩购买盒饭、馒头等，或者到餐馆捡剩饭菜吃。
住	火车站广场的流浪儿童以屋檐下、树荫下为主；东濠涌附近的流浪儿童以东濠涌高架桥桥上与桥下为主，有的流浪儿童一张长凳即能睡一个夜晚。
行	步行为主

综上所述，街头生活的流浪儿童无法享受到主流社会的儿童都能享有的基本生存权，无法稳定地从成人社会获得必要的生活资料。他们被排斥到城市的边缘，面临着饥饿、寒冷以及不卫生的健康威胁。面对街头艰难的生活，流浪儿童表现出了显著的能动性。他们能够机智地发现和利用街头存在的生存机会，创造性地满足自身的生存需要。

（二）流浪儿童的社会关系网络

流浪儿童虽具有较强的流动性，但是其短期在广州火车站生存亦有其特有的社会关系网络。流浪儿童每天都会接触到不同类型的人群，其社会关系大致有以下两大类。

1. 流浪儿童—商贩关系

（1）流浪儿童—废品回收商贩

流浪儿童为求生存，每天沿街拾荒，路边的每一个垃圾桶都是他们驻足停留之处。拾荒过程中，他们几乎都是低头姿势，认真搜寻是否有目标

“货品”。一遇上有目标，则迅速捡起，放入其肩上的大蛇皮袋中。在这份流浪儿童赖以生存的“工作”中，最重要的社会关系是与回收废品商贩的关系。他们与流浪儿童之间构成了一种“生意关系”。这种关系是松散的，类似于客户关系，但流浪儿童得不到真正意义上“客户”的待遇。

18岁的流浪儿童斌仔，在火车站“生活”了4年。他抱怨这是一种不公平的垄断关系，整个火车站广场只有一个回收废品的商贩，他出价极低，近乎垄断，但拾荒者却非常多，这是一条极度不平等的“产业链”。

在这个弱肉强食的“废品回收产业链”中，年少的流浪儿童凭借着旺盛的精力，总是能轻易地战胜年老的流浪汉。无论是将废品卖给更远处的其他废品回收商贩，还是在单位时间内捡拾更多的空塑料瓶，15岁以上的流浪儿童都是产业链中最强势的人群。

(2) 流浪儿童—食品售卖商贩

除了回收废品的商贩，“流浪儿童—商贩”社会关系的另一条主线则是流浪儿童与卖水、卖饭等商贩的关系。一般而言，这两类商贩较多，竞争较大，流浪儿童处于买方市场地位，自主性较大。流浪儿童一般购买食物都只为满足基本的生存需求。

流浪儿童不愿意到正规商铺购买食物，均选择流动商贩。一是源于正规商铺觉得流浪儿童形象较差，不愿将其纳入自身顾客人群与销售范围；二是流浪儿童自身有自卑感，认为流动商贩具有流动性，符合弱社会存在感的心理预期。流动商贩无固定商所这一特征也与流浪儿童自身的社会定位相符。因此，无论是矿泉水还是盒饭，流浪儿童均选择流动商贩。

流浪儿童小强说道：“正规商铺不肯卖给你，赶你走。他们说我们脏，我们很受嫌弃，但那些摆摊的愿意卖给我们。”

笔者曾多次与流浪儿童共同就餐，流动商贩售卖的饭盒以一肉一菜为主，饭菜质量较差，卫生情况堪忧。这虽给流浪儿童的生存权带来了巨大的威胁，但与饥饿相比，能够吃上流动商贩的饭菜是流浪儿童每天的愿望。

中午与小强一起买了盒饭，相信任何一位正常家庭的孩子面对这米粒生硬的盒饭必定是不乐意的。但流浪儿小强却连声称道："还不错，很好吃！"小强介绍说，能吃上这样的盒饭，是他辛勤劳动的结果。如果哪天偷懒了，就只能去餐厅偷偷捡剩饭吃，看人脸色。

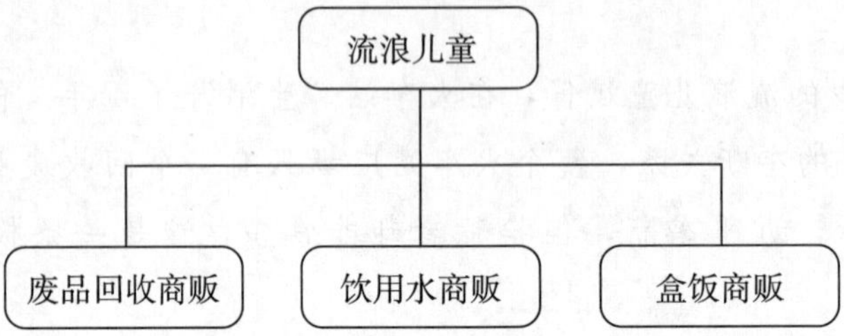

图 1　流浪儿童—商贩关系图

2. 流浪儿童—流浪儿童关系

流浪儿童之间也存在着一种社会网络关系，但这种关系是极其松散与不稳定的。每一个流浪儿童都有自己的心酸故事，因此，流浪儿童之间会产生惺惺相惜的感情。但也存在不少愿意独处的流浪儿童，他们几乎不与他人有任何接触，形成了孤僻的性格。总体来说，流浪儿童与其他同类伙伴存在着同路人与竞争者的关系。

据不完全统计，火车站广场同时间内约有 20—30 个流浪人员，流浪儿童大约 10 名以内，他们几乎都依靠拾荒维持生活。每天不约而同地外出拾荒，再不约而同地回到"驻扎点"。每隔一段时间，他们就会更换自己的"据点"，流向别的区域。笔者从 2010 年开始在火车站开展调研发现，虽然流浪人员面孔在持续变化，但总量却是恒定的。

流浪儿童的生活虽具有独立性，但仍离不开同路人的帮助。他们共同生活在火车站广场上，虽每隔一段时间就会"迁徙"到其他区域，但短暂的停留也会让彼此感受到温暖。他们有的是因发现双方是老乡而惺惺相惜，亦有的是因聊天投缘而结为朋友。在生活中，这些流浪朋友相互扶持着，如流浪儿童小王所言："我的朋友多，不怕遇到困难。"青春期的孩子非常注重同伴感情，流浪儿童也如此，他们认为讲义气是建立朋友关系的基础。

同时，流浪儿童相互之间也是竞争者的关系。因拾荒是主要的经济来源，僧多粥少的火车站广场难免让流浪儿童感到生活的压力。因体力的原因，年长流浪儿童是年幼流浪儿童的强劲竞争者。

流浪儿童小王说："火车站有些流浪的人很坏，他们自己不去捡瓶子挣钱，好吃懒做，还来抢我们的盒饭，我们非常讨厌他们。”

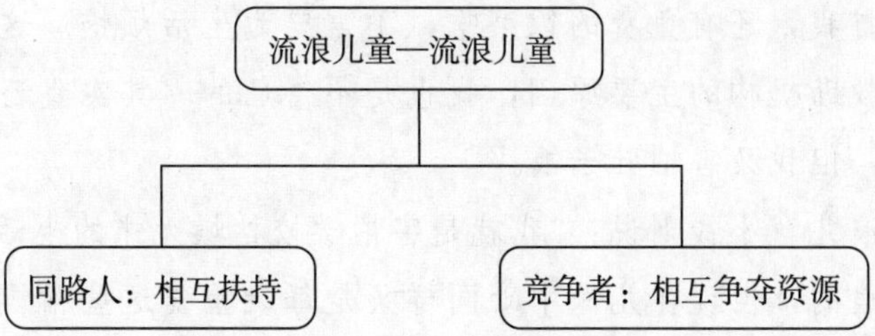

图 2　流浪儿童—流浪儿童关系图

（三）流浪儿童街头生活与受助生活对比

我在救助站访谈了将近 50 个流浪儿童，发现流浪儿童普遍拒斥救助机构单调的生活安排。他们坚持选择留在救助机构生活，大多并非因为机构内生活是他理想的生活类型和归宿，更多是缺乏更好的选择。流浪儿童长期饱受饥饿的困扰，他们选择救助机构，能够感受到生活的温暖、得到很好的生活照料，这是生存需求的使然。

> 据救助站的张姓工作人员介绍，在救助站长期生活的孩子大多是无家可归或有家难归的孩子，他们在家庭中得不到父母应有的关爱和照顾，只好生活在救助机构中。但这些在街头流浪惯了的孩子，刚开始在救助机构是开心的，因可以不再受饥饿的折磨，能吃到美味可口的饭菜，感到幸福。但时间长了，他们就开始向往原来自由的街头生活了。

表 3　流浪儿童街头生活和救助生活对比

	街头生活	救助机构生活
特征	自由	管理规范
日常安排	随性	严格的时间表
生理需求	食不果腹	饭菜美味可口
发展需求	无	丰富多彩的课程和专业的教师与社工

从表 3 可知，救助机构生活与街头生活对比，按理会选择救助机构生活，但为什么仍有那么多流浪儿童抗拒救助机构生活呢？这是我们每一位流浪儿童研究者需要深思的问题。

流浪儿童小王告诉我："虽然救助机构不自由，但毕竟这里安全，没有人打我，还有免费的饭菜吃，不需要为生活烦恼。这是我愿意长期留在救助机构的主要原因，我也是不得已的。其实我还是很想回到街头去，但我又害怕肚子饿。"

流浪儿童小钱则说："我就是害怕学校枯燥无味的生活，才跟着朋友去流浪的，但现在儿保中心同样又是每天重复这些枯燥的生活，我好痛苦，我好想走，但叔叔阿姨不肯，说要么待在这里，要么回家。"

自我同一性混乱的孩子个体意识越来越强烈，他们渴望挣脱成人的束缚，去尝试更加"美好"的生活。有些流浪儿童宁愿在街头过着食不果腹的生活，也不愿意回到家庭或救助机构中，说明了现实无法满足这些孩子内心对"自由"的渴望。我们在制定救助机构的管理细则时，应充分考虑流浪儿童所需，切忌一味地将传统的家庭主义和家庭制度延伸到救助机构。救助政策的思维导向是"送孩子回家"，但面对家庭功能失效的孩子，我们应从多元角度去看待孩子的保护问题。流浪儿童之所以走上流浪之路，有其内在的特殊性。在实施救助政策时，应摒弃成人主义思维，回归儿童观，从儿童之本出发去思考流浪儿童之所需。

四、影响流浪儿童社会融合的因素分析

社会融合是社会学的概念，与社会排斥相对应。程福财（2014）认为，社会融合是通过公共政策和服务促使被社会排斥的个体从政治、经济、社会、文化等方面融合到主流社会的过程。从流浪儿童的角度看，社会融合意味着能和大多数成员一样具备了生存与发展所需要的资源和机会，具有了学习、工作和参与社会发展的能力。

（一）家庭因素：流浪儿童同一性混乱与不当家庭教育的矛盾

据我近八年来对流浪儿童的观察，流浪儿童之所以出现同一性混乱的问题，基本离不开家庭因素。处于青少年时期的流浪儿童，多数敏感焦虑，开始初步有了自己的主见并希望得到家人的认可。而中国传统的养育观念是提倡"听话"，要求孩子按照父母的意愿发展，对孩子施加巨大的学业压力，导致孩子产生逆反心理。这些极端者渴望挣脱家庭束缚，被迫走上流浪之路。

另一方面，据儿保中心黄主任介绍，近八成的流浪儿童出生在离异家庭或父母关系不和谐的家庭。本应在温暖的家庭中成长的孩子，由于缺乏家庭的温暖与正确的引导，同一性混乱现象加剧并迅速丧失，容易听信社会不良分子的教唆，产生了不正当的行为。

小丽是少有的流浪女童，10岁外出流浪，13岁开始生活在儿保中心。她说："从小最害怕的是听到父母吵架的声音，有时候晚上吵得凶，妈妈会到厨房拿菜刀，我很害怕。我叫他们不要打，可是他们不理我，我只好不停地哭。"小丽父母都是农民，由于文化程度低，收入微薄。随着弟弟妹妹的出生，家庭生活压力越来越大，父母关系则越来越糟糕。小丽说无数次在梦里都被父母的争吵声吵醒，她受够了。所以，她选择了离开。但10岁的年龄，她什么技能都没有。一开始，在一家小餐馆端盘子，一个月老板付她100元工资，管她吃住。虽然少得离谱，但起码不挨饿。但后来，小餐馆倒闭了，她不愿回家，过上了流浪生活。她靠双腿，走过了几个城市，每日靠去餐馆厨房偷偷吃剩饭剩菜过日子。后来，她看到了拾荒这条谋生之计。每天清晨起来，沿街捡每一个垃圾桶里的空瓶子，攒够二十几个了，就去卖掉，这样就能买一份早餐了。然后再去捡中餐的费用，进而晚餐的费用。她很满足这样的生活，信心满满地说，等她16岁符合工作年龄时，她一定会找一份稳定的工作。她说勤劳生活才是实在。

勤劳是小丽的优点，但由于原生家庭的伤害与长期流浪的经历，她性格孤僻，待人冷漠，并对人对事非常敏感，警惕心非常重。小丽进了儿保中心后，不愿回到原生家庭中，彭社工说，她一定知道家庭住址的，但一直不愿意说。

（二）社会因素：流浪儿童同一性混乱与单一救助模式的矛盾

2003年，随着《城市生活无着落的流浪乞讨人员救助管理办法》的出台，收容遣送制度向救助管理制度成功转型，各地救助管理站就成了流浪儿童的庇护场所。传统的中国道德观念认为："养不教，父之过"，而我国的救助政策也是基于这一传统观念的思维下制定的，即救助管理机构接收流浪儿童后，第一时间会联系其监护人，将孩子遣送返家。

但据儿保中心叶社工反映，被送往儿保中心的孩子，大多不愿意回家。

有的故意隐瞒家庭住址，有的甚至通过撒谎等形式与社工“斗争”，拒绝返回原生家庭。

家庭因素是流浪儿童流浪的核心因素。每一个流浪儿童幼小的心灵都烙上了家庭不幸的阴影。许多流浪儿童宁愿忍受饥饿的痛苦，也不愿意回到原生家庭中。但救助管理机构只能按照政策实施工作流程办事。因此，时常能见到一幕幕社工极力“套”出孩子家庭住址而孩子极力隐瞒的无奈画面。

小雷就是一个不愿回家的孩子，一会儿说家在安徽，一会儿说家在湖北；一会儿说自己独生，一会儿说家里有个妹妹。从其反反复复的言行举止可知，这是一个对原生家庭极其抵触的孩子。

另一方面，救助机构是管理严格、四面围墙的场所，流浪儿童虽在救助机构饮食营养丰富，能够得到良好的照护，但部分仍怀念过去在街头的日子，认为那种“自由”是最珍贵的。

小秦14岁，他总是抱怨儿保中心像“坐牢”，每天有个严格的时间表，每个时间段做什么都限定死了，跟以前读书一样，他最讨厌读书和上学。

但近年来，全国各地救助机构的管理模式也不断在创新，从过去“临时救助”的职能，渐渐增加了教育职能。国内也陆续推行了几种行之有效的教育模式，比如“类家庭”“大房子”“责任家长”自选式、工读学校、家庭寄养等教育模式。管理与教育的细则上，也更加人性化。关注每个孩子成长的特点，注重因材施教，有效地解决了流浪儿童同一性混乱与单一救助模式的矛盾，帮助儿童较快地融入社会。

五、流浪儿童社会融合政策与服务建议

（一）科学分析流浪儿童同一性混乱现象，坚持儿童发展本位的理念

流浪儿童社会融合的目标是从流浪儿童的需要出发，确保流浪儿童享有学习、工作、生活的合法权益，尽早回归主流社会。以流浪儿童为本开展的救助与服务政策，要对流浪儿童的认知和选择有客观的了解，深入分析流浪儿童普遍出现的同一性混乱问题的根源，采取切实有效的方式解决

流浪儿童的社会排斥问题。

小李是粤西某市救助站的一名受助儿童，他对救助站的救助理念略有不满，渴望回归街头。他说："救助站受助的小孩很少，六七个吧，有一位年轻的老师给我们上课，教认字和算数，写错了会批评我们，我不喜欢这个老师。"

小杨在儿保中心生活了7年，他对儿保中心的英语课很感兴趣，他说："我最爱上英语课，以前在广州火车站总能见到老外，很想跟他们说话。在英语课上，我学会了怎么跟他们打招呼了，特别希望能跟老外说几句话。"小杨起初的英语水平也较为薄弱，但经过一个月的努力，英语水平突飞猛进，成为班级的榜样。

笔者长期以义工身份，在儿保中心担任英语教师。授课班级儿童年龄跨度大、水平参差不齐，教学难度大。经过分析学生的学情特点，笔者在课堂上充分使用兴趣法、鼓励法等方式，根据学生的特点，以生为本，帮助学生消除同一性混乱，充分调动学生学习英语的积极性。

在帮助流浪儿童融入社会的过程中，要善于分析流浪儿童同一性混乱的现象，从现象找出问题的本质，从而对症下药，采取积极有效的方式帮助流浪儿童早日回归主流社会。

（二）对家庭育儿情况进行监督，及时发现并应对儿童被虐待和遗弃问题，预防儿童流浪

《中华人民共和国未成年人保护法》明确规定了监护人不得虐待、遗弃孩子。父母不能像处理私有财产那样任意处置自己的孩子，这是当代社会的基本人权共识。但是中国国内部分落后地区的家长仍存在旧的观念，认为孩子是自己的"私有财产"，不想养了可以"送人"。因此，国家应采取积极有效的措施强化监督。

调研中，广州市救助管理站站长徐站长呼吁：我们要加强公民教育，强化家庭监护情况要受到国家监督的社会意识；社区要发挥作用，在动态发现可能外出流浪儿童登记名单的基础之上，建立面临经常性被忽视、虐待、遗弃等危险的儿童家庭定期访问制度，了解这些儿童及其家庭的需要，妥善做好监督工作；建立儿童被伤害的介入机制。

针对确有困难的监护人，国家应提供家庭育儿支持。例如：为经济困难家庭提供困难资助；做好家庭教育指导，协助父母掌握科学育儿技能；为因突发疾病等困难暂时无法照顾孩子的家庭提供短期儿童照养服务；确实因特殊困难无照料能力的家庭，政府可以考虑通过经济资助等手段鼓励其亲属在儿童成长中扮演积极角色。

（三）创新流浪儿童救助模式，开展流浪儿童“立人教育”模式

田野调研中发现，关于救助机构针对流浪儿童的教育问题，有三大矛盾较为突出。第一是指导思想问题。目前尚未对流浪儿童的教育问题形成共识，各省做法不一。广东省采取“类学校”的教育模式，让流浪儿童尽可能地处于正规教育体系的环境中学习。郑州市则采用“类家庭”的教育模式，以“类家庭”和“家庭寄养”的方式安置无家可归或有家不能归的儿童，在一定范围内实现了流浪儿童的社会回归。第二是从业人员的整体素质问题。从国内几大救助保护中心从业人员的专业背景来看，具有社会工作与教育背景的专业化人员的比例偏低。第三是教育方法的问题。石家庄少年儿童保护教育中心针对停留时间超过 8 个月的儿童采取“长效教育”的方式，主要是向其灌输适当的人生观与价值观教育。郑州市救助保护流浪儿童中心则采用专门课程开展人生观与价值观教育。但总体而言，目前流浪儿童的教育方法都是零散的，缺乏系统的科学指导。

1.“立人教育”模式的课程设置和教学模式

在创新流浪儿童救助模式上，广东省儿保中心实施的“类学校”教育模式是一个典型的案例。目前该中心每天大约有 65—70 名正常接受教育的儿童（另有近 70 名学生患有传染病在医院接受治疗），因受助儿童的流动性较大，该中心学生数目每天都在改变，这种不确定性因素给教学工作带来非常大的难度。这些孩子年龄均在 18 岁以下，其中 12—13 岁最多，大部分为义务教育阶段的适龄儿童，主要来自贵州、四川、重庆、湖南等省份，逾 80%为农村地区儿童。他们成为流浪儿童的原因多样，如逃学或学习成绩差、被网友欺骗、被老板控制、离家出走、父母离异、家庭贫困等，但归根结底是家庭原因。

该中心是率先在全国实施“类学校”教育模式的少年儿童救助保护机构，倡导流浪儿童“立人教育”，强调从做一个有用的人入手施教

育人。在提供基本的生活安置、医疗救助、法律咨询、护送返乡和回访等服务的基础上，重视开展开启心智、赏识激发的正规教育与非正规教育。过去的救助管理工作主要集中于临时性基本生存生活保障上，而随着人本观念深入管理人员及专职教师的心中，教育引导、心理矫正、生命教育、技能培训等开始步入正轨，他们尊重儿童成长规律，开始把发展儿童潜能的特色课程引入救助中心。"类学校"教育模式采取类似正规教育的方式，对流浪儿童进行有针对性的非正规教育，强调尊重流浪儿童的自尊、课程设计的人性化、培养儿童的社会化，并取得了较大的成效。

在教学模式上，根据儿童的年龄、学习基础、智力水平等情况，进行分层分类教育，采取集中课堂式学习与自主活动式学习相结合的学习方式。具体来说，就是对义务教育阶段的受助儿童进行与正规教育一样的文化知识教育，使其享有义务教育的权利；而对于智障儿童或临时安置的学员采取启智教育，主要目的是让其了解法律法规的知识，打消继续流浪的念头，养成良好行为习惯，学会生活并适应社会。

在课程设置上，"类学校"教育的课程需要更加有针对性与人性化。正规班强调的是与正规教育对接，学生虽在中心接受教育，但期中期末考试依然是回到合作学校华太小学与樟木头中学参加考试。其间，为更多地让儿童感受到自己是正规学校的一员，中心经常会带学生到两所学校参加活动，以提高学生的归属感。而在非正规教学班中，考虑到孩子的智力水平以及停留时间的限制，除了简单地教授语、数、英等科目外，更多的是教一些有关生活常识、价值观、法律法规的教育，如"沟通与交往""法律常识""运动与保健""图操训练""唱游与律动""生活常识"等，都是为了让流浪儿童能掌握基本的生活技能，让短暂停留的受助儿童能够掌握相应的法律知识，尽早回归家庭与社会。

据儿保中心的彭社工介绍，中心分为正规班与非正规班，儿童初入中心按照智障程度，重者进入"向上班"，轻者或健康者进入"培优班"。在培优班中，如果学习时间超过半年，通过智力测试与学业摸底考试者，编入正规班学习。然而，正规班中学生的年龄不一，如某小学四年级的班级有16岁的孩子。因不同年龄的孩子有不同的特点，班中低龄段的孩子喜欢的是活泼生动的授课方式，而高龄段的孩子则较为沉默，面对教师多样化的课堂活动，不愿开口，参与度较低。这对课堂教学方式是一个极大的挑战，如何兼顾到每一个年龄段的孩子，考验着授课教师的教育智慧。

除文化课外，中心社工科的社工们也为孩子们设计了一系列旨在提升生活技能的课外课程，称为“全能小管家项目”。该系列课程上课时间主要在课后的晚上或周末，如“快乐厨房”“DIY 手工坊”“舞林高手”“酒店管理”“美容美发项目”等，这些课程不仅能丰富孩子们的生活、培养孩子们的兴趣与责任感，同时，也为孩子将来踏入社会提供一些必要的生活与就业技能。

每周二晚上的“爱心花园”课程，主要针对智障儿童，旨在给智障孩子进行生命教育，课程方式是志愿者组织孩子们在中心附近利用荒地修葺了一个小花园。在花园中，志愿者从认识土壤给孩子们讲起，每个孩子负责培育一盆小花，贴上孩子的名字。因智障儿童存在对生命意识淡薄、责任感不强等情况，然而这盆小花却被儿童牵挂着，太阳猛了担心晒死，暴风雨来临担心被淋坏，智障儿童对于属于自己的小花的呵护，很好地培养了孩子们的责任感与归属感。

2.“立人教育”模式的实施效果

流浪儿童与普通儿童在特征上具有一定的差异性，他们常常伴有孤独、自闭、善变、抵触、攻击性强等心理特征，容易自暴自弃，学习积极性较低，成绩较不理想，对待社会的态度较消极，受排斥的现象较严重，容易对社会产生不良情绪，相当一些人曾有偷盗等不良行为。流浪儿童“立人教育”指的是教育工作者（或社工）根据流浪儿童的生理需求、心理特征、过往经验、性格特点、学习动机等主客观因素，来制定具体的、有针对性的教学计划与教学活动，从而激发流浪儿童学习的欲望，旨在培养流浪儿童自尊自爱的意识，提升其家庭与社会责任感，增强其文化和生活技能，锻炼其回归社会的能力。

根据调研，我们发现了一些流浪儿童经过救助机构的教育后，成为群体楷模的案例。比如小彭，在救助中心积极参加各种课程的学习，后来应征入伍，在部队中成为士官。他利用自己的微薄收入资助救助中心曾经的小伙伴。退伍后，利用退伍金在家乡做小本生意，目前仍坚持资助流浪儿童。

又如小叶，离站后到东莞附近工厂应聘成为一名技术工人；小刘，离站后当上了一名交通协警，每天在岗位上兢兢业业，辛勤工作，履行为人民服务的职责；小斌，在儿保中心生活了7年，是一个知道家庭地址却一直都不愿说出来的孩子。通过心理矫正与课程感化，近期说出家址，并已回归原生家庭生活，学业成绩优异。

表4　流浪儿童“立人教育”模式一览表

<table>
<tr><th colspan="6">流浪儿童“立人教育”模式</th></tr>
<tr><td>理念</td><td colspan="5">培养学生独立人格，培养流浪儿童融入社会的能力</td></tr>
<tr><td rowspan="7">课程设置</td><td colspan="2" rowspan="2">按照学生智力分</td><td colspan="3">正规教育</td></tr>
<tr><td colspan="3">非正规教育</td></tr>
<tr><td colspan="2" rowspan="3">按照课程内容分</td><td colspan="3">情感教育类</td></tr>
<tr><td colspan="3">文化知识类</td></tr>
<tr><td colspan="3">生活技能类</td></tr>
<tr><td colspan="2" rowspan="2">按照停留时间分</td><td colspan="3">短期班</td></tr>
<tr><td colspan="3">长期班</td></tr>
<tr><td>服务人员</td><td colspan="2">专职教师</td><td colspan="2">专业社工</td><td>志愿者</td></tr>
<tr><td>服务方式</td><td>集体授课制</td><td>个别辅导制</td><td>小组讨论制</td><td>直接介入法</td><td>交互模式等</td></tr>
</table>

“立人教育”重在建立一套适合流浪儿童群体和个体的教育程序、原则和方法。对待流浪儿童的教育，应充分认识流浪儿童同一性混乱的状况，以培养流浪儿童成为一位具有独立人格的合格公民为基本目标，辅之以一系列能够启发流浪儿童心智的课程，通过专业化的专职教师、社工与热情的志愿者共同努力，早日帮助流浪儿童重返家庭，回归社会，成为社会有用之才。

第五届中国教育人类学学术年会综述

孟立军　陈孝凯

（中南民族大学　教育学院，湖北　武汉　40074）

【作者简介】孟立军（全国教育人类学学术委员会副理事长，中南民族大学教育学院教授，博士生导师，国家民委人文社科重点研究基地少数民族教育发展研究基地主任，法学博士，主要研究方向为民族教育。陈孝凯，中南民族大学博士研究生，凯里学院副教授，主要研究方向为民族教育理论与政策。

2016 年 4 月 9—10 日，由中国教育学会教育学分会、中南民族大学、中山大学、西北师范大学、广西师范大学、西南大学联合主办，中南民族大学教育学院承办的“第五届中国教育人类学学术年会”在中南民族大学学术交流中心召开。开幕式由中南民族大学副校长段超教授主持，中南民族大学党委书记陈达云教授致开幕辞，中国教育学会教育学分会副理事长兼教育人类学学术委员会理事长中山大学冯增俊教授致辞，中国教育学会教育学分会副秘书长、人民教育出版社刘捷研究员宣读了中国教育学会教育学分会的贺信。来自全国各地的有关专家、学者共 160 余人参加了本次学术年会，会议共收到相关学术论文 55 篇，与会者围绕 4 个议题展开了深入的探讨。

一、教育人类学与中国教育实践

中国教育人类学的兴起，有其必然性。自20世纪初期以来，它经历了概念引进到走进中国教育实践的过程，对中国的教育和发展产生了重要影响，已成为我国民族学研究和教育学研究的重要领域。与会学者通过对教育人类学在中国实践的回顾和前瞻，既呈现了教育人类学在中国发展的脉络和图景，也分析了教育人类学在教育研究中的作用和独特魅力。

（一）中国教育人类学学术的历史回顾与前瞻

冯增俊教授梳理和回顾了中国教育人类学在服务教育中的发展历程，认为20世纪80年代前的中国教育人类学，是一种在现代社会初兴启蒙下的研究，是人类学对教育的关注，包括20世纪80年代中期，这是国外学科的移植借鉴时期；而20世纪90年代中期以来，中国教育人类学进入具体教育研究领域之中，而且在教育研究类别上呈现出多彩的表现形式。吴晓蓉教授分析了我国教育人类学学科发展过程中存在的问题，认为我国教育人类学学科还存在价值模糊、专业共同体缺失、研究主题模糊、研究范畴狭窄、研究方法缺乏专业性等问题。所以，她建议从明确学科价值、完善专业共同体、拓展研究范畴、创新研究方法论这四个维度，探索我国教育人类学学科建设和实现学科本土发展。

（二）教育人类学对中国教育的作用研究

冯增俊教授分别从教育人类学促进了多元教育发展需要，促进了教育回归本原的实践过程，推动教育回归生命成长，建立起理论与实践的内在联系这四个方面阐释了中国教育人类学之于教育研究及教育改革的积极作用和现实意义。吴晓蓉教授指出，教育人类学观察教育的基本出发点，恰恰也在于洞察生命成长的真正需求，了解教育的真正问题，从中获得构建有本土特色的教育学资源。

（三）教育人类学发展与中国教育学科未来的探讨

冯增俊教授展望了教育人类学发展与中国教育学科未来，认为随着中国教育人类学的发展，必将会促使未来中国教育科学呈现出更加多彩绚丽的学术发展图景，呈现出更加多样的内容和多元的研究方法，从所谓的“理论教育学”转向“实践性教育学”，其塑造人的生命成长过程将成为中国教育科学的核心内涵。金志远教授认为教育人类学在其发展过程中，存在重“人类学立场”，而忽视“教育学立场”的问题。所以他提出，确立基于“教育学立场”的教育人类学显得格外迫切和重要。还有学者认为，对当前教育人类学进行“教育学立场”审视非常必要，提出了在“教育学立场”观照下教育人类学如何转向的问题。

二、教育人类学方法创新

教育人类学方法创新，既体现了教育人类学研究方法的借鉴与消化吸收的本土化过程，也反映了教育人类学研究方法转型，还折射出教育人类学研究在中国发展的实况。

（一）教育人类学方法研究的本土化探讨

陈达云教授提出，要用人类学的原理方法研究教育，拓展教育研究的视角，积极建构具有本土意义的中国教育学，不断深化民族教育研究。欧阳护华教授以“在中国实践中寻找跨文化交际的新路子”为题，试图通过成功对话和理解的个案为例，构建一条新途径来讲好中国故事，批判当今国际社会常使用的以更新证据、更强话语为中心的征服式交流范式，呼吁通过教育人类学的“变陌生为熟悉”的原则和方法，来促使交流双方在同感、共鸣等更平等自愿的基础上进行对话。李珊泽教授对中国教育人类学研究范式的整合与转变进行了探讨。此外，还有研究者通过对采用教育人种志研究方法实例的探讨，帮助人们更好地了解教育人种志研究方法的本土化实践。

（二）教育人类学研究方法转型研究

常永才教授指出，现代教育学最主要奠基人之一的赫尔巴特提出，心理学是教育学成为科学的一个基础。所以教育人类学若要更有真切的人性化，就要借鉴维果茨基和布鲁纳的文化心理学教育观，以及新近的莱夫情境认知学习理论等，使人类学方法和心理学方法相结合，切实促进民族教育学科发展迈向新台阶。有研究者指出，由于批判人种志自身存在的缺陷正遭受研究者们的诟病，因此，西方批判人种志研究进行了自我反思，通过建立与研究对象的平等、互动、信任的关系，以及主动帮助弱势群体寻求公平、摆脱被压迫的地位为解决途径，并认为这对我国教育人种志研究具有重要的参考价值。

（三）技术更新对教育人类学影响的研究

白芸教授提出，教育人类学研究范式和研究方法必须突破传统的少数民族教育研究模式的藩篱，结合“互联网+”时代的背景进行规范的教育人类学研究与教学则是教育人类学学科发展的大趋势。有研究者从现代技术发展，特别是大数据为代表的新技术，对教育人类学的发展、研究带来的影响进行研究，认为新技术在教育人类学发展过程中起到了辅助、拓展和重构的作用。此外，还有研究者认为，在信息时代，教育人类学的田野考察不再局限于“实在”的教育现场，而兼具有了“实在”与“虚拟实在”的田野研究特性。

三、教育人类学理论和实践研究特点

教育人类学理论与实践问题是研究中最为基本的重要问题，也是本届年会与会者们讨论的热点问题之一。

（一）中国民族教育学派的研究

孟立军教授从我国民族教育学派入手进行分析，指出我国民族教育研究自新中国成立以来，特别是改革开放以来，已经具备了形成研究学派的学术契机和学术环境，形成了两种不同的学派。他认为，由于民族教育受国家学科设置授权的限制，指导思想和理论基础的差异，改革开放以来逐步形成百家争鸣的学术环境，致使大家从不同的学科角度出发对民族教育问题加以研究，形成了两种不同的学术风格和学术特色。他还进一步指出，民族学研究立场与教育学研究立场，两者的并存与结合，能够使学科领域不断拓宽和研究内容不断深化，克服各自在研究方法方面存在的不足，使“民族教育学”理论研究和实践研究的特色更加鲜明，人才培养更具丰富性和多样化。

（二）教育人类学与传统教育研究之关系辨析

教育人类学与传统教育研究具有共同的旨趣，但两者也有明显的区别。薛国凤教授对两者的区别做了较深入的探讨，她认为，教育人类学研究和传统教育研究的差别主要在于人类学家基于文化立场，更有兴趣探索教育的社会性文化关系，是对人在文化背景下处于教育场域中的发展问题的特别关注与研究，而传统教育研究以探索教育规律，解决重要的教育理论和实践问题为导向。据此她进一步指出，教育人类学与教育研究的区别还表现在，教育研究偏向于技术思维取向下的学校教育研究，而教育人类学更体现了文化关系思维取向下的学校教育研究。还有研究者对教育人类学与民族教育的差异性进行了探讨，认为两者的区别在于产生的历史背景、词源、重点考察的对象和范围、研究视角、研究目的和功能，以及研究方法等诸多方面。

（三）人类学研究方法在教育领域的应用研究

对人类学研究方法的借用，是教育人类学最为常见的，也是探索解决教育现实问题的一种方式。李子华教授基于文化人类学的视角，对藏族大学生自尊现状进行调查研究，为有针对性地对藏族大学生实施心理健康教育提供参考。有研究者应用教育人种志的研究方法，对中国流浪儿童教育问题进行研究。有研究者从文化人类学主客位视角，对师范生顶岗实习进行研究，获取顶岗实习生教学实践能力的真实情况。还有的研究者基于“文化—生态理论”分析框架，从文化生态系统的宏观、中观和微观三个层面，分析怒族聚居区学前儿童低入园率的原因。

（四）教育人类学在中国的实践研究

教育人类学在中国的实践，很多涉及民族地区的教育问题和针对少数民族的教育问题，其内容涵盖的面非常广泛。苏德教授就民族地区如何依法实施双语教育提出了自己的观点。吴天泰教授以“由原民院到部落的课程规划与社区参与：以花莲光荣部落为例”为题，和大家一起分享了东华大学如何与花莲光荣部落之间产生更多对话与合作的机会，创造多赢的工作环境的经验。有研究者从民族地区学校教育与本土教育的关系入手，研究了如何调谐两者关系的问题。有研究者对民族地区少数民族课程资源开发和利用的问题进行了分析。有的研究者对少数民族预科教育、研究生招生民族优惠政策、内地西藏班（校）等方面的优惠政策实践进行了探讨。有的研究者对双语教师的双语使用态度，如何针对小学儿童特点开展双语教学进行了探讨。

四、教育人类学与深化中国高等教育改革

民族高等教育是我国高等教育的重要组成部分，是教育人类学研究的对象之一，党和国家非常重视民族高等教育问题。加强民族高等教育发展改革的研究，是民族高等教育自身发展的内在需要，也有助于我国高等教

育整体水平的提高。

（一）“民族高等教育”概念研究

民族高等教育研究，作为一个研究领域，“民族高等教育”是核心的基础学术概念，“民族高等教育”概念的内涵应阐释民族高等教育区别于普通高等教育的根本属性。陈·巴特尔教授对“民族高等教育”概念的逻辑特征进行了阐释，认为当前学界在阐释“民族高等教育”概念的逻辑特征过程中存在一些问题，这些问题正在影响我们对民族高等教育的继续探讨。本届年会中多位代表从教育人类学立场，分析多元文化下“民族高等教育”概念的逻辑特征，为构建多元的民族高等教育理论提供新的论证。

（二）少数民族专业人才培养研究

许锋华对连片特困地区职业教育定向培养模式进行了探讨，她依据实地田野考察分析，提出不同于传统定向培养模式的新见解，认为连片特困地区职业技术教育的定向培养是一种面向区域经济发展的本土化订单式培养。有研究者以民族地方院校在培养少数民族高职学生创业能力为例，探讨怎样推动民族地区高职院校的创新创业教育问题。还有研究者就内地高等院校如何增强少数民族大学学生专业汉语水平进行了分析。

（三）民族高等院校自身建设与发展改革研究

孟立军教授依据长期实地深入一线的经历，对如何建立我国民族类普通高等学校新分类体系进行了深入研究，他认为目前我国民族类普通高等学校分类体系存在结构失衡问题，提出要提升“应用型”“复合型”“技术技能型”人才培养能力，达到民族类普通高等学校布局比例、类型比列、学科专业比例、招生类别比例的“四个协调”，并建立新的民族类普通高等学校新的人才培养和办学质量的评价系统。此外，还有研究者探讨了如何提高民族高等院校教师文化敏感性的问题。

本次年会能够聚焦于中国教育人类学的热点问题、核心问题，既有理论的高度，也发出了实践中的声音，讲出了中国教育人类学的故事，无论从研究领域的广泛性，还是运用学科理论、研究方法的多样化，都展现了我国教育人类学研究的较高水准。难能可贵的是，这次年会不回避学科研究的自身缺陷，在梳理已取得的研究成果同时，还反思学科研究存在的不足，对于实现中国教育人类学的中国化，将起到巨大的推进作用。目前，围绕教育人类学研究，已经形成了一支结构合理、队伍稳定、充满活力的学术梯队，所以我们有理由相信，中国教育人类学研究必将走向更高水平。

新年小札：教育人类学学术沙龙随记

中国教育人类学面临许多理论和实践上的问题，受到理论界和实践者的关注。在多次信息沟通的基础上，数位广东研究教育人类学的学者于2017年元旦，借白云山麓优雅别致的广东外语外贸大学逸林云岫茶艺馆举办了一次教育人类学学术沙龙，就教育人类学的基本原理问题展开深入研讨。与会者包括中山大学冯增俊教授、广东外语外贸大学的欧阳护华教授、柯晓玲副教授、留加博士钱亚敏副教授、华南农业大学的张运红博士、吉首大学的孙明英博士和华南师范大学的许慧妍博士等学人。

冬日下美丽的广外校园，午后暖阳拉长了那些世纪名木修长的身影，一行人在其中行走，让人不禁有种田野漫步的意味，尤其是节日白云山麓林木下三两成堆围坐消遣的游人，使黛绿色山林与游客的艳丽时装相点缀，更使本次沙龙添了些许人类学的特有田野风韵。落座后，冯增俊教授的发言首先拉开了本次沙龙研讨的序曲。他认为，中国教育人类学发展目前受到各方广泛关注，在不同机构成立了相关学术团体，这一方面体现了教育人类学发展为当前教育改革所需，另一方面体现了中国教育人类学发展的多样性。这实际上也同中国教育人类学的多重源头有重要的关系。最早源头当推始于中国20世纪初的人类学研究，受当时引进国外人类学方法所形成的以民族学为重点的研究范式的影响，这应当是直到现在国内许多大学依然把“人类学民族学”捆绑在一起的缘由。同时，这个时期人类学的研究方法主要是实地考察调研，这种研究取向在打开中国人类学大门的同时，也形成时至今日民族研究偏重考察的学科惯性。那时，许多学者开始关注中国民族活动中的教育行为，并作为其中一个重要的研究内容，这也成了中国人类学研究教育的重要起源，使得今日中国教育人类学不可避免地受到这种研究倾向的影响。另一个源头是20世纪80年代后引进国外教育人类学成果，这对中国教育人类学发展起了决定性作用。这个阶段世界教育人类学已经相对成熟，各种流派及其源流也很多，对如何发展中国教育人类学带来了许多的新线索和影响，这既是新机遇也是新挑战。现在看来，由于中国教育人类学兴起的时间不长，面对各种外来因素，不同学者对学科理解持有不同视角，出现许多不同的见解。从这种现象看来，任何一个学科发展都不可能靠简单照抄就可以完成，都必然要经历其成长所需要的整合重建过程。从目前看，不仅一些基本概念还没有形成共识，而且许多早期形成和使用的概念由于时代变迁及人类学扩展也早已有了很大的变化，如果不深入探讨并予以重新定义，就会限制和影响学科的发展。在这个意义上，对教育人类学关键术语的翻译表述，对研究对象、研究范式等问题的再梳理，是一个需要探究的重要议题。

欧阳护华教授以此为话题，对人类学的大陆派系和英美派系的特征和沿革进行了梳理与回顾，对中国早期人类学研究取向做了系统剖析，指出民族学倾向的特征和重视田野考察的调研之风对当时转变中国学术研究偏重训诂思辨的作用，但也正是这种作用造成了中国人类学研究强烈的研究惯力。他还强调由于二战后第三世界国家的独立和民族文化研究自觉的兴起，人类学家开始从田野考察，转而把研究目光转向了自身，人类学的研究超越了民族界限，走向了共同体的研究。中国教育人类学在这个过程中必然会有自己的发展特点。过去人类的社会运动影响了教育人类学的视野，而今后中国新的社会实践也会赋予中国教育人类学一定的时代性。

本次沙龙在对话叙聊中引动各种学科思考，其中最具关注价值的话题是，与会者对中国教育人类学界汉译英文“ethnography”这一具有重要意义的研究方法的中文译名进行了针对性研讨。大家认为在目前情况下要在这些关键的研究术语上达成一致还比较困难，但是这个词太重要了，已到了必须正视的时候了，因此有必要面对这个词译为中文后使用上出现的许多问题，例如国内传统使用与新人类学时代扩展引发的相互矛盾等问题进行探讨。有学者认为，传统较多译为“民族志”，包括王铭铭在《民族志：一种广义人文关系学的界定》这篇文章就认为“民族志”译法导致学科上问题重重，但他依然使用这种词，可见传统惯习难以改变；有学者指出，最近越来越多的非民族学研究者开始较多使用“人种志”这个词，其中我国港台学者为多，展示了更多别样的诠释。冯增俊教授说明了在他与万明钢教授主编的国家规划重点教材《教育人类学教程》中使用“教育人种志”这一概念的见解。他特别指出，这个概念的使用虽然争论颇多，但是经过长时间反复斟酌和比较后，认为是未来教育人类学发展以及目前情况下学术纠结歧义最少的一种用法。欧阳护华教授认为，之所以之前没有译为

“人种志”而是“民族志”，应当是受到早期人类学研究的影响，也由于20世纪种族隔离下的“人种”一说以及20世纪初出现的法西斯宣传的人种遗传论和种族迫害造成的一种顾虑所致。当然，从目前中国对民族学认识以及人类学的发展来看，可以适当地考虑到有个折中的或者重新定义的概念。对此冯增俊教授认为，其一，100多年来人类学学科领域有了重大发展，学科中心已逐步从种族、民族研究转向重视主流文化研究，如都市人类学、网络人类学等，不仅民族学和人类学作为两种有联系又有区别的学科边界日益明显，就像课程论和教学论一样，而且教育人类学也已经超越了民族学的研究范畴转为对社会共同体的普遍性研究。其二，在中国，由于目前独特的中国国情致使国家特别重视民族学研究，民族学已经很明显地从早期人类学中分离出来，形成了日益鲜明的学科特征，如2017年社科基金项目指南中，有民族学专项而无人类学分属，表明了这种学科划分的出现。如果还是使用“民族志”来演绎“ethnography”，极易造成人类学与民族学混淆，对学科发展造成影响。其三，从当代学科发展上，人类学研究什么呢？应当是一种以文化及人文的立场研究人类整体发展的科学，是一个区别于自然界特别是动物中“人”这一种群类别演化发展的研究，而民族学则更重要的是研究人类当中不同民族的形成和发展，是两种既有紧密联系又有区别的学科。在这个角度上，把ethnography译为“人种志”比译为“民族志”更恰当一些，误会更少一些。其四，尽管在100多年前人类学、民族学、社会学（实际上三者一体）都重视“ethnography”的田野工作，但因为学科在发展，继续“民族志”的译名使许多非民族研究都换上其他名称，如质性研究、叙事研究、实地访谈、民俗志、实证研究乃至社会学方法等等。欧阳护华教授指出，由于长久的使用，实际上人们已经有了一种约定俗成的看法，尽管有很多不便，但对ethnography的民族志译名还是很难改变。此外，他还谈起他刊登多篇论文在美国著名的《教育人类学季刊》（*Education and Anthropology*）期刊上的经历，认为坚持田野工作，注重文化价值分析以及深入参与和体验文化进程，特别是干预背景下的教育活动，是非常重要的，这才是坚持了ethnography的根本。现在一些人把所有有关民族教育的研究都看成是民族志研究，是不妥的。中国学者虽有重视民族教育田野的传统，但还应从田野考察的传统深入到参与及干预民族文化下的教育活动层次上，揭示其教育活动文化变迁的基本特征。这是中国教育人类学时代发展的新要求。

此外，柯晓琳博士和钱亚敏博士也结合这一话题谈了个人在国外所做的教育人类学学位论文中获得的体会，分析对 ethnography 这个概念的内涵和译名的看法。与会者还运用教育人类学的知识对当前中国教育改革出现的一些问题，进行了探讨，例如，孙明英教授谈到贫困生问题及城乡教育差异问题，张运红博士谈到外地务工人员及子女与当地文化融合问题，许慧妍谈到流浪儿童的产生成因及教育实施的看法，等等。

本次沙龙研讨时间不长，但学者们讨论得很热烈，研讨的问题重要且集中，碰撞出了新的思想火花，因此是一次有益的深度研讨，各位都表示很受益，希望以后继续举办这样的沙龙研讨。

（执笔：许慧妍）

中国教育人类学研究生学位论文摘要（一）

一、广东外语外贸大学跨文化专业博士研究生

1. 跨文化视域下汉语议论文引用权威现象研究

刘　姬

【摘要】本研究采用语篇分析和民族志相结合的方法，在跨文化视角下对汉语议论文偏好引经据典这一修辞现象的生成机制进行探索，揭示引用权威这一传统论据使用范式的情境性和复杂性，回应西方学者认为中国学生在英语写作中受迁移影响，体现出偏好引经据典，不会事实论证，因而缺乏批判性思维的偏见。

【关键词】议论文；论据使用；引用权威；社会化；人种志研究

【作者简介】刘姬，广东外语外贸大学跨文化研究方向博士，现任广西师范大学外国语学院副教授。主要研究方向为对比修辞、语篇分析、二语写作教学。

因在二语写作中体现出偏好使用权威论据，而非西方读者所期待的事实论据，中国英语学习者在西方学术语境中遭受差评，被西方学者标签为缺乏批判性思维，认为这是迁移现象，由中国传统权威崇拜文化所导致。本研究认为，受研究方法、研究视角和研究者身份的影响，西方学者对中国英语学习者的评价流于表面，有本质主义和刻板印象的嫌疑。

针对西方研究的局限性——静态文化观、静态文本分析、推导式归因

模式、局外人视角，本研究整合了Connor（2008）提出的融合社会建构主义写作观，后现代动态文化观为一体的多维度对比修辞研究模式和Scollon and Scollon（1995）提出的社会化概念作为理论框架，采用语篇分析、人种志相结合的方法，从静态（文本）和动态（过程）两方面考察中国学生汉语议论文写作中所呈现的偏好使用权威论据这一修辞特点和社会文化以及教育语境之间的关系。本研究试图回答两个问题：（1）和英语本族语者相比，中国学生在汉语议论文写作中呈现怎样的论据使用特点？（2）社会文化以及教育语境对中国学生呈现的论据使用特点有怎样的建构作用？问题2进一步拆分为两个子问题：一是作为社会化载体之一的语文教学对学生呈现的论据使用特点有何影响？二是家庭社会化对学生论据使用有怎样的影响？

本研究分三步完成。首先，通过语篇对比分析找出当下中国学生汉语论据使用特点，以考察西方学者所观察到的中国英语学习者在二语写作中偏好引用权威的迁移现象是否存在；其次，通过民族志研究方法考察偏好引用权威现象与语文教学之间的关系；最后，通过个案研究近距离考察家庭社会化与学生论据使用方式之间的关系。语篇分析的对象是最近五年的汉语高考满分议论文（简称高考作文）和美国高考满/高分议论文（以下简称SAT作文）各50篇，来源于权威官方网站和作文集。民族志研究的对象是当地一所重点中学。参与者包括这所中学的高中语文教师，高中学生，学生家长，以及来自当地一所大学的高考阅卷负责人。个案研究的主人公在本论文写作时是这所中学的一名高二学生，汉语满分作文代表。人类学数据收集的方法主要包括参与式观察和深度访谈。数据来源主要包括访谈数据、观察日记、学生作文、高中语文课本、教学大纲、考试大纲、高考作文评分标准、教辅材料、教师出版物、学生博客等。

对收集到的汉语高考满分作文和SAT满/高分作文进行对比分析后发现，虽然引用权威（引用经书，引用典故（文学故事），引用名人名言，引用古诗词，引用俗语）和事实论据（个人经历，普通人事例，名人事例，社会事件）都在两类作文中出现，但出现的类型和频率有明显差异。和SAT作文相比（引用权威：11%，事实论据：89%），汉语高考作文偏好引用权威（88%），主要包括引用典故、古诗词以及经书。事实论据少用（12%），集中在名人事例上。SAT作文中常用的普通人事例（包括个人经历），社会事件很少出现。

为考察教学这一机构性行为对引用权威这一汉语论据使用特点的影响，本研究对一所省属重点中学进行了人种志研究。对高中语文新课标、高中语文课本、考试大纲、教师访谈数据、教学课件、教师出版物、学生作文、观察日记等人类学数据分析后发现，尽管大纲/课本里有明确地对用事实论证的要求和鼓励，优秀老师在教学中也鼓励学生使用事实论证，但是强大的视引经据典为有文采的汉语修辞传统，当下主流意识形态通过回归经典以提升道德修养，构建文化身份的主张，特别是现实中高考分数、专家权威点评以及学校因此在升迁和物质上的奖罚等因素所形成的合力，迫使教师采用背诵经典论据和模仿满/高分范文的方式，以分数为调节手段，引导学生沿用中国传统式的权威论证。

在广泛系统的体制研究上，本研究具体拉近到一个学生个案来考察语篇分析所呈现的引用权威这一汉语论据使用方式的过程性、多元张力以及矛盾共存的复杂性。通过长期的民族志调查和对访谈数据、观察日记、学生博客、作文的分析，本研究发现，在家庭层面，他的两个受过高等教育的做老师的父母给予了他非常宽松的成长空间，对他的个性发展、个人观点、经济、生活自主给予了极大的尊重和鼓励，使得他在与父母、同学互动的网络发言中充满了事实论据来支撑个人的观点。然而面对高考一考定终身的现实，民主的父母以自身的妥协为例劝说他、教育他在体制下向应试教育、高考评分、引经据典就范，使得这个学生为了拿高分主动遵循引经据典论据使用方式。而在非高考领域与家长、老师、同学的交往中，这个学生则回归他日常的事实论证交际模式。这一引经据典的回归背后是这位学生从个性化思维到妥协——两面性的社会化训练的结果。

综合上述语篇分析和民族志的研究发现，本研究认为，中国学生在英语议论文写作中表现出来的偏好引经据典修辞现象的确是由汉语高考作文为代表的引经据典论据使用范式迁移引起的。这一现象并非无视中国社会在最近三十年所经历的市场经济、独生子女、消费主义文化、网络普及等巨大社会变革。在非高考领域，西方所熟悉的事实论证同样存在。之所以在汉语高考作文中体现引用权威的偏好，主要原因之一是高考评估标准包含巨大社会利益。为追求这个利益，在宏观层面，学校引导学生使用经典证据以满足传统修辞和文采，主流意识形态对道德修养的要求使学生获得高分；在微观层面，学生家长背叛他们在现实中对孩子民主个性的尊重和鼓励，劝导学生就范，从而促使学生习得两重身份、两种修辞并存的现实。

在此，中国学生对权威论据的偏好体现为一种权宜之计，是借助高考这一巨大利益机器倡导经典回归，弘扬传统文化的主流意识形态与倡导创新思维个性表达的改革力量之间竞争和妥协的结果。西方学者忽视这个复杂、多元、动态的现实，把中国学生在英语作文中呈现出的偏好引用权威看作是不会事实论证，缺乏批判思维，并将此归因为传统权威崇拜文化的体现显然过于武断。

本研究对二语写作教学的启示是，在理解中国学生英语作文引经据典现象时不能按照西方事实依据和个性化的标准进行歧视性的批判和“纠正”，而是应该充分地了解学生这种用法背后的情境因素，以避免自我中心的歧视，促进教育的文化平等性。

2. 后结构女性主义视角下三位中国高校女教师主体性分析

柯晓玲

【摘要】本论文研究三位中国高校女教师工作中的主体性及主观能动性问题。“主体性”是后结构女性主义理论体系的核心概念，是指个体对自己的理解、判断以及她对她与世界的关系的理解方法（Weedon，1987）。人本主义认为主体性具有本质性和唯一性，是固定的，连贯的，使她成为她是什么。后结构女性主义则认可一种不确定的、矛盾的、流动的主体性，不断在每一次运用各种宰制社会、历史、文化话语来进行思考和说话中重构（St. Pierre，2000）。因此，个体是主体性斗争形式的场所。重构女性主体性是后结构女性主义者的主要理论责任，主张由女性自己来言说和重新界定女性的多重身份，以此来构建女性主体性并获得女性的平等与解放。

【关键词】后结构女性主义；中国高校女教师；教师主体性；人种志研究

【作者简介】柯晓玲，俄克拉荷马州立大学跨文化专业博士，现任广东外语外贸大学英语教育学院副教授，主要研究方向为教师专业发展、道德教育、教育人类学研究。

从后结构女性主义理论视角出发，本研究通过记录、理解和分析三位高校女教师的生活史叙述，批判和解构她们如何在各种社会、历史、文化宰制话语中建构她们的主体性并实现主观能动性，探讨高校女教师如何受到各种隐形不平等机制的宰制和压迫，以及如何对抗高校的隐性不平等，从而为高校女教师的专业发展提供新的研究视角，为高校教师发展和深化高教改革提供理论依据和实践建议。

本研究运用生命史（life history）的研究方法论，通过对三位高校女教师进行多次深入访谈、参与性观察，收集各种相关材料，并访谈她们的家人、同事、学生和朋友，从不同角度理解她们如何在各种宰制话语中构建自己的主体性。通过对数据进行编码、归纳主题并进行解构分析，研究发现，三位女教师通过运用语言和各种社会、历史、文化宰制话语构建主体性具有三个主要特点：第一，主动接受并运用"女性能举半边天""做老师就要做一个好老师"等主宰话语，把自己建构为对事业孜孜追求、不断追求卓越、事业为先家庭为次的高校知识女性，并体现对女性主义的支持和维护；第二，主动接受并运用关于中国女性的传统话语和固有印象，如儒家传统性别文化，女性要"温顺""顾家""听话"等刻板印象，把自己建构成家庭为先、事业次之的传统意义上的好母亲、好妻子和好女儿，从而走向女性主义的对立面；第三，对工作中的一些性别隐性不平等采取缄默、规避的策略，把自己建构为对性别不平等和隐性歧视无意识、不敏感、无态度的中性角色，从而否认女性主义在中国存在的必要性和意义。她们为自己构建了矛盾的、破碎的、不在场的、无定向的多重主体，而这正是她们的主观能动性的实现途径，因此，她们能够在事业与家庭、在公共空间和个人空间之间寻求平衡点，在各种隐性性别不平等机制中积极获取性格平等的机会和途径。

本研究中三位女教师的主体建构过程具有多重性且存在彼此矛盾，她们对性别不公的抗拒既体现在超越既定的性别意识形态和规范，同时也体现在利用社会主宰的性别话语来帮助自己实现职业上的成功。本研究为高校女教师的专业发展研究提供新的研究视角，并且可以为高校教师发展和深化高教改革提供理论依据和实际建议。

3. 教师权威：一项优秀班主任英语教师的叙事探究

吕琳琼

【摘要】本研究旨在中国英语课程改革的大背景下探究教师权威的建构模式。英语教学改革的实质是改变师生权力关系，使其更为民主、平等，学生敢于参与，成为知识建构过程的主体。教师权威表现为师生关系，是一种社会建构，决定了教与学发生的方式、成效和学习者在校的生活质量（Mets，1978；Pace and Hemmings，2006）。因此，研究教师日常权威建构模式可以折射出教改发生的方式。

【关键词】教师权威；班主任；英语课程改革；教学语篇；叙事探究

【作者简介】吕琳琼，广东外语外贸大学应用语言学跨文化研究方向博士，英语教育学院副教授，主要研究方向为外语教师教育发展。

能凸显目前教改中新旧两种教师权威建构机制并存的教师角色莫过于中国班主任英语教师。“班主任”源于班主任制。班主任教师既是学科知识的教授者，又是班级的“大领导”“大管家”。班主任这一带有高权力差距和政治色彩的角色与被社会赋予教改先锋的英语教师角色之间有矛盾、碰撞，而权力建构模式的复杂性也往往会在这些碰撞、矛盾中显现出来。虽然，班主任对学习者学业会有影响（俗称“班主任效应”）似乎是人人皆知的“事实”，但却少有研究探究班主任这一历史久远、具有中国特色的教师角色对现行教改到底带来了何种影响、这种影响究竟又是如何发生的问题。

要研究教师权威及其建构需要知晓其构成和运作方式。综合中西方社会学有关权威的理论（Bernstein，2003；Fairclough，2001；Weber，1911；Durkheim，1925；Noddings，1984；翟学伟，1995，2001，2012），权威的合法性由传统赋权、法定权力、专业资质和魅力四种要素构成。权威可视为一种符号控制，“教学语篇”（pedagogical discourse）由传递知识的授课语篇和建立秩序的调控语篇实施和建构，两者共同实现道德秩序。本研究将相应地由这两种教学语篇实施和建构的教师权威分别视为授课权威和调控权威。权力的后现代主义理论指出，在相对民主的现代社会中，权力以更为“文明”、隐匿的方式运作，主要通过如监控这样的规训技术实现“主体化”，使主体内化主流意识，实现自我监督和规范。中国社会关系原理提出“个人地位”的概念以强调中国社会权威的“个体化”特征，与西方“机构化”的权威加以区分。“关系”在中国社会具有长期性、固定性和无选择性特征，既构成了个人声望的资源，又是权力运作的方式。本研究的探究过程亦关注“关系”在中国教师权威建构中的作用。

由于权威这一话题“露骨”、敏感，对其进行研究不可避免地会暴露权力运作机制的“秘密”。因此，本研究采用了重视人、情境和意义的叙事探究方式。研究聚焦于一位“优秀”（就经验的丰富性和社会认可度而言）的班主任英语教师，通过长期接触和一年密集的实地调查，充分了解该教师所处的教学环境，与其建立牢固的信任关系，在自然环境下，使用课堂观察、正式和非正式访谈、文本分析等方法探究其权威建构的模式及该教师有关权威建构个人实践性知识的发展历程。质性资料分析过程首先采用了质性资料分析软件 ATLAS. ti 对全部资料进行分类、归纳，掌握全貌；然后提取与权威建构直接相关的质性资料进行意义驱动的叙事分析。

围绕“该教师如何建构权威”这一问题，研究揭示了教改时期教师权威建构的复杂性。一线教师通过并置、融合中西教育理念、教学行为建构权威的机制来应对既要分数又要素质的双重高压，平衡社会期待的传统知识权威和新时期教改者的双重角色。“班主任”这一中国传统教师角色对英语教师调控权威的建构，尤其是师生关系这一合法性权威资源的形成作用显著。也就是说：班主任英语教师可以借助于班主任这一行政性和教育性角色来建立有助于教学顺利进行的强大秩序；可以通过与学生长期性、无选择性的交往来建立牢固的、如同父母子女般的师生关系，使学生对其又敬又爱，几乎无法抗拒其实施的任何英语教学形式，而只能合作和服从。这种教师权威建构方式无疑可以提高教学效率、考试成绩，开阔学生的视野和提升学生的境界；但也会减弱授课权威和英语教师专业发展这两者的重要性，从而阻碍教改的深入和学生真实学科兴趣的激发。具体而言，（1）就权威建构的落脚点来看，所调查的班主任英语教师的权威建构模式以分数为核心、秩序为保障。（2）就权威建构的空间而言，为确保高分并实施教改，授课权威的建构需要保存在英语课堂内这一教改中心地带，传统教学法的内核；同时为落实教改精神，授课权威的建构需拓展到英语课堂之外这一教改的边缘地带，在课外英语活动或班会等场合引入西方学习方式和人文思想。（3）就权威建构中师生交往的方式和后果而言，所调查的班主任英语教师通过在不同交际情境中使用、融合“洗脑”“得心”的方法来建构有效调控权威，建构出强大的“良知”调控语篇，将学生重塑成具有和主流价值观相统一的主体：既取得高分，又能提升素质。

本研究对教改期间的一线教师、教师发展者、教改研究者和班主任制度制定者有一定指导作用和启发意义。虽然，作为单一个案研究，本研究无法宣称具有广泛代表性、典型性。但其揭露的权威建构方式的高度复杂性、调控权威（而非西方的授课权威）在教学中发挥的强大作用，以及社会各方对这种权威建构成效的认可赞誉却为读者理解新课改教师在新旧教学法碰撞中的考量、策略及在师生、家长、学校的期待、评判标准提供了丰富的文化语境，为弥补目前国际文献中有关非西方语境教师权威研究的不足尽了绵薄之力，亦为叙事方法在中国教改中的应用提供了借鉴案例。所获得的有关中国本土语境中权威建构的模式对于中国转型期教改理论话语建构有一定探索意义。

二、中山大学教育经济与管理学专业博士研究生论文

1. 恩格尔定律下中国家庭收入与教育投入关系研究

周红莉

【摘要】19 世纪中期，德国统计学家恩斯特·恩格尔(1821—1896）通过对 199 个比利时工人家庭收入与支出的调查，提出了著名的恩格尔系数，并阐释了“家庭收入越低，生活消费性支出中用于食物支出的比重就越大，反之亦然”的规律，这就是最经典的恩格尔定律。自此，恩格尔系数被广泛应用到经济、教育等多个领域中，成为衡量家庭生活质量的一个关键指标。

【关键词】恩格尔系数；家庭教育消费；家庭收入与教育投入系数；人种志研究

【作者简介】周红莉，2012 届中山大学教育学院教育经济与管理学博士。现任广东轻工职院副教授，主要研究方向为高职教育、教育管理学、教育人类学等。

本研究表明，在家庭生活消费中，食物和教育支出地位突出，分别代表着家庭最基本和核心的物质需求、精神文化需求，且与家庭收入密切相关。因此，本研究将恩格尔定律、家庭收入、家庭教育投入相结合，以近年来中国内地家庭收入和教育支出演变为主线，探讨恩格尔定律下家庭收入与教育投入的关系，在研究主题、内容、方法及成果等方面具有创新性。

本研究主要在比较法基础上，集问卷法、统计法和实地访谈考察等人种志实证研究法，相关数据采用 SPSS17. 0 进行分析。基于研究主题的复杂性和跨学科性，本研究以消费经济学、教育经济学、教育管理学、统计学、家庭学等为学科基础，以恩格尔系数与恩格尔定律、需求弹性理论、人力资本理论为理论依据，主要设计了三大板块内容，以便在实证研究中从不同方面达致研究目的。

第一，追根溯源，在探究恩格尔系数与恩格尔定律经典内涵基础上，

诠释和分析家庭收入中教育投入的基本内涵、性质与特征，以及家庭收入等因素对教育投入认知与行为的影响。如实证分析家庭收入如何制约着家庭对教育的现实支付能力、教育投资需求，保障子女教育机会的均等和教育质量，甚至可以增加教育需求的选择性，有效规避不利教育境地，由此推进家庭消费结构的优化与整体质量的提升。

第二，从纵向、横截面及人群点展开三个方面三个层次的立体实证考察，一是梳理新中国成立以来低收入、中等收入及富裕水平三个不同发展时期中国家庭收入与教育投入的历史演变及文化特征；二是以具体事例考察包括广东、河南、湖南、云南等东中西三个发展层次地区的家庭收入和教育投入情况，特别是文化特征的影响作用；三是对不同地区的低收入、中等收入及富裕水平三种生活水平的 1 092 个家庭进行实证研究，以及研究城镇与农村家庭、不同收入水平与居住地区家庭的教育投入情况，特别是其中的文化特征，据此探讨中国文化背景下恩格尔系数、家庭收入、家庭教育投入之间的相关关系，以及建立相应的回归方程。例如，1992—2009 年，城镇人均可支配收入（x）与教育支出规模（y）呈高度正相关（$r=0.922$），回归方程可表示为 $y=52.075+0.042x$；教育支出占收入比重（y）与恩格尔系数（x）又呈中度负相关（$r=-0.659$），回归方程可表示为 $y=9.625-0.113x$。

第三，总结出恩格尔定律下中国家庭收入与教育投入的波动特征或规律性结论，验证了论文提出的假设，回答了本研究提出的问题。其结论主要为下面四点：其一，在中国文化背景下城镇家庭人均可支配收入与教育支出呈高度正相关（$r=0.922$），表示随着收入的增加，在 92.2%的情况下，教育支出绝对值也在增加；其二，中国文化背景下城镇家庭恩格尔系数与教育消费比重呈中度负相关（$r=-0.786$），意味着恩格尔系数的下降在 78.6%的情况下引起教育支出占生活消费性支出比重的增加；其三，在 1992—2009 年的消费结构中，随着恩格尔系数的变动，城镇家庭教育文娱、教育需求的弹性较大，分别为－1.17、－1.24，表示恩格尔系数每下降 1 个百分点，教育文娱支出、教育支出占生活消费的比重分别提高了 1.17、1.24 个百分点；其四，在中国特定文化下，家庭生活水平在温饱水平以下时，教育投入约占收入的 8%以下，小康水平时，约占 8%—11%，相对富裕时，约占 11%—15%，富裕水平及其以上时，将达到 15%—20%以上，超过恩格尔系数，这是中国特定教育文化特征所决定的。由此，以恩格尔系数和定律为基点，以人力资本理论为依据，进而探讨出恩格尔定律下家庭教育投入的增加促进了家庭以及整个社会生活质量的提高和经济的高速发展。

2. 农民工当地融合的教育社会管理研究

张运红

【摘要】改革开放后，沿海经济发展使中国兴起了以农村剩余劳动力为主力军的大规模人口流动浪潮，强烈地冲击着二元社会的格局。在现代化洗礼中，农民工开始由生存型向发展型转变，他们迫切期待获得同等发展权，由此形成了农民工的社会融合问题。在此背景下，政府开始重视社会管理，以推动农民工融入城市社会。

【关键词】教育管理；教育社会管理；农民工；社会融合；社会管理

【作者简介】张运红，2013届中山大学教育学院教育经济与管理学博士，现在华南农业大学管理学院任教。副教授，主要研究方向为教育管理学、教育社会学、教育人类学。

研究表明，传统社会管理理论和实践均无法有效解决农民工社会融合的现实问题，因此本研究尝试从教育人类学及教育社会管理学的新视角来探讨如何通过教育的作用，促进农民工的社会参与能力及参与水平，实现最终的社会融合。基于研究主题的复杂性和跨学科性，本研究在融合教育学、管理学、社会学、经济学等学科基本原理基础上，采用文献研究法、系统分析法、现场调查及田野考察等方法，采集大量的相关数据并运用SPSS19.0分析处理，从三个方面分析论证农民工社会融合的教育作用，以确立教育社会管理的总体思路。

第一，重视借鉴发达国家现代化进程中农民城乡社会融合的教育实践经验，探讨发达国家经历过的不同社会管理方式的演变过程，探讨教育怎样成为社会管理的重要手段，实现社会融合的目标。英国、美国、日本三国的实践表明，教育能够促进农民政治参与、经济融合、文化认同，教育是农民社会融合的重要途径和手段。

第二，重视理论求新。首先本研究重视从教育社会化的功能、教育现代化的演进、教育目标转型三个维度为教育在社会融合中的功能进行合理性论证，由此提出个体参与能力是获取社会资源、融入主流社会的关键，而教育则是提升个体参与能力的重要途径。人种志田野研究表明，教育对农民工社会的融合具有重大的促进作用，主要体现在：政治层面，教育水平影响农民工维护自身合法权利的意识，影响其对自身权益表达方式、表达渠道的把握，制约了其参与政治、经济、社会事务的决策能力；经济层面，社会生产的知识化、专业化程度不断加深，每一种职业都对应一定的教育要求，就业者必须具备一定的教育水平方能胜任，教育通过影响个体的职业结构而间接决定个体的社会经济结构；社会层面，教育是实现个体社会化、现代化的重要途径和手段；文化层面，教育通过在文化传递中的选择性行为而形成共同的文化结构，产生一致的心理认同。但是，田野研究也看到，由于教育不平等的存在，一定程度上削弱了教育在农民工社会融合中的作用。

第三，从人种志研究的路径出发，本研究以珠江三角洲和广州的某区为例，对教育在农民工社会融合中的作用进行实地调研。通过对教育与权力维护、经济收入、社会交往、文化心理四个方面的相关性研究发现：教育程度不同、培训经历的有无、拥有证书数量的多少均在上述四个方面具有不同的差异。这说明教育对农民工在政治、经济、社会、文化四个层面上的社会融合水平存在一定程度的影响。在对黄埔区的个案研究中同样发现，教育在农民工的社会融合中发挥着重要的作用。

在对农民工社会融合的教育作用模式把握的基础上，本研究尝试建构一种全新的“教育社会管理”理论框架来应对农民工社会融合的困境。在这一全新的教育社会管理思想的指导下，本研究提出了社会管理的具体行动策略——教育嵌入式治理策略，通过教育改变农民工的社会参与能力，从而促进其社会融合。首先，在农民工的转移阶段，通过改变传统教育理念、发展农村职业教育、建立职业教育准入制度、创新职业教育模式等途径，促进农民工的转移能力，奠定城市社会融合的经济基础。其次，在农民工的漂泊阶段，通过搭建社区教育平台、组建社区教育的服务机构、提升社区教育的社会效益、建立可持续性的经费投入体制等途径，积累农民工社会融合的社会资本。再次，在农民工的沉淀阶段，通过开展实践性的公民教育、培养公民意识、公民精神、公民能力以及协同式公民教育，促进农民工在文化/心理层面实现认同。可见，通过教育管理嵌入式治理模式可以有效地实现农民工的社会融合。

3. 中国少数民族语言教育政策研究

陈 岚

【摘要】少数民族语言教育政策的制定与实施成为当今世界各国发展战略的重要组成部分。越来越多国家重视发展本国的优势语言，向外传播本民族的价值观念，提升国家软实力，强化竞争力，谋求国家文化利益，少数民族语言教育已成为国家跻身于世界核心地位的重要力量。

【关键词】中国少数民族教育；语言教育政策；语言发展战略；语言教育人种志

【作者简介】陈岚，中山大学政治学与公共事务管理学院教育经济与管理学博士生，现任佛山市南海区海北小学校长、高级教师，兼任佛山科技大学人文与教育学院研究生导师、广东外语外贸大学南商教育学院教授，主要研究方向为少数民族语言教育。

本文对国际上具有代表性的国家民族语言教育政策进行分析，并把新中国成立60多年来语言教育政策的发展置于政治、经济、社会、文化情境下，以教育规律为分析主体，辅以社会因素及其他影响语言政策的因素分析，同时以语言教育政策的四因素规划理念及语言规划民族志研究中所选取的具有典型代表性的西南地区、新疆维吾尔自治区（南疆为重点）、西藏自治区（农牧区为重点）这三个地方的实证分析为依据，从而对少数民族语言教育政策体系进行综合分析，最后形成对社会、经济、教育发展作用进行政策评估的全方位分析体系，并尝试把中国少数民族地区强势语言的发展与弱势语言问题的生态濒危问题，以及少数民族民汉双语教育政策的衰微问题从政策剖析的角度进行解读和分析。

基于研究主题的复杂性和跨学科性，本研究以公共政策学、教育政策学、语言学和政治学等为学科基础，从政策分析角度出发，应用人类学方法，对研究主题进行深入研讨。

第一，建构中国少数民族语言教育政策研究的分析框架。通过理论研究确立中国少数民族语言教育政策的系统分析路径，建构全面的少数民族语言教育政策分析框架，即以教育规律为分析主体，辅以其他影响语言教育政策的文化因素分析，以语言教育政策的四因素规划理念对少数民族语言教育政策体系进行综合分析的框架。

第二，运用所构建的分析框架，对国际少数民族语言教育政策与中国少数民族语言教育政策的发展进行对比分析。尝试从不同阶段颁布的针对不同语言的民族政策进行政策解读，从政策的制定背景、内容、特点及效果等做全面解读，以期对中国少数民族语言教育政策的演变发展做最详尽的政策分析。

第三，首先对新中国建立以来各个时期语言教育政策发展的历史演进和变革创新进行全方位的考察和分析。其次运用人种志研究方法对中国少数民族语言教育政策发展的实例进行实地调研分析。最后对中国少数民族语言教育政策的内涵特征进行归纳分析，试图从教育规律及语言教育规律这一影响语言教育政策发展的因素，如文化、社会、政治、经济、国防等综合分析中国少数民族语言教育政策体系总体特征。

第四，从政策制定、政策执行、政策评估等方面对中国少数民族语言教育政策面临的问题及挑战进行分析与前瞻。从五个方面对中国少数民族语言教育政策面临的挑战进行分析，最后从语言教育政策的未来发展构建方略：构建多元化的民族语言教育政策参与主体；构建层次丰富的民族语言教育体系；构建多民族共融互进的民族语言教育观；构建适应当前国际背景的少数民族语言教育政策。

4. 教育对中国城镇化进程的影响研究

董凌波

【摘要】城镇化是社会经济发展的重要载体，随着新型城镇化战略的确立，传统城镇化以资本投资和廉价劳动力为基本动力的模式逐步被抛弃，技术创新、人才红利、绿色低碳成为新型城镇化发展的重点。作为实现技术创新和增加人才红利的主要手段，教育也逐步从传统城镇化中的配角变成了新型城镇化中的主角。本文探讨了以下问题：教育在中国城镇化的过程中，对城镇化的发展究竟产生了什么样的影响？教育对于不同发展程度的地区，产生了什么样的实际影响？教育在城镇化发展的不同时期，对其又产生了怎样不同的影响？对于城镇化进程中的个体而言，教育产生了哪些方面的影响？

【关键词】教育现代化；人力资本；新型城镇化；区域现代化

【作者简介】董凌波，中山大学政治学与公共事务管理学院教育经济与管理学博士生，现任广东仲恺农业工程学院副研究员，主要研究方向为教育现代化，教育管理学，高等教育学。

本文基于省际面板数据和中国劳动力动态调查问卷的横截面数据，从宏观和微观两个角度出发，构建多元回归分析模型，对以普及率为主要依据的中国教育发展水平对中国城镇化进程的影响进行量化比照，并在建构教育对城镇化进程影响的分析框架下，对三个不同地区的三个发展层次不同的乡镇进行田野工作，考察了这些最早推进城镇化、新世纪以来推进城镇化及粤东山区近年推进城镇化的典型，调研其推进教育发展与推进城镇化模式的内在关系。探讨了教育影响不同时期中国城镇化的路径、方式以及具体进程。

首先，教育在城镇化进程中的影响是一个逐渐增强的过程，普及教育（包括普及九年义务教育、扩大职业教育规模和发起高等教育大众化运动等）能够有效地扩大国家的人力资本存量，提升城镇化水平。在城镇化早期，城镇化发展主要由人口红利和物质资本投资来推动，教育对城镇化的影响不明显，进入城镇化中后期，教育逐步成为推进城镇化水平提升的最核心要素之一，早期城镇化中出现了各种教育补偿的现象，如转变文凭教育为职业技术技能教育等。其次，教育如要有效发挥对城镇化的正向影响，需要依赖教育水平的提升。教育对城镇化进程的影响不是生来就有的，在教育水平普遍低下的阶段，其对城镇化发展的正向影响不显著；教育只有在突破一定的阈值后，才能对城镇化进程产生显著的正向影响。在这里，实证研究发现，教育水平不仅仅是高学历，而首先是与经济发展的适切度，与技术技能人才水平及结构有很大关系。最后，教育通过促进“人的城镇化”来发挥其对个体城镇化的影响，教育对个体到城市定居的意愿、城市生活预期和生活满意度具有显著的正向影响。受教育年限越长，个体的城镇化意愿越强烈、城市生活预期越高、生活满意度越高；接受过职业培训的个体比没有接受过职业培训的个体具有更强的城镇化意愿、更高的城市生活期待和生活满意度。教育能够有效地促进“人的城镇化”。

由于中国地区发展差异巨大，不同地区的城镇化发展水平和教育水平均存在巨大的差异，单凭本文所进行的研究，尚无法准确把握住我国教育对城镇化进程影响的全部问题。例如，本文在研究中发现，在我国的有些地区，教育发展程度较高，但城镇化程度却相对较低；在另一些地区，教育水平相对较低，但城镇化程度却相对较高。在这里，既有教育水平评估指标上的问题，需要克服单纯看学历、看上学率的问题，更多从人才与经济发展的适切性来考虑教育改革。今后的研究应把重点放在教育水平与城镇化程度不匹配的地区，进一步分析造成这种结果的原因，从而丰富本文的研究结论。

三、中山大学教育学原理专业硕士生学位论文目录

1. 祈娟：《课堂教学中教育民主的教育人种志研究》

2. 王华兰：《校长道德领导的教育人种志研究》

3. 石军：《文化情境下学校公民教育的教育人类学研究——中央教育科学研究所南山附属学校为例》

4. 张万峰：《深圳南山后海小学文化管理的教育人种志研究》

5. 何燕君：《构建绿色课堂的教育人种志研究》

6. 苏　燕：《“凤凰树”下的小学生社团——小学素质教育的教育人种志研究》

7. 李　庆：《幸福的“世外桃源”——中学幸福教育人种志研究》

8. 王传波：《全人教育视角下的小学艺术教育——黄石小学艺术教育的人种志研究》

9. 华建成：《中学隐性德育的教育人种志研究》

10. 杨芳：《建构儿童外语习得的有机教学模式——基于综合英语的教育人种志研究》

11. 黄思思：《在开放中走向世界——宏远外国语学校国际化的教育人种志研究》

12. 高桥伸幸：《创价学园的德育实践探论》

13. 袁娇：《“山海”中的“红棉”——广州南沙小学德育文化教育人种志研究》

14. 张苗苗：《综合英语课堂合作学习的教育人种志研究——以海北小学综英实验为例》

15. 龙应江：《把课堂还给学生——广州思源学校推行崔其升教学模式的人种志研究》

16. 易哲星：《创设小学综合语文教学——迎接生命教育的回归》

17. 闫亚松：《全人发展幼儿教育的人种志研究——江门市培英实验幼儿园办园实践探讨》

18. 王明：《小学综合英语互动教学的教育人种志研究》

19. 郑贞：《小学综合英语课堂中的文化教学研究——德胜小学教育人种志报告》

20. 邱云婷：《“让智慧之光照亮未来”——海北小学综合德育人种志研究》

21. 王娇：《小学综合英语故事教学策略人种志研究》

22. 赵洁琼：《从知识传授者到实践反思者——文昌小学英语教师专业成长之人种志研究》

23. 杨宜瑗：《小学综合英语课堂师生对话互动之人种志研究》

24. 丁萧潇：《小学综合英语词汇教学之人种志研究——以佛山市海北小学为例》

25. 张巧云：《情境教学的人种志研究——以海北小学综合英语教学实验为例》

26. 李燕：《奖励对小学课堂教学影响的教育人种志研究——以广州思源学校小学部为例》

27. 金银：《班级柔性管理之教育人种志研究》

28. 许慧妍：《人种志视角下小学综合英语主题教学研究》

29. 连惠燕：《建构主义下小学英语语法教学人种志研究史智慧》

30. 史智慧：《小学低年级综合英语教学中言语生成的人种志研究》

31. 杨特飞：《合作纪律管理模式在小学高年级的应用研究》

后 记

《中国教育人类学研究（2016）》出版后，受到很大的关注，也受到许多学者和实践者的欢迎，这使得我们甚感欣慰。本期我们将继续开拓创刊思路，继续深化研究主题。一是在教育人类学学科建设上用力，选登了多篇阐述教育人类学新发展的有分量的文章，特别是有人类学基石之称的“ethnography”的中文译名问题的分析，对百年前译为“民族志”转向译为“人种志”展开讨论，以正人类学核心使命是研究与其他物种有别的人类群体且与民族学、社会学不同的学科之名。这里，不是哪种译名的对错之分，而是学科发展从早期三种混沌一体到现在不断分化的发展使然。王铭铭专作《民族志：一种广义人文关系学的界定》，洋洋洒洒之下其实在述说着“民族志”面临的各种非议和吊诡，申明“民族志”并非为记述民族发展，而是人文关系即人类行为文化内涵的表述。当然，用“人种志”之名也并非是最贴切、最准确地表述这个英文概念含义的名称，但却是最靠近对人类研究的一个表征，最形象地表现了人类学研究新时代的到来。虽说，“ethnography”只是一种研究法，应用于包括不同民族教育行为在内的相关研究领域，你可以像之前的习惯一样使用“民族志”称呼它，但是当我们使用“人种志”之名时，所呈现出来得更加鲜明的研究内涵是前者所无法比拟的。认识这一点，是对人类学包括教育人类学的学科发展的一种认同，也意味着教育人类学进入新的发展时代。此外，在这期学科发展栏目中，我们还撷取各种有关教育人类学新发展的论文，特别是互联网下教育人类学发展的新趋势、新进展，新技术时代教育人类学面临的新挑战等等，这些都是教育人类学发展中面临的新问题。

孙杰远教授的新稿《人力资源生长自组织性的教育人类学考察与反思》，为其独特的研究范式提供了新的样品。从他的系列文论中，能清晰地看到特定民族具体个体行为、族群属地变迁以及本民族发展中所演绎出来的教育作用和影响，让我们从中窥见一个宏大的教育田野，看到教育与人、教育与族群、教育与民族、与人类发展延续的轨迹。欧阳护华教授以广东特色功夫茶的文化传承诠释其教育的作用，再度展现对教育人种志特定应用之样本，值得研读把玩。此外任杰慧有关文化不连续性下小留学生文化适应问题的新作，也给我们带来些许特有新风，其特定的写作风格和释义方式值得欣赏。

本期的人种志研究也极为精彩，王彦以教师办公室的变化演绎了一位名师成长的轨迹，深刻地揭示了教师专业发展的文化路径；龙定江的“把课堂还给学生”、何燕君的“绿色课堂”等生动地表现了新教学理念的实践形态，通过鲜活生动的描述来引发我们对课堂的深度思考。许慧妍通过近十年对流浪儿童的参与式观察给我们带来了难得的另样体验，揭示了当下中国社会百态中教育需要更多的变革和创新。教育人种志研究以鲜活事例解说深奥的教育理论，尤其对一线教师有很直接的影响，这点我们希望能继续推动。

坚持学会宗旨，开展高质量的学术活动，是学会的主要任务和功能。本期除了摘录一些相关学会信息、学术年会综述外，还收集了一些教育人类学研究生学位论文摘要及相关院校学位论文的信息，今后我们将更多地举办并记录相关的学术活动和学术信息，为教育人类学的学科发展做出应有的贡献！

教育人类学在中国还是一个初兴的学科，无论基本概念还是理论体系都还很不成熟，需要继续推动，希望各位同仁共同努力，以促进学科的不断成长。再次感谢中国教育学会教育学分会理事长及人民教育出版社总编辑郭戈、诸惠芳编审、刘立德主任、韩华球副主任及博士后穆建亚副教授的大力支持和精心编审，才使本书得以顺利与各位见面。

冯增俊

谨识于广东外语外贸大学南国商学院教育学院

中山大学教育现代化研究中心